多文化化する
デンマークの
社会統合

生涯学習が果たす役割とその可能性

坂口 緑
Sakaguchi Midori

花伝社

はじめに

コペンハーゲン市ノアブロ地区の学校

　デンマーク・コペンハーゲン市ノアブロ地区は、移民の多い街として知られている。通りを歩くとコーナーごとにケバブ屋やピザ店が並ぶ。鉄道駅の壁はカラフルなグラフィティで彩られ、構内にいると同時にいくつもの言語が聞こえてくる。地区の中心にあるブロゴーズゲーデ（Blågårdsgade）は、地元の人と観光客が集まる歩行者天国である。天気の良い夏の日にはアイスクリームを手にした子どもや大人でいっぱいになり、夜はバーの酔客でひしめき合う。けれども、にぎやかなその通りから、ほんの一歩入ったところに、ある小さな学校が存在していることはあまり知られていない。

　学校の名前は、「移民女性のためのダウホイスコーレ（Daghøjskolen for Indvandrerkvinder）」という。ここは、1986年に設立された、デンマーク以外の民族的背景を持つ女性たちのための学校である。デンマークに来たばかりの人、あるいは長くデンマークに住んでいるもののデンマーク語を十分に話せず、職業学校に通うにも、働き始めるにも準備を必要とする人。この無料の補習学校は、そのような成人女性たちを、長年にわたり迎え入れてきた。授業開始は、午前9時。8時半をすぎると、子ども連れの女性たちが、次々と学校に集まってきて、まずは併設された保育園に子どもを預け、教室に向かう。主要な授業は、デンマーク語、算数などで、中学校卒業レベルまでの成人基礎教育（FVU）を提供している。近くの公営プールや公園に出かけたり、理学療法士による健康のための授業もある。コペンハーゲン市が経費を負担し、成人教育センターとも連携している、非営利団体が運営するノンフォーマル教育機関である。

　2008年、在外研究でデンマークに1年間滞在したとき、福祉国家におけるボランタリーセクターの機能について調べるなかで、私は、この国にある多様なノンフォーマル教育機関の存在を知った。十代の母親のための学校、カフェやジムで働きながら学べる学校、スポーツやアートに特化した学校、映像制作や音響技術を学ぶ学校。特色ある専攻を持つ学校のウェブサイトを

はじめに　　*1*

見ながら、当時は、さすが福祉国家、どんなに小さなニーズであってもユニバーサルな教育機会が提供されていると、ただ感心していた。けれども、その後、現地調査を続けながら、その多くが非営利団体によって運営されており、かならずしも安定した制度ではないことを知る。現地調査で訪問した学校のなかには、この15年の間に閉校してしまったところもある。「移民女性のためのダウホイスコーレ」も、1980年にコペンハーゲンで開催された第2回世界女性会議をきっかけに組織された団体による不断の努力で、なんとか継続されてきた。厳格化する移民政策は、学校そのものを弱体化させている。度重なる監督省庁の制度改革は、十分な自主財源を持たない団体にとって、存続そのものを脅かす。財政基盤が安定せず、必要なカリキュラムをいつも十全に提供できるわけではない。出身国で教育を受ける機会のないままに配偶者に同行してきた女性たちは、ホスト国のルールに従うことを求められ、統合政策の対象となるが、そのスタートラインに立つことさえ難しい人がいる。教育を受けてこなかった大人が、外国語で暮らし、子どもを育て、働くのは、並大抵のことではない。その困難さを、デンマークでは、市民社会を介して、このような小さな学校が引き受けている。

本書の目的と方法

　本書は、社会統合を鍵概念に、デンマークにおける生涯学習実践を考察することを目的としている。1990年代後半、グローバリゼーションのもとで、先進諸国では福祉国家の再編とよばれる社会変動がおこった。それ以来、先進的な福祉国家として知られるデンマークでも、福祉国家を支えてきた社会民主主義が再検討され、より市場に適合的な政策が選択されるようになっている。経済的には新自由主義と呼ばれる政策が支持される傾向を生む一方で、社会的には国境を越えた人の移動とヨーロッパ統一とが重なったため、社会の多文化化が進行している。様々なルーツを持つ人々が移民としてやってくるなか、福祉国家をどのような論理で支えることができるのか。欧州連合に加盟する国々のなかでも、民族的に同質性が高く、人口規模が小さく、また近年も移民や難民の受け入れに消極的な国として知られるデンマークでは、この問題にどのように対応しているのか。

本書は、これらの問いに対し、二つの視角を設定している。一つは、社会統合をめぐる政治思想を検討することである。具体的には、社会統合の有力な思想とされてきたリベラル・ナショナリズムを、コミュニタリアニズムの観点から検討し、その応用可能性を論じている。社会統合は、通常、多くの困難を伴う政策目標で、必ずしも自明の理念とは言えない。名前や母語を奪い取り、ホスト国の文化で上書きする文化的同化（cultural assimilation）を伴う植民地支配は、数世紀前から多くの地域で大きな禍根を残し、現在も紛争と軋轢の原因となっている。現代社会で、何らかの方法を用いて社会統合を実現しようとする場合に、このような支配の構造に陥らないためには、規範理論の観点から検討する必要がある。もう一つは、生涯学習概念を制度との関係において理解することである。欧州連合の生涯学習政策と北欧の小国デンマークの生涯学習実践を考察する大きな理由は、欧州連合、加盟国、地方自治体といった入れ子になった統治構造を持つからである。生涯学習を活用して社会課題に対応する制度を構想する際、欧州連合、国、自治体、市民社会といった多層性に目を向けることは、重層的な統治構造のもとにある日本の生涯学習政策にとっても有益だと考える。

　このようなアプローチをとることで見えてくるのは、次の三点である。

　第一に、グローバリゼーションと福祉国家の再編問題[1]を後景に浮上する社会統合という課題に、ノンフォーマル教育やボランタリーセクター[2]の取

1　福祉国家とは、「市民社会を前提とした上での社会保障と完全雇用の希求」と定義できる（小峰編 2006: 2）。福祉国家は、20 世紀初頭の福祉国家創生期、二つの世界大戦を経て貧窮を救済する社会保障計画が中心となった時期、ベヴァリッジの社会保障論とケインズの完全雇用論の両者が追求され福祉国家の有用性が当然視された時期、1970 年代半ば以降の、国家の失敗を指摘する「小さな政府」を試行する福祉国家の危機の時期を経て、冷戦後の世界で社会保障と完全雇用を実現しながら人権を保障し競争力を維持するためにどのような政策の組み替えが必要なのかが議論される福祉国家の再編の時期を迎えている（小峰 2006: 2-10）。福祉国家の再編問題とは、次の三点を課題とする問題群を指す。第一に、非効率な経済部門や非生産的な就労形態を見直し国際的競争に対応するための経済の効率化と生産性の向上をはかるにはどうするのか、第二に、欧州連合の域内では地域統合の進展にともない資本と労働力の移動に関する域内の流動性を確保するために、加盟国の間で水準の異なる社会保障の見直しをどのように実現するのか、第三に、先進諸国が共通して抱えている経済成長の鈍化と人口構成の高齢化にどのように対応するのか、という諸問題である（廣澤 2012: 187-210）。

2　本書では、国家セクターや市場セクターとの対比を明らかにするために、民間非営利部門の総称として、ボランタリーセクターという用語を用いる。ボランタリーセクターという語は、主

り組みも含む生涯学習政策を用いたアプローチの可能性を提示することである。教育と職業訓練の政策においては、デンマークは欧州連合との協調路線を選択している。欧州連合の方針から見て是正が求められる点、たとえば後期中等教育未修了者への対応や進路選択の自由度の高さが若者の労働市場への参入を遅らせている点にもデンマーク側は対応しようと改革を進めている。生涯学習政策における欧州連合とデンマークの関係は、日本社会における統治機構の中央と地方の関係に擬せられる部分も大きい[3]。このような観点から、欧州連合とデンマークでの社会課題に対する政策的対応を読み取り、両者の政策実施上の構造を明らかにしたい。

　第二に、生涯学習概念を単なる個人の自由な学習活動であるとする理解を超えて、教育と職業訓練の両方に関わり、社会政策の一環として多様な領域で推進される社会的包摂に寄与する活動だと理解することである。日本の生涯学習論では個人のニーズに基づく学習活動と社会的な課題に対応するための学習とが対立的に捉えられることもあるが、本書では欧州連合とデンマークの政策での考え方を参照し、生涯学習政策が、社会課題に対する政策コンテンツの一つであるとの立場を提示する。

に英語圏において、福祉国家の再編が論じられるようになった時期に登場した。これは、福祉サービスの供給主体として、国家セクター、市場セクター、ボランタリーセクター、インフォーマルセクターかを区別する考え方である。第9章第4節で引用している図、「ペストフの福祉トライアングル」は、セクター間の関係を示している。ペストフによると、ボランタリーセクター（ペストフは第三セクターとも呼称している）は、公的機関や行政などの国家セクター、民間企業等の市場セクター、家族や地域社会などのインフォーマルセクターのいずれにも関わる、媒介セクターであり、アソシエーション（非営利組織）からなる領域である（ペストフ 1998=2000: 39-65）。

3　欧州連合、加盟国（例えばデンマーク）、地方自治体（例えばコペンハーゲン市）の関係は、日本に置き換えると、日本政府、都道府県（例えば東京都）、地方自治体（例えば東京都特別区）と見立てることができる。デンマークは中央主権的な国家ではないと言われるものの、教育と雇用に関しては一般的に欧州連合の方針と協調路線をとっている（小山 2015）。ただし、欧州連合と日本とをまったくの相似形で捉えられるわけではない。例えば、第11章で詳述するとおり、デンマークの NGO トランポリンハウスが提供する成人対象の学習プログラムは福祉国家の内側とみなされない難民申請中の人（asylum seekers）をも対象に含めるものであるが、それを実現させているのは、欧州連合の域内において難民申請中であるという事実である。この点は、出入国管理及び難民認定法を厳しく管理し、内側と外側の境界を維持する日本政府と、欧州連合とその加盟国という二重の境界を運用するデンマークとは条件が大きく異なっている。

第三に、行政とボランタリーセクターとの協働の仕組みを参照することである。デンマーク社会を取り上げるもう一つの理由は、デンマークが近代国家を形成する以前の18世紀から、農村部を中心にアソシエーション（*forening / association*）による統治を発達させてきた社会だからである。福祉国家という統治体制も、ボランタリーな社会活動を前提に運用されている（コースゴー 1997: 55-88）。1990年代以降、国際的な人口移動が社会保障資格の国籍要件の問題をあぶりだし、福祉国家を国民国家に重ねることの限界が指摘されるようになった。少子高齢化を背景に、新たに必要とされる社会的支出の額があまりに膨大で、現在の福祉国家の枠組みでは限界があると言われる（Espin=Andersen 2009=2022: 234-235）。たしかに、デンマークも同様の問題を抱える。そして、移民に対しては、北欧諸国のなかでも突出して厳しい制限を加えてきた。この意味で、多文化化に関する社会政策の観点から、デンマークがモデルとなることはほとんどない。けれども一つだけ注目できるのは、デンマークの場合、行政と種々のアソシエーションとの協働が前提となる社会運営をおこなってきた、という点である。移民や難民の受け入れについても、いったん「新しいデンマーク人」として受け入れた人に対しては、自治体とアソシエーションが主体となり、細やかなニーズに対応している点は特筆に値する。従来なかった社会課題に対し、草の根のボランティア団体が突発的なニーズに対応するという点では、日本社会での実践にも近しいが、デンマークのボランタリーセクターは一定のルールのもと、その活動が必要であるかぎり継続される仕組みを維持してきた[4]。本書ではこのような、デンマークのボランタリーセクターの方についても検討している。

　以上のような観点から、欧州連合とデンマークの生涯学習政策を考察し、社会政策とその思想的背景との連関について、生涯学習政策および生涯学習実践を総合的に検討することが、本書の目的である。

4　デンマークで2013年に実施された障害者制度改革を解説する論文でも、雇用省と社会統合省、中央政府と中央障害者審議会、ソーシャルパートナーとしての各種労働組合といったアソシエーションの協調路線が制度改革の背景にあることが指摘されている（岩田 2015）。

本書の構成

　本書は四部で構成される。第一部では、社会統合という社会課題に対する
コミュニタリアニズム思想の応用可能性について検討している。第二部では
欧州連合およびデンマークの生涯学習政策を検討している。第三部では、デ
ンマークのボランタリーセクターがどのように形成され、運用されているの
かを確認している。第四部では、社会的包摂を含む社会統合に関する教育や
学習プログラムを展開するデンマークの事例を取り上げている。

　「移民女性のためのダウホイスコーレ」では、若い母親に出会った。彼女は、
この学校に通い始める前、赤ちゃんを乗せた大きなバギーを押し、いつもの
散歩コースをたどりながら、たびたび、自分と同じようなヒジャブをまとっ
た女性たちが、通りの向こうの建物に入っていく様子を眺めていたという。
半年たったある日、女性のひとりに声をかけられた。まもなく、校長だとい
う年配のデンマーク人女性が現れた。そしてやさしいデンマーク語で、こう
言われた。「ここはあなたの学校です」。その言葉がどれほど嬉しかったか、
と母親は話す。校長は執務室に親子を招き入れると、その場で各所に連絡を
とった。そして母親と赤ちゃんは、次の週から学校に通い始めることになる。

　あれから10年以上の時間が経過した。今ではあの母親も、小学生の親と
して元気に暮らしていることだろう。けれども、当時、配偶者以外に知る人
のいない街で、常識も慣習も異なる場所に放り出され、ひとり子育てを始め
なければならなかった彼女は、いったいどれくらいの孤独を抱えていただろ
う。本書は、その後、文献を読み、現地調査を重ね、彼女の置かれた状況を
少しでも理解しようと努めた、その過程を記したものである。本書を通して、
「あなたの学校」があることの意味を、読者とともに考えることができれば
幸いである。

多文化化するデンマークの社会統合
──生涯学習が果たす役割とその可能性

目次

はじめに　*1*

序章　本書の目的　*11*

第一部　多文化化する社会におけるコミュニタリアニズム思想の
　　　　応用可能性

第1章　コミュニタリアニズムとは何か　*26*

第2章　学習の「個人化」　*41*

第3章　社会統合の規範理論　*56*

第二部　欧州連合とデンマークにおける生涯学習政策の実際

第4章　欧州連合の生涯学習政策　*76*
　　　　──雇用力とアクティブ・シティズンシップの両立

第5章　現代デンマークの生涯学習政策　*93*

第6章　スキルとモラルの二重性　*108*
　　　　──教育のヨーロッパ化は何をもたらすのか

補章　現代デンマークの社会統合政策　*126*

第三部　現代デンマーク社会におけるボランタリーセクターの機能

第7章　デンマーク・ボランタリーセクターの現在　*141*
　　──「共同責任」と「生活の質」

第8章　デンマーク・ボランタリーセクターの個人　*169*
　　──フレデリクスベア市におけるボランティア活動の実際

第9章　現代デンマーク社会におけるボランタリーセクターの機能と役割　*189*

第四部　現代デンマーク社会におけるノンフォーマル教育機関の役割

第10章　デンマークのノンフォーマル教育機関　*217*
　　──ダウホイスコーレの事例

第11章　デンマークのNGOによる難民に対する成人学習の支援　*248*
　　──トランポリンハウスの事例

第12章　社会統合における主流化アプローチ　*262*

終章　考察と課題　*281*

おわりに　*291*
参考文献一覧　*295*

序章　本書の目的

第1節　本書の目的

1−1　社会統合への着目

　本書は、社会統合を鍵概念に、社会政策とその思想的背景との連関について、デンマークにおける生涯学習実践を事例に説明しようと試みるものである。

　社会統合（social integration）とは、マイノリティ、オールドカマーおよびニューカマー、社会的に不利な状況にある集団が、差別や抑圧を受けることなく社会の一員として受け入れられた状態で、「経済的社会的な平等が実現され、労働市場や社会生活への参加が可能とされ、かつ文化的差異を理由とする排除や隔離がなされない」状況、あるいはその状態に向けて導入される公的機関による政策的対応を指す（宮島 2009; 宮島 2017: 78）。具体的には、比較的弱い立場にあり社会の周縁に位置する人々が、社会生活に参加し社会的サービスの領域へのアクセスが保障されることを指す（Ager, Strang 2008: 166-191）。

　社会統合は、アメリカやカナダ、オーストラリア等、歴史的に移民に門戸を開いてきた社会において、多文化主義（multiculturalism）との関連で論じられてきた（Portes, Böröcz 1989: 606-630）。しかし、冷戦終結後、多くの国や地域でグローバル化が深化すると、国民国家を基盤としてきた大陸ヨーロッパにおいても、国境を越えた人口移動がより活発となり、それまで比較的同質性が高かった国や地域においても、新たな移民や難民等ニューカマーの流入による多文化状況への対応が必要とされるようになってきた。

　18世紀以降、比較的安定した国民国家（nation state）を単位とする政治体制を築いてきたヨーロッパでも、冷戦後、欧州連合が東方拡大を続け、諸地域からの移民も流入し、断続的な多文化状況が見られるようになると、ヨーロッパとしての統一性を保つために社会統合の観点から対応する必要に迫られている。そこで欧州連合は、域内での流動性を高めながらもマイノリティ

やニューカマーが労働市場や社会生活に参加できるよう、社会統合に向けた一連の生涯学習政策を採用してきた。それは、欧州連合のリスボン戦略(2000)にあるとおり、ヨーロッパが競争力のある知識基盤社会（knowledge based society）になるために、雇用力（employability）を高め、社会的結束（social cohesion）を向上させ、社会統合を実現するための全年齢層を対象とする、生涯学習政策を推進するための学習プログラムの推進である（Nordin 2011: 17）。

1－2　生涯学習の範囲

　なぜ、ヨーロッパでは、知識基盤社会の形成のために生涯学習（lifelong learning）が取り上げられるのか。それは、欧州連合の生涯学習政策が、社会政策の一部で、政策目標を実現するために、就学前教育機関から高等教育機関までを含むフォーマル教育から、NPOやNGO、民間の教育機関までを含むノンフォーマル教育[1]、企業内教育として行われるOJTや家庭教育を内包するインフォーマル教育にいたる領域で実行される諸プログラムまでを指すからである[2]。ヨーロッパでは一般に、高等教育機関を中心とする学問的な知識を身につける教育と、職業教育機関を中心とする実践的な技能を身につける訓練とは、人材を育成するという観点においては共通していたとしても、

1　本書で扱うノンフォーマル教育とは、学校教育の枠組みの外で、特定の集団に対して一定の様式の学習を用意する、組織化され、体系化された教育活動を指す（日本生涯教育学会『生涯学習研究e事典』渋谷英章による解説を参照）。
2　本書では生涯学習政策という概念を次の意味で用いる。すなわち、社会政策の一部で、政策目標を実現するために実施されるフォーマル教育、ノンフォーマル教育およびインフォーマル教育の諸領域で計画される諸プログラムである。本書のおもな考察対象は、欧州連合およびデンマークにおける政策である。欧州連合では、欧州委員会（European Commission）が提出した法案を閣僚理事会（Council of the EU）と欧州議会（European Parliament）が共同で採択をしている（臼井編 2015）。第三部および第四部で詳述するとおり、生涯学習に関する政策によって実施される諸プログラムの中には、初等中等教育機関や高等教育機関等のフォーマルな教育も対象としているが、生涯学習および成人教育に関しては、NPOやNGO等のノンフォーマル教育機関を通じて実施される社会統合を実現するための諸プログラムが見られる。各国の社会政策は、通常、その国家が国民と規定する範囲の人々を対象に計画され実施されるが、欧州連合の一加盟国であるデンマークで見られるように、その枠組みからはみ出るものの時間を経て対象に加わるかもしれない周縁の人々に関しては、欧州連合の場合、NGOなどのボランタリーセクターが関わることで、欧州連合全体としての政策の実現可能性を高めている。

異なる経路をたどるものとして整備されてきた。欧州委員会のウェブサイトでも、教育関連の報告書を統括するサイトの見出しとして、「教育と訓練」という用語が選ばれている[3]。それらを統合する概念として、1990 年代以降に用いられてきたのが「生涯学習」という概念であり、2000 年以降の生涯学習政策である（坂口 2012）。

1-3　生涯学習と社会統合をめぐる研究の現状

　生涯学習と社会統合をめぐる近年の研究は、三つの関心に大別できる。第一に、移民・難民や移民背景を持つ成人を対象とする教育プログラムとして、どのようなアプローチが可能かを問う研究である。カプールらは、ソーシャルイノベーションの観点から、ヨーロッパにおける 30 の生涯学習プログラムを分析し、社会統合に役立つ事例に言及する（Kapoor *et.al.* 2018: 191-192）。例えば、就学前の児童を対象とし偏見をなくすことを目的とするドイツのプログラムや、4-16 歳を対象とし反人種差別の考え方を柱とするスウェーデンの放課後プログラム、移民や難民、外国人を対象とする自転車で街案内をするデンマークのプログラムである。他にも、移民女性を対象とする成人教育の観点から、トルコ、オーストラリア、ギリシャ、スイス、フランス、ドイツ、オランダ、アメリカ各国の 96 名の女性に対するインタビュー調査を実施し、生涯学習や成人教育の制度とプログラムが本人と家族の満足度にどのような影響を与えるかを問うオルタスの研究もある（Ortas 2021: 183-211）。第二に、欧州連合や各国政府の生涯学習政策を、社会統合、社会的包摂、社会的結束の観点から問うアプローチである。ミケラトウらは、1992 年以降に発行された欧州連合の 22 の政策文書を分析し、欧州連合の生涯学習政策の言説が新自由主義の観点から形成されているかどうかを調べた。その結果、たしかにエンプロイアビリティに関連する文書はその影響を受けていることが確認されたが、社会的包摂、アクティブ・シティズンシップに関する文書は当てはまらないことが確認され、消費者ではなく有権者、すなわち社会形成の担い手を育成するための生涯学習という考え方は、新自由主義の基本原

3　欧州委員会ウェブサイト（https://education.ec.europa.eu/），2024/9/5 accessed.

序章　本書の目的　*13*

理に対するアンチテーゼであると主張する（Mikelatou *et.al.* 2018: 499-509）。また、モリスは、2000年代のイギリス社会を対象に、難民や移民の増加のために活用される生涯学習という概念が、欧州連合が主導する生涯学習と比較すると、より限定された意味である点を指摘し、社会統合の観点から、インフォーマルな学習の重要性を主張する（Morrice 2007: 155-172）。第三に、学習都市の観点から、生涯学習と社会統合の実践事例を分析するアプローチである。クウォンらは、生涯学習都市運動の実践事例である韓国全州市を取り上げ、生涯学習センター等の関連施設を中心に展開する行政主導の学習機会の整備が、地域経済にも、また社会統合にも寄与すると指摘する。特に、成人の非識字を解消するためのホープスクールなど、全州市で2014年以降、集中的に実施されたプログラムが、移民や外国人を含む、200人以上の成人に提供された事例を報告し、学習都市としての制度の重要性を主張する（Kwon *et.al.* 2015）。

　このように大別される三つのアプローチのうち、本書は、第二のものと関心を共有する。すなわち、欧州連合とデンマーク政府の生涯学習政策を、社会統合という社会課題の観点から見ると、生涯学習に関する施策、事業、活動が、どのような役割を担っているのかという関心である。欧州連合に加盟する国々のなかでも、人種的に同質性が高く、人口規模が小さく、また近年も移民や難民の受け入れに消極的な国として知られるデンマークでは、2000年以降の欧州連合が主導する生涯学習政策の方向性、とりわけ社会統合という観点をどのように機能させるのかについて、政府が積極的に取り組んできたわけではない[4]。その理由は、一つには、ヨーロッパの国々のなかで見ると、デンマークは、移民や難民の受け入れに関して、必ずしもモデルとなる社会というわけではないからであり、もう一つには、デンマーク国内の関心から見ると、第一のアプローチ、すなわち移民対策に役立つプログラム開発のほうが急がれるからである。しかし、本書では、移民や難民の受け入れに消極的な国であるデンマークではあるが、21世紀以降、多文化化する社会を前提に生涯学習政策を見直してきた点に着目し、そのような社会に必要とされ

4　近年は、DRC（Danish Refugee Council）等、NGOによる調査や白書は数多く発行されている（DRCホームページ https://drc.ngo/ 2024/9/5参照）。

る社会政策としての生涯学習政策がどのような内容なのかを、社会統合の観点から理解することを目指したい。

第2節　社会統合とは何か

2-1　文化的同化

本書の鍵概念となるのが、社会統合（social integration）である。社会統合とは、前述のように、多文化化する社会において、比較的弱い立場にあり社会の周縁に位置する人々が、社会生活に参加し、対話のプロセスに参加することを指すが、より具体的には、「生活条件の向上や、住宅、教育、雇用、医療、保健、地域活動等の社会的サービスの領域へのアクセスが保障されること」を指す（Ager, Strang 2008: 166-191）。教育学や社会学、政治学で用いられる社会科学の概念において、マイノリティがホスト社会に適応する過程を説明する類似の用語に、文化的同化（cultural assimilation）と社会的包摂（social inclusion）がある。本節では、それぞれの用語と社会統合との異同を明らかにしておきたい。

まず、文化的同化についてである。文化的同化は今日では、マイノリティに対する多数派の一方的な権力関係を問題にする際に批判的に言及されることが多い。社会学において同化とは、「アウトサイダー、移民、または従属的なグループが、支配的なホスト社会に区別なく統合されるプロセス」である[5]。アメリカの社会学者ゴードンによると、同化には文化的同化（cultural assimilation）と構造的同化（structural assimilation）があり、前者は、マイノリティが他の集団の行動様式、衣食住、言語を学び、ある種の日常生活上の規範を取り入れていく過程であるのに対し、後者は、マイノリティが社会の主要な制度への参加を達成していく過程を指す（Gordon 1964: 70-71）。

同化のプロセスだけに着目すると、ゴードンの上のような分類が可能になるが、実際には同化は、そのプロセスが発動する前提として、力を持つマジョリティ側の文化および構造に合わせて、マイノリティ側が変容する過程を指す。そのため、同化は常に圧倒的な権力の傾斜を伴っている[6]。

5　*A Dictionary of Sociology* の説明による（Scott, Marshall *eds.* 2005: 24）。
6　例えば、日本近代史における部落差別を、圧倒的な権力の傾斜を背景に用いられた、同化と

序章　本書の目的　　*15*

アメリカ社会における多民族社会の統合理論を考察する文化人類学者の江淵一公によると、1920年代から1940年代のアメリカ社会学では、今後ますます同化が進み、民族はいずれ消滅するとの予測が主流を占めていた（江淵1985: 13）。しかしその期待は裏切られ、1960年代の公民権運動等の社会運動を通じて民族の固有性を保持存続すべきだとする文化的多元主義（cultural pluralism）が唱えられると、制度的な統一のために必要な社会的知識と、アイデンティティに関わる内面的固有性とを区別して継承することを是とする多文化教育（multicultural education）の考え方が主流となり、1980年代後半以降は、どのような民族的背景も尊重され多文化が等価に共存すべきだとする多文化主義（multiculturalism）が一般化している（江淵1985: 19-28; Kymlicka 1996=1998; 2002=2005; 松元2007）。

イギリスにおいても、1960年代、アフリカや中南米などイギリス連邦諸国に多くの新興国が加わり移民が急増した時期に、イギリス社会への同化（assimilation）を前提とする「分散政策（dispersal policy）」が採用されている。分散政策とは、ホスト社会の行動様式と生活習慣を守るため、一つの学校に「有色人生徒」が一定以上増えないよう強制バス通学により通学先を分散させる政策である（小口1985）。しかし実際には、有色人生徒の側のみに負担を求めるこの政策には疑問が突きつけられ、また地域によっては「一定」の目安とされた30%を優に上回る有色人生徒をすでに受け入れていたこともあり、分散政策は多くの自治体で実施されず、1975年に裁判所によって不法との裁定を受け、その後は多文化教育の考え方へと変化した（中島1985: 29-51）[7]。

文化的同化の概念を以上のように概観すると、本書での社会統合とは、一般的な同化からゴードンが文化的同化と呼んだものを引き、残る構造的同化と呼んだものだと理解できる。ただし構造的同化は、マイノリティが主要な

異化という概念によって説明する研究に黒川（1999）がある。

[7] イギリスの多文化教育政策を論じる中島千恵によると、分散政策は1963年、有色人生徒の存在が自分の子どもの学習を妨げるとの理由で、白人と有色人生徒のクラスを分けるよう地方自治体に要求したことに始まる激しい議論を呼んだ政策で、1964年イギリス連邦移民助言委員会の報告書には「生徒の中の移民児童の割合が一定以上であると、学校の全正確および気風が変えられる」とし、有色人生徒は分散されるべきだとの意見を支持した（中島1985: 29-51）。

社会制度への参加を達成していく過程を指すものであるのに対し、本書における社会統合は、その参加を実現するための文化変容の過程を指す点が異なっている。

2-2　社会的包摂

　次に、社会的包摂についてである。社会的包摂とは、社会的排除（social exclusion）の対語として用いられる社会政策の用語であり、社会的に弱い立場にある人々を労働市場への（再）参入と社会参加を促すことである[8]。社会政策を社会的包摂の観点から論じる宮本太郎によると、社会的包摂とは狭義においては「生活困窮者の社会参加と経済的自立の支援」を意味するが、いつか生活困窮者に陥る可能性のあるすべての市民を対象とするという点から、広義においては「家族ケア、教育、リハビリテーションなど多様な社会活動に人々を包摂」する、「アクティベーション」を志向する考え方であるという（宮本 2013: 8-9）。また、社会的排除と社会的包摂の議論を整理し解説する福原宏幸によると、イギリス社会をモデルにする議論では、社会的包摂が労働市場を介したプロセスとして論じられ、経済的な自立支援が重視される傾向があるのに対し、フランス社会をモデルとする議論では、社会的連帯の再構築に関心が向けられ、社会や国家がその責任において排除された人々の労働市場への（再）参入だけではなく、地方自治や社交などを含む社会参加一般を支援することが重視される傾向がある（福原 2007: 21-28）。いずれにせよ、社会的包摂は社会統合に向かう過程の一つで、必ずしもエスニック・マイノリティに限定されないものの、社会的に弱い立場にある人々に対する居場所づくりを主とする広範な支援策を含意している[9]。

8　社会的排除という考え方は、1974 年シラク内閣の社会大臣ルネ・レノアールが著書において用いたのが始まりとされている。また 1990 年代イギリス労働党が自由党に対抗して新しい福祉国家構想を練るなかで言及され、社会的排除に対抗する処方箋として社会的包摂という言葉が用いられた。1997 年イギリス総選挙で勝利した労働党のトニー・ブレアは、新しい労働党が目指す社会を包摂的社会（inclusive society）と称した（宮本 2013: 3-5）。

9　社会的排除の対義語として発達してきた社会的包摂の概念は、とりわけ「居場所」を重視する傾向を形成してきた。日本でも若年無業者の「発見」により 1990 年代後半以降、若者政策への関心が高まるが、社会学の分野では若年無業者問題を社会的包摂の課題として位置付け、2006 年には厚生労働省が「若者サポートステーション（サポステ）事業」を開始した。就労支援と

以上のように文化的同化と社会的包摂との異同を確認すると、本書で扱う社会統合という概念はしたがって、次のような意味となる。

　すなわち、第一に、社会統合とは、マイノリティが他の集団の行動様式や日常生活上の規範を取り入れていく過程を意味する文化的同化とは異なり、マイノリティが社会の主要な制度への参加を達成していく過程を意味する。そしてその参加を実現する責任は、マイノリティとともにホスト社会にある。第二に、社会統合とは、社会的に弱い立場にある人たちにとっての居場所の必要性を訴える社会的包摂を超えて、労働市場への（再）参入と社会参加の両者を促すことを意味し、エスニック・マイノリティを含む社会的に弱い立場にある人々に対する支援を意味する。

　本書ではこのような意味での社会統合が、欧州連合やデンマークの生涯学習政策において、どのように位置付けられているのかを考察する。

第3節　コミュニタリアニズム思想の応用

　本書においてもう一つの鍵概念となるのがコミュニタリアニズム思想である。コミュニタリアニズム（communitarianism）とは、現代政治思想における潮流の一つで、普遍主義よりも個別主義を、抽象的な自己ではなく具体的な自己を、個人の権利が先立つ政治より共同体の価値と共通善（common good）を支持する立場である（Bell 2016）。本書ではコミュニタリアニズム思想そのものについて論じることを目的とはしないが[10]、個人や集団におけるアイデンティティの葛藤を否応なく含む社会統合という規範的課題を考察し、多様な実践を含む生涯学習領域の政策形成過程の理解に見通しを立てるために、コミュニタリアニズム思想の議論を通して整理する方法を採用する。そ

居場所の両方を提供することを理想として開始された事業ではあるが、経済的給付と結びついていないことから、支援を必要とする若者の捕捉率自体が低く、就労支援が困難な層に対する方策が実現できないといった理由で、若者政策としては中途半端な状況に置かれている。この意味で、「サポステを含む若者自立支援策は、社会から排除される若者の増加に歯止めをかけ、社会統合を図るという使命が課されている」（宮本 2013: 215）と言える。

10　コミュニタリアニズム思想の内容については以下を参照のこと（坂口 1999; 坂口・中野 2000; 坂口 2007; 坂口 2012）。

の理由は次のとおりである。

　それは、個人と集団のアイデンティティが必ずしも自明ではないケースを、自己論の観点から論じ、かつ、アトミズムではなく（赤枝 2011: 189-206）[11]、コミュニティやアソシエーションといった中間集団の果たしている役割を重視するコミュニタリアニズム思想が、同化か統合かといった規範的な問題を考える際の手がかりになると考えるからである（坂口 1999; 坂口・中野 2000）[12]。

　コミュニタリアニズムに向けられてきた代表的な批判には、想定されるコミュニティが閉鎖的だと指摘するもの（Fraser 1999; 井上 1999）、全体として排他的で同化を強制すると批難するもの（Young 1990）、異質な他者を受け入れない保守的な思想だと批判するもの（Dumm 1996; 酒井 2001）がある。しかし、社会統合という観点から生涯学習に関連するコミュニティやアソシエーションの働きを見てみると、ボランタリーセクターを構成するノンフォーマル教育機関、非営利組織や NGO は、ニューカマーを受け入れる最前線に位置し、同化とは異なる方法で共通善を前提とするコミュニティの形成と、社会的結束（social cohesion）を実現するためのプログラムを実施し、市民社会の門戸を広げる活動を展開している（第二部、第三部）。第一章でも詳述するとおり、1980 年代のリベラル・コミュニタリアン論争を経たのちにコミュニタリアニズムが課題としているのは、福祉国家の再編問題に起因

11　アトミズムとは、個人は社会的紐帯を離れて自然権を持ち、そのような個人が社会契約をおこなうことで社会秩序が保たれるという社会観を支持する個人主義の考え方である（テイラー 1992=2004: 29）。

12　1990 年代以降、雑誌『応答するコミュニティ（The Responsive Community）』を刊行しコミュニタリアン運動を主宰しているアメリカの社会学者アミタイ・エチオーニは、コミュニタリアニズムを、「コミュニティ・オブ・コミュニティーズ（community of communities）」の思想だと説明する。これは、アメリカ社会の在り方を論じる際に、多様な政治的、宗教的、人種的コミュニティがアメリカという一つの理念のもとに共存する様子を表す語として、人種のるつぼ型やサラダボウル型と区別して用いている（Etzioni 1993; 1996）。本書では、生涯学習政策の実施主体についてこの発想に依拠している。エチオーニのこの概念は、政治学の文脈では予定調和かつコミュニティ間の矛盾や葛藤を想定していないとして強く批判されてきた（Frazer 1999）。しかし日本社会を念頭に置く場合、ナショナルなコミュニティはそれ自体すでに強固な政治的言説を形成し、各コミュニティと適合的な関係を保持している。それよりも、アトミズムに対抗するという点において、個人が複数のコミュニティに所属し、複数のコミュニティが排斥し合わないような社会観をモデル化するエチオーニの「コミュニティ・オブ・コミュニティーズ」は、本書の参照先になると考える（坂口・中野 2000）。

序章　本書の目的　*19*

する多文化化する社会状況にどのように対応するのかという論点だった。功利主義からリベラリズムへと議論の焦点が移行する中、コミュニタリアニズムは「承認の政治」（チャールズ・テイラー）という概念を提起し、エスニシティやジェンダーが現代社会の政治の焦点となっていると指摘した（フレイザー 2003; ホネット 2003; 石川 2010; 飯田 2020）。しかし、グローバル化が深化し、国境を越えて移動する人々が増えると、多文化化する社会状況にどのように対応するのかという観点からの議論が必要となってくる（坂口 2010）[13]。差異を等閑視し、既存の制度のなかで誰をも平等に扱うことで社会統合を進めることを支持する立場もありうるだろう（リベラリズム）。あるいは、より包括的な共通善を示すことで、社会的結束を高める立場もありうるだろう（リベラル・ナショナリズム）。しかし、それがすべての選択肢ではない。

　コミュニタリアニズムは、個人を重視し、集団における共通善を重視し、かつ、個人のアイデンティティに対する誤承認（misrecognition）や不承認（nonrecognition）こそを問題と考え、多様な中間集団の役割機能を重視する立場をとる[14]。本書も、共通善と自己概念の両者を重視するコミュニタリアニズムこそが、個人化の進行するアトミズムが深化する後期近代の社会では、個人の自律を前提とするリベラリズムよりも社会統合の観点からは活用できる思想であり、コミュニティやアソシエーションといった共通善に根ざす中

13　ジョン・ロールズをはじめとするリベラリズムの立場は、正義のためにあえて差異を等閑視する立場をとり（無知のヴェール）すべての人は平等であると扱うが、コミュニタリアニズムはそのような抽象的な自己の想定が個人のアイデンティティに対する誤承認（misrecognition）や非承認（nonrecognition）を誘発するとし（例えば、スティグマを看過することは、たしかにスティグマを取り除くが、それは同時にスティグマをともに年月をすごしたその人の経験の束を取り除くことと考え）、「水平の関係のうちに、自らが示そうとする一部を、複数の具体的他者によって受け止めてもらう関係、すなわち承認の関係」の中に生まれる「尊厳に基づく誇り」の重要性を指摘する（坂口 2010: 79）。

14　コミュニタリアニズムに対する閉鎖的、同化主義的、保守的との批判を網羅的に取り上げ、政治思想史におけるコミュニタリアニズムの重要性を改めて指摘する代表的な論考に菊池理夫の考察がある（菊池 2004: 17-92）。菊池によると、コミュニタリアニズムを批判する者たちの論点はいずれも誤解の域を出ず、コミュニタリアニズム思想が持つ可能性、すなわち「個人の権利や自由を尊重し、…多様なコミュニティの存在を認め、その成員や各コミュニティの平等性や成員の政治参加、熟議を重視する民主主義的なもの」（菊池 2004: 223）でありながら、コミュニティにおける共通善と自己概念を重視するという意味で「実現可能なユートピア」（菊池 2004: 298）という側面を見落としているという。

間集団によってこそ市民社会は下支えされているとの仮説を保持している。

第4節　本書の構成

　本書は四部に分かれる。第一部「多文化化する社会におけるコミュニタリアニズム思想の応用可能性」では、社会統合という社会課題に対しコミュニタリアニズム思想を応用できるのか否かについて検討する。第二部「欧州連合とデンマークにおける生涯学習政策の実際」では、生涯学習政策として実施される欧州連合とデンマークでの学習プログラムを取り上げ、そこで意図されている内容を解読する。第三部「現代デンマーク社会におけるボランタリーセクターの機能」では、福祉国家の再編問題に対応するデンマーク社会の事例を取り上げる[15]。第四部「現代デンマーク社会におけるノンフォーマル教育機関の役割」では、社会的包摂も含めた社会統合のための学習プログラムを展開するデンマークの事例を取り上げ、社会統合における主流化アプローチの可能性を論じる。

　第一部では、本書の問題関心に基づく理論的な考察を試みる。とりわけ本書の鍵概念であるコミュニタリアニズムと社会統合について個別の検討を行う。第1章では、1980年代後半から1990年代に議論された政治哲学をめぐるリベラル・コミュニタリアン論争後の思想的状況について概観し、多文化化に対する応用可能性を検討する。第2章では、アイデンティティが常に問われる後期近代の社会において、個人化（individualization）が進行する状況を確認する。第3章では、個人化に抵抗し社会統合を政策目標とする場合の問題点について、リベラル・ナショナリズムとコミュニタリアニズムを比較し、検討する。

　教育学の一部に含まれる生涯学習に関する研究は、実践事例研究が主流をなし、規範的な観点に立つ研究は、実践事例を振り返るかたちで実現されてきた（Reeve *et al.*, 2002）。しかし現在、英語圏を中心に、社会統合から、人的資本論、福祉国家論、ガバナンス論に至るまで、これらの政治理論や政治

15　デンマークにおける近年の移民・難民の状況は、鈴木（2023）に詳しい。

序章　本書の目的　　*21*

思想と深く関連する分野として生涯学習が論じられ、規範理論に基づきながらも現代社会の課題を明らかにする論考も数多く見られる傾向にある（Alheit 2002; フィールド 2000=2004; フィールド 2005=2011; 赤尾 2009; 赤尾 2012）。本書でも、生涯学習をめぐる公共的関心を学問的に位置付けるため、社会学、社会思想史、政治哲学から得られる規範的な観点に立つ視角を取り入れる。

　第二部では、生涯学習政策として実施される欧州連合とデンマークでの学習プログラムを確認する。第 4 章では、欧州連合の政策を取り上げ、それが雇用力（employability）という経済的要請と、アクティブ・シティズンシップ（active citizenship）という社会的要請とに集約されることを概説する。第 5 章では、デンマークの政策を取り上げ、それらの要請が学力問題の形をとりながらも実際には移民背景を持つ特定の集団に対する批判的な視線を作り上げていることを確認する。第 6 章では、欧州連合とデンマークの教育と雇用に関する政策が全体として教育のヨーロッパ化（Europeanization of education）をもたらし、文化的同化か社会統合かの議論を生じさせていることを明らかにする。

　2000 年、欧州連合が生涯学習を成長戦略の核に据えて以来、生涯学習という概念に対し、政策的な意味が付与されるようになった。それまで、ヨーロッパにおいても生涯学習が意味してきたのは、ポール・ラングランの崇高な理念を別にすれば、青少年に対する継続教育や成人に対する識字教育を指す地道な実践活動だった。しかし、「知識社会（knowledge society）」という標語が欧州連合に導入されて以来、ヨーロッパ社会で展開された教育政策がグローバルスタンダードとして浸透するという流れが生じている（Lawn, Grek 2012）。その影響が、欧州連合の加盟国であるデンマーク社会でどのように表れているのかを考察する。

　第三部では、福祉国家の再編問題に対応するデンマーク社会の事例を、ボランタリセクター研究の観点から考察する。第 7 章では、デンマークの社会構造にとって重要な要素であるボランタリー社会活動が、どのように意味付けられているのかを明らかにするために、研究者および専門家の見解を調査した。第 8 章では、ボランタリー社会活動が、デンマーク社会のなかで実際

にはどのように運営されているのかを明らかにするために、実践者の見解を調査した。第9章ではこれらの見解を踏まえて、デンマークのボランタリーセクターが、社会的結束と雇用創出という期待を背負いながらもどのように自律性を保持しているのかについて、国家との関係を論じている。

　本書でボランタリー社会活動を取り上げる理由は、第一に、デンマークの社会では労働市場への参入と社会参加を意味する社会統合のうち、特に社会参加については統合法（1999年）施行以来、ボランタリーセクターが参加を受け止める領域として期待されてきたからである。第二に、デンマーク社会では社会統合という政策目標を実現するのが、国家や自治体といった政治主体だけではなく多様なアソシエーションも含まれるからである。第三部で扱うアソシエーションは、必ずしも直接的には生涯学習実践そのものに関わっている団体だけではないものの、後述するノンフォーマル教育機関やNGOとともに、デンマークのボランタリー社会活動を成立させている重要な領域である。このような理由から、本書においてもボランタリーセクターを考察対象とする。

　第四部では、社会的包摂と社会統合に関する学習プログラムを展開する、デンマークのノンフォーマル教育機関の事例を取り上げる。第10章では、デンマークのノンフォーマル教育機関であるダウホイスコーレ（*Daghøjskole*/ Day High Shcool）の役割に焦点を当て、社会的包摂を含めた社会参加のための社会統合がどのような制度のもとに展開されているのかを明らかにする。第11章では、デンマークのNGOトランポリンハウスで実施されている成人教育の実際について概観する。福祉国家の再編問題のなかで、国家としては社会的包摂の対象になりにくいものの欧州連合としては庇護の対象となる成人の亡命申請中の人々（*asylansøgere*/ asylum seekers）や難民（*flygtninge*/ refugees）に対し、デンマーク政府が用意する制度とは異なる領域で、欧州連合の理念に基づき展開されている生涯学習実践を考察する。その上で、第12章において、欧州連合に属する大国フランスとドイツの社会統合に関する政策と実践を参照しながら、ボランタリーセクターの中のノンフォーマル教育機関を活用するデンマークの社会統合政策の特徴を明らかにする。

　このようなノンフォーマル教育機関やNGOが提供する学習プログラムを

序章　本書の目的　*23*

取り上げる理由は、社会統合という欧州連合の政策目標を実際に担っている実践に対する考察が不可欠だと考えるからである。デンマークの後期中等教育未修了者に対する制度や公的な成人教育制度の改革は、社会的包摂を含む社会統合を標榜する欧州連合の要請に対するデンマーク社会の回答である。これが実際にはどのように機能しているのか、そして福祉国家の再編問題に関連して、公的な制度の対象者から外れる難民申請中の人々はどのような状況に置かれるのかを確認したい。

　以上の四部にわたる考察を通し、日本社会が社会統合という課題に向き合う際に何を準備すべきかという点についての示唆としたい。結論を先取りすれば、欧州連合とデンマークの生涯学習政策の展開を考察することで分かるのは、第一に、社会的結束を実質化するためには、個別主義やターゲットごとの対象化ではなく主流化アプローチをとる必要があるということ、第二に、そのようなアプローチを可能にするためには、フォーマル教育だけでなくノンフォーマル教育およびインフォーマル教育も含む生涯学習実践が必要となることである。社会統合という現代的課題に対する生涯学習政策の意義と課題を、デンマーク社会の経験を事例に検討し、明らかにしたい。

第 一 部

多文化化する社会における
コミュニタリアニズム思想の応用可能性

第一部では、社会統合という課題に対しコミュニタリアニズム思想の応用可能性について検討する。社会統合を政策目標とする場合、多文化化する社会にはどのような問題が想定されるのか。この問いを、規範理論の観点から検討する。

第1章　コミュニタリアニズムとは何か

　第1章では、1980年代後半から1990年代のあいだに議論された政治哲学をめぐるリベラル・コミュニタリアン論争後の思想的状況について概観する[1]。20世紀の社会政策を推し進めた功利主義思想に対抗し、ジョン・ロールズは『正義論』（1971=2011）を著し、自由と平等を重視する現代リベラリズムを方向付けた。それに対し、マイケル・サンデルらが権利や中立性が、一定の善を前提としていることを指摘し、ロールズの立論を批判的に検討する論争が展開した。権利に先立つ善の概念を重視する思想的立場は、コミュニタリアニズムと呼ばれる。コミュニタリアニズム（communitarianism）とは、現代政治思想における潮流の一つで、普遍主義よりも個別主義を、抽象的な自己ではなく具体的な自己を、個人の権利が先立つ政治より共同体の価値と共通善（common good）を支持する立場である（Bell 2001）。個人を重視し、集団における共通善を重視し、多様な中間集団の役割機能を重視する立場をとるこの思想は、20世紀後半に興隆したアイデンティティポリティクス、多文化化する社会を説明する理論として応用されてきた。功利主義からリベラリズムを経てコミュニタリアニズムに至る政治思想の状況は、しかし、必ずしも一直線上に展開されたわけではない。とりわけ、20世紀後半のリベラル・コミュニタリアン論争後、コミュニタリアニズムは、多文化主義と共和主義を現代的に解釈する際の、思想的資源として活用される。本章では、リベラル・コミュニタリアン論争後のこのような展開が、多文化化する社会の在り方にどのように応用されうるのかを検討したい。

1　第1章は、坂口緑, 2018a,「ポスト・コミュニタリアニズムの展開」明治学院大学社会学部付属研究所『研究所年報』第48号（57-64頁）に加筆・修正したものである。

第1節　コミュニタリアニズムの現代的位相

　20世紀後半、おもに英語圏で生成してきたコミュニタリアニズムは、リベラリズムと並んで、現代の規範理論研究の一つの潮流をなしてきた。1980年代から1990年代にかけて発表された、アラスデア・マッキンタイア、チャールズ・テイラー、マイケル・ウォルツァー、マイケル・サンデルらの論考は、リベラリズムの泰斗ジョン・ロールズの『正義論』(1971) や『政治的リベラリズム』(1993) をめぐり、政治学における方法論的疑念や存在論的議論を提起し、新しい視角を提示してきた。たしかに、コミュニタリアニズムに与する論者たちは、何らかの単一のグランドセオリーを提唱したわけではない。しかしそれにもかかわらず、コミュニタリアニズムは、20世紀から21世紀にかけて、次のような点について、マルクス主義に代わる左派政治思想の一つの現実的なかたちを提示してきた。第一に、政治における道徳性に関する議論を読み直す方法論的視点を提示したこと、第二に、自然や自己に関する存在論的あるいは形而上学的疑義を提起したこと、第三に、コミュニティの価値に関する規範的な問題を提起したことである（ムルホール，スウィフト 1996=2007）。

　21世紀になり、グローバリゼーションと社会変動の深化が、政治学の扱うテーマにも大きな影響を与えている。討議的デモクラシー、共和主義、自己論、多文化主義、政治と宗教の関係についての再考、政治倫理、新しい市民社会論、ポスト国民国家論、平等論、戦争論など、個人と集団、社会と国家を扱うこれらの領域への注目は、1980年代から継続しているリベラル・コミュニタリアン論争のインパクトなしに、また、豊饒な道徳哲学・宗教理論を発展させたコミュニタリアニズムの展開なしに、説明することはできない（ムルホール，スウィフト 1996=2007）。実際に、功利主義から正義論、政治的リベラリズムから熟議民主主義論へと研究のトレンドが移りゆくなかで、政治思想分野においてコミュニタリアニズムは一つの明示的・非明示的な思想的視座になってきた。日本語圏でも倫理学、法学、経済学、教育学、生命倫理、社会福祉学等への展開が見られる（小林・菊池 2012）。また英語圏や

ドイツ語圏でもヨーロッパの研究者を中心に、コミュニタリアニズムとコスモポリタニズムとを対立的に捉え、社会政策への応用可能性を問う論争が継続している（Bellamy, Castiglione 2013）。

　このような過程において、コミュニタリアニズムを再度、検討する傾向も見られるようになった。日本語圏では、あえて「終わった論争」としてリベラル・コミュニタリアン論争を解説する論考（宇野 2013）、社会的紐帯と政治の関係を再考する論考（今田 2010）などが 2010 年代に見られたが、いずれも新しい読者に対して過去の論争を紹介するという比重が大きく、近年の学問的成果や現代的課題の検討は回避されている。

　それに対し、英語圏では、人権を現代社会の観点から再考する際の素材としてコミュニタリアニズムが提起した自律（autonomy）かアイデンティティ（identity）かを論じる論考や（McCrudden 2008）、移民政策の観点から善の優先と普遍主義が両立可能かを検討する論文などが発表されている（例えば Etzioni 2014）。また、近年は韓国においても、リベラル・コミュニタリアン論争を冷静に位置付け直し、NGO 等のアソシエーションが持つ民主的で参加型の政治参加を評価する論考も発表されている（Han 2007）。

　本章では 2000 年以降のコミュニタリアニズム研究の動向を次の二点に着目する。第一に、20 世紀後半のリベラル・コミュニタリアン論争が 21 世紀になりどのように変調したのか、第二に、現代に継承されている論争後のコミュニタリアニズムが、多文化主義をどのように理解しているのか、という点を確認する。以下では、コミュニタリアニズム思想の応用可能性を探るために、論争後の論考を中心に考察を進めたい。

第 2 節　リベラル・コミュニタリアン論争とは何だったのか

　リベラル・コミュニタリアン論争は、1980 年代後半から 1990 年代のあいだに熱心に議論された政治哲学をめぐる論争である。1971 年に刊行されたジョン・ロールズの『正義論』（Rawls 1971＝2011）は、功利主義批判を契機に公正さと権利についての政治哲学の議論を復権させた代表的な著作であるが、その解釈をめぐり当時の英語圏で政治思想の復興が見られた。1977 年

に刊行されたロバート・ノージックの『アナーキー・国家・ユートピア』(Nozick 1977=1992)は、リバタリアニズムという立場を明確に打ち出した一冊だった一方、1982年に刊行されたサンデルの『自由主義と正義の限界』(Sandel 1982=1996)は、ロールズ批判を喚起した一冊だった。この頃から、権利を重視するリベラリズムに対し、権利もまた善概念の一部だとするコミュニタリアニズムという陣営ができ、リベラル・コミュニタリアン論争が出現した。後者の陣営には、サンデルの他にも、テイラー、マッキンタイア、ウォルツァーといった、それぞれの領域で活躍していた政治哲学者たちが加わり、ロールズやノージックの立論に対する批判的解釈が展開された。

　このときの論点は何だったのか。ひとことでまとめると、サンデルが明らかにしたように、ロールズの『正義論』が拠って立つ仮想的仮説が「負荷なき自我(the unencumbered self)」を前提としている以上、政治の場面では、正義の優位性が必ずしも優先されない、という一点である。サンデルのロールズ批判の重点は、第一に、ロールズの政治理論は人格の本性に関するある特定の構想を前提としているし、第二に、そのような人格が展開されるには政治的共同体で是認される特定の善を前提としており本人が主張するほど中立的ではない、というところにあった（ムルホール，スウィフト 1996=2007: 49-51)。

　これに対し、サンデルらコミュニタリアニズムの思想家たちの、正義論に代わる構想は、政治共同体における善の優位という主張であった。善は複数の共同体への愛着から生じうるという立場（サンデル）、あるいは任意の共同体の実践や伝統といった社会的文脈に依存するという立場（マッキンタイア）、善を構成する質的なフレームワークはその人が属する言語共同体から生じるという立場（テイラー）、社会正義は当該社会の財の分配の原理を確立しないと意味がなく社会正義の構想もそれぞれの共同体に根ざして解釈されるとする立場（ウォルツァー）などが提示された。

　このような権利か善かをめぐる論争について、その後、どのような評価がなされてきたのか。例えば政治学者の宇野重規は2013年の「リベラル・コミュニタリアン論争再訪」という論文のなかで、ロールズがコミュニタリアンの批判に応えて1993年に『政治的リベラリズム』を刊行し、ロールズ自身が拠っ

て立つのは「西欧などの近代民主主義社会において共有されてきた『背景文化』、さらには『重なり合う合意』であるとしたのは、ロールズにすれば大きな譲歩であったといえるかもしれない」と記している（宇野 2013: 106）。そしてサンデルのその後の批判を勘案しても、ロールズが求めたのは「誰もが同意できる正義の原則」であって、サンデルが『民主政の不満』（1996=2010）で展開したような、アメリカ史を踏まえたロールズ批判はあまり当たらない。そうではなく、ロールズが追究したのは「神の力を借りることなく、デモクラシーが自らを制御すること」ではないのか、という解釈を示し、ロールズの権利の構想を肯定する（宇野 2013: 105-107）。

　また、リベラル・コミュニタリアン論争を解説するステファン・ムルホールとアダム・スウィフトは、2007 年、第二版の日本語版が刊行された際に、変化したのは焦点だとし、次のような序文を寄せている。

　　『リベラル・コミュニタリアン論争』の出版以後に、何かこの論争における重大な展開はあったのかどうかとたずねられることが時折ある。われわれの知るかぎり、そのような展開は何もない。それよりもむしろ、議論の焦点が変わってきたのである。アングロ−アメリカ圏の研究文献を読むとき、コミュニタリアン的な思考に出くわすのは、現在ではナショナリズムや多文化主義をめぐる実質的な争点の文脈においてであることがもっぱらである。リベラルの側では、ロールズの「公共的理性」の観念と、その観念が体現するような種類の中立性の可能性（または不可能性）が、熱心に議論され続けている（ムルホール, スウィフト 1996=2007: i-ii）。

　ムルホールとスウィフトによるとコミュニタリアン側の主張は特に進展することなく、リベラリズム側も、継続して中立性を議論しているという。ただし同じ論点をめぐる議論であっても、文脈が変わったというのは重要な指摘である。たしかに、1980 年代後半は、20 世紀の政治学では、依然として体制選択論が重要だとされた。その意味ではリベラル・コミュニタリアン論争も、政治学的には資本主義か社会主義か、哲学的にはカントかヘーゲルか（もしくはアリストテレスか）といった定型を外れていない。当時、冷戦が終

結し、「第三の道」と呼ばれる改定された社会民主主義が登場したこともあり、どのような社会秩序が必要かという議論は、現実的な関心を集めた。

　しかし2000年代以降、冷戦の終結はむしろ、どの社会秩序かというよりも社会秩序の不在が論点となり、ナショナリズム、そして文化的、民族的アイデンティティと政治の関係という点が、避けては通れない論点として浮上してきた。それに派生し、西欧などの近代民主主義社会において共有されてきた「背景文化」もまた万能の原理ではないことが明らかになってきた。その意味で、リベラルの議論が中立性や方法論に進む一方で、コミュニタリアンの議論がより実践的な、現実社会を説明する理論として展開されるようになるのも頷ける。次節では、論争後のコミュニタリアニズムの議論を取り上げたい。

第3節　論争後のコミュニタリアニズム

　ここでは1980年代のリベラル・コミュニタリアン論争時の議論と区別するため、2000年代以降、展開されているコミュニタリアニズムを、論争後のコミュニタリアニズムと呼ぶ[2]。論争後のコミュニタリアニズムで見られる議論には、おおむね次のような二つの流れがある。第一に、多文化主義との社会的結束（social cohesion）の関係を読み解く思想としてコミュニタリアニズムを応用する論考、第二に、コミュニタリアニズムを共和主義と読み替え、下からの自己統治という点から積極的に評価する論考である。以下では、論争後のコミュニタリアニズム思想に立脚する二つの典型的な議論を取り上げたい。

3−1　メーアとモドゥードの論考

　イギリスの多文化主義的な社会統合の在り方を考察するメーアとモドゥード（Meer, Modood 2009: 473-497）は、「多文化（multiculture）」と「コミュニ

2　英語圏では1990年代後半以降顕著になった新自由主義を論じる文脈で、国家セクターによる非営利セクターの「動員」を批判的に捉える際に「ネオ・コミュニタリアニズム」と称する場合も見られる（例えばFyfe 2005）。

第1章　コミュニタリアニズムとは何か　　*31*

タリアン的な多文化主義」とを区別し次のように説明する。すなわち、前者は「消費に基づくライフスタイル上のアイデンティティ」であって「共存の雰囲気を採用する」ポール・ギルロイに代表される立場である（Gilroy 1987; 2004)。それに対し後者は「民族的、宗教的、文化的アイデンティティこそが、意味のある（meaningful)、自信ある（self-assured）統合をもたらす」とするタリク・モドゥードに代表される立場である（Modood 2005; 2007)。ライフスタイルとしての多文化を支持する立場では、集団ではなく個人主義的であることと宗教的ではなく世俗的であることが強調され、広く異文化に触れる雰囲気が醸成されることの利点が強調される。それに対し、民族的、宗教的、文化的な集団のアイデンティティを重視するコミュニタリアン的な立場は、政治的活動を重視する。そのため、しばしば政治的すぎる、「人々を人種の箱に閉じ込める」といった批判にさらされる（Meer, Modood 2009: 486-487)。しかしメーアとモドゥードは次のように応答する。

> コミュニタリアン的なもしくは民族的・宗教的な多文化主義に対する批判として、「人種の箱」という考え——本質主義や物象化といった非難——を持ち出すことは、民族的カテゴリが、場と「境界（boundaries)」のなかでの、あるいは両者のあいだで主体的な（それは客観的でも外的に規定されるだけではない）ポジショニングを反映しうるものだという点を見落としている（Meer, Modood 2009: 487)。

　メーアとモドゥードが指摘するのは、「人種の箱」がいくら社会的構築物だとしても、批判者はそれがまるで未来永劫変化しないもののようにとらえており、その結果、それぞれの主体が複数の集団に所属しながら、多様な状況の前に集団的アイデンティティを変化させている現実を看過している、という点である。

　例えば、メーアとモドゥードは、イギリス社会で既に大きな存在感を持つ、イスラム系住民を代表する英国ムスリム評議会（the Muslim Council of Britain)の、多文化主義に関する次のような主張を引用する。

英国ムスリム評議会では…人々の文化的・信仰上のアイデンティティは
ただ単に私的な事柄ではなく、公的な意味を持つものと考えます。しか
しこれが文化的分断主義を意味しているのではありません。英国ムスリ
ム 評 議 会 は 共 通 善 の た め に 働 く こ と を 約 束 し ま す（the MCB is
committed to working for the common good）（MCB 2007: 2, quoted in Meer,
Modood 2009: 488）。

　英国ムスリム評議会は、1997 年に設立された、500 以上のモスク、教育お
よび慈善団体が加盟している全国的な組織である[3]。その目的は、「正義にか
ない、結束し（cohesive）、成功するイギリス社会」を実現するために、イギ
リス国内のムスリム・コミュニティを支援することである。このような団体
は、イスラム教の信仰を共通項とすることで集まったばらばらな団体の連合
体であると同時に、社会的結束のための公的な活動をする組織でもある。ホ
スト社会のマジョリティとは異なる宗教は、一般に、その文化的、宗教的異
質性を名指され、それゆえに私的な事柄とみなされることもあるが、メーア
とモドゥードが指摘するのは、「文化的・信仰上のアイデンティティ」が、
ホスト社会と異なっていたとしても、それもまた、マイノリティにとっての
集団のアイデンティティであるという点である。また、善によって連合体の
結成が可能となり、また、その集団のアイデンティティゆえに公的な意味を
持つという側面である。
　ただし、マイノリティの集団のアイデンティティに対する公的な意味は、
そのまま尊重されるというわけではない。イギリスの社会統合政策を論じる
安達智史によると、1990 年代になると、イギリスでは多文化主義に対する
批判が高まり、社会統合の必要性が生じた。ブレア政権期（1997-2007）には、
ばらばらな多文化主義を乗り越える概念として、イギリス社会の価値を、「ブ
リティシュネス（Britishness）」という包括的な善と表現し、「アイデンティティ
の共有」が提唱されたという（安達 2013: 385）[4]。しかし、善やアイデンティティ
を共有することが、民主主義的討論の前提とされると、「そのような要素を

3　英国ムスリム評議会（https://mcb.org.uk/）
4　リベラル・ナショナリズムと呼ばれる（安達 2013）。

第 1 章　コミュニタリアニズムとは何か　　*33*

持ち合わせていないと考えられる集団は、周縁的な地位に置かれる」(安達 2013: 391)。そのため、マイノリティ側が、その集団のアイデンティティの公的な役割を主張したとしても、中心と周縁の関係に対する静的な理解が揺るぎにくい。英国ムスリム評議会が、苦労して、方向性の異なる 500 以上の諸団体を、イギリス国内のムスリム・コミュニティとしてまとめあげたとしても、その集団的アイデンティティが、さらなる集団的アイデンティティである「ブリティッシュネス」に上書きされることが、求められるようになった。

　コミュニタリアニズムの主張によって焦点化された善の優位が、ホスト社会側によって活用されると、このような事態が生じる。政府が、いくら社会統合はマジョリティとマイノリティの「二方向のプロセス」(Mactaggart 2004: 4) であると強調したとしても、社会統合のために、善と善の対立に持ち込むような、「ブリティッシュネス」の提唱は、マイノリティの持つ集団的アイデンティティを周縁化する。そして、善や価値が強調されればされるほど、マイノリティを、「価値の共有と義務の履行が果たされるまで、その権利が留保」された、「使用期間中の市民」として扱うことにもなりかねない (安達 2013: 392)。統合を前提とするブリティシュネスという善は、マイノリティに対しては規範的な強制力を持つからである (島田 2017: 43-68)。

3－2　バンらの論考

　論争後のコミュニタリアニズムには、別の角度からの論考も提出された。ロールズの『政治的リベラリズム』を受けて著されたサンデルの『民主政の不満』は、民衆が国を造り上げたとの自負を持つ、新興国アメリカが、二つの公共哲学、すなわちリベラリズムと共和主義を動かすことによって政治を営んできたことを明らかにした。サンデルによると、リベラリズムとは、自由を個人の選択の自由と理解し、正義を善に対して優先し、政府の中立性を重視する立場であり、共和主義とは自由を自己統治と理解し、共通善を重視し、市民の徳の育成を政府の役割と見なす立場である (Sandel 1996=2010)。この二つの型を現代社会に当てはめ、現代的共和主義の思想的源泉としてコミュニタリアニズムを活用しているのが、バンらによるアメリカとデンマー

クに関する議論である（Bang *et.al* 2000）。

バンらは、サンデルが持ち込んだ「相対的にマイルドな集合行為を支持する議論（relatively mild argument for collective action）」は、移民流入による多様な文化的相違や、個人に対する強制力を等閑視しているという点で、支持を得ていないと解説する（Bang *et al.* 2000: 371-372）。とりわけ、共和主義の特徴をなす徳ある市民の育成について、熱心にコミュニタリアン的価値を普及させようとしてきた社会学者のアミタイ・エチオーニ（Etzioni 1998）にせよ、エチオーニと連携し、市民教育論を展開してきたベンジャミン・バーバー（Barber 1998）にせよ、その役割を政府に任せようという議論はなく、ただ徳ある市民の育成が重要であると指摘するのみだと批判する。政府ではなく家庭教育とコミュニティを通じた実践を重視するエチオーニも、また彼を積極的に支持するバーバーも、一見すると共和主義を踏襲しているように見える。しかし、バンらによると、それは、市民の徳を育成する手法や環境をコミュニティに一任していること、その後の社会参画の方法について言及しないことなどにより、古典的な共和主義の議論を踏まえているわけではない（Bang *et al.* 2000: 373-375）。このような意味で、バンらは、コミュニタリアンの議論もまた、現代アメリカ社会の政治文化である古典的リベラリズム、あるいは個人主義的な政治文化の範囲にとどまっているという。

これに対して、バン自身の出身国であるデンマークは、アメリカよりもずっと「コミュニタリアン的」であると主張する。その理由は、ローカルな政治に関わる仕組みが張り巡らされ、多様なレベルのコミュニティにおける社会参画がセットで実践されているからである。

たしかに、デンマークでは、他の北欧諸国と同様に、1970年代から、いわゆる「ユーザーデモクラシー」が発達してきた（Bjerkne, Bratteteig 1995）。例えば、保育園や学校、放課後施設、高齢者施設といった公的施設にはかならず使用者による理事会（user board）と評議員による理事会（council）の両者が置かれており、前者で日々の調整を、後者で市区町村との調整を行う。ただし決定権は前者にあり、評議員による理事会は大きな権限をもっていない（Bang *et al.* 2000: 380）。使用者による理事会と評議員による理事会の制度に対する評価についてはデンマークの政治学者たちの見解を二分している

が[5]、ここでの経験が「日常を支える人 (*hverdagsmagerne*/ the Everyday Makers)」という政治的アイデンティティを産み出し、パートタイムで制度化された政治制度に協力的に関わる人々を再生産していることも事実である (Bang, Sørensen 1999)。

それは、公的施設だけにとどまらない。バンらが観察した人口 800 人のヒルケ村 (Hilke) に、10 年以上前から存在する自然発生的なよろず相談評議会 (*Hilkeråd*/ Hilke Village Council) は、行政の支援も何もない村の寄り合いであるものの、予算がないため結果的に外部資金を獲得しながら必要な設備を整えるなど住民の声を反映させる「政治」が実践され、議会ではないところでも、政治的な意志決定がなされる場として機能しているという (Bang *et al.* 2000: 381-383)。

このような人々の態度はデンマークの余暇文化にも大きく関わっており、非営利セクターによるボランティア活動の活発化、非営利組織の運営への参加にも反映されている (Gundelach, Torpe 1997)。そしてそれは結果的に、コミュニタリアンとして、アメリカの政治文化にバーバーが期待するような、国家、地方自治体、地域コミュニティ、家庭、非営利団体等、多様なレベルのコミュニティにおける自治、すなわち共和主義的政治参加を実現しているという (Bang *et al.* 2000:382)。

バンらはこのようなデンマークの政治文化を次のように説明する。

> デンマークの共和主義は、自律的な個人と抑圧的な政治権力をめぐる軸で展開されるタイプのものではない。デンマークの伝統においては、政治権力は否定的ではなく肯定的なものと捉えられ、上からの抑圧に対する集合的脅威となりうるような、下からの自己統治および共同統治 (co-governance) を拡大するものなのである (Bang *et al.* 2000: 384)。

---

5 日本語でも、このような北欧の意思決定の方法について、「ユーザー・デモクラシー」として紹介されている（朝野・生田・西・原田・福島 2005）。しかし、バンらによると、この制度こそがより広い政治参加を可能にしていると評価する立場と、個々の施設にまで利害団体の主張が持ち込まれると批判する立場の両者が拮抗しているという (Bang *et al.* 2000: 380)。

バンらの想定する市民は、職業的議員や専門的市民（expert citizen）とは区別される、日常生活を支える人である。バンらは、市民の徳の育成を重視するものの、そのために、既存の教育機関を想定することはない。これは、市民の徳の育成を、特別な教育によって時間をかけて取り組むべきだとするアリストテレスの完成主義（perfectionism）や、古代人の自由と近代人の自由[6]を調停しようとしたルソーの共和主義とは異なり、放任的だと言える。しかし、バンらは、多様な組織における意思決定が、社会参画の実践を数多く生み出すと評価する。日常生活や余暇活動の一環として関わらざるを得ない実践での経験が、結果として、コミュニティに関わる、日常を支える人を育てている。このように、共和主義を、強制を伴う徳性の育成が不可欠だとみなすのか、草の根民主主義を支える実践こそが優先されるとみなすのかは、実際には現実社会での判断に委ねられるのだろう。とはいえ、バンらの議論を見ると、コミュニタリアニズムの思想が、デンマークの社会に見られるような現代的な草の根の「共同統治」を、説明可能にしているように見える。

第4節　コミュニタリアニリズムの応用可能性

以上のような、現実的な社会に対する二つのコミュニタリアニズム思想を、社会統合という課題にどのように応用できるのだろうか。

コミュニタリアニズムとは、コミュニティの価値や善は、個人の権利に先立ち、尊厳や権利を成立させる不可欠な条件だと考える立場である。功利主義とも、リベラリズムとも最も異なるのは、政治の主体である人間を、誰もが該当する抽象的な存在ではなく、それぞれに善を持ち、その善が言語や社会によって規定されるなど、自己とコミュニティが構成的な関係性を持つ、具体的な自己を想定している点である（坂口・中野 2000: 86-104）。1980 年代後半から 1990 年代のリベラル・コミュニタリアン論争では、コミュニタリアニズムの思想が、アイデンティティ・ポリティクスを説明する資源となった。すなわち、ジェンダー、人種、民族、性的指向など、個人のアイデンティ

6　政治的自由を重視する古代人の自由と、市民的自由（個人の自由）を重視する近代人の自由との区別は、バンジャマン・コンスタンによる（コンスタン 2020）。

ティに基づく政治的主張は、個人の善に基づいており、そのような個人の善はコミュニティの善によって育成され、それもまた政治理論の重要な側面だと認識された（テイラーら 1996）。論争後のコミュニタリアニズムにおいても、継承されたのは、このような自己の側面である。と同時に、異なる善に基づく自己が集まる、一定の集団同士が、いったいどのようにして共存しうるのか、という点が、次の論点となったと考えられる。

　メーアとモドゥードの議論からは、ばらばらなマイノリティ集団が、イスラム教の信仰を共通項として連合体を形成し、社会的結束のための公的な活動をする組織の事例が示された。ただし、ホスト社会が、社会統合を前提とする善を持ち出してくると、それが、解決不能な善と善の対立のように演出され、結果的に、マイノリティの持つ集団的アイデンティティを周縁化することも分かった。

　また、バンらの議論からは、国家、地方自治体、地域コミュニティ、家庭、非営利団体等、多様なレベルのコミュニティにおける自治への参画という側面が、徳ある市民の育成に関わるとする、共和主義的な解釈の可能性が示された。サンデルが依拠するような、長い歴史をかけて形成されるマイルドな集合主義は、社会の構成員が持つ多様な文化的相違を顧みないため有効ではないが、多文化化する社会にあっても、多様な組織における意思決定の参画は、現代的な実践可能性であることが分かった。

　では、これらの議論は、社会統合の理論にとって、どのような可能性を導き出すのだろうか。

　2010 年、イギリスでは、労働党のトニー・ブレアに代わり、保守党のデイヴィッド・キャメロンが首相となった。キャメロンは、就任から 1 年ほどたった頃に、国家による多文化主義政策は失敗したとして、関連予算の削減に着手し、代わりにテロ対策に予算を振り分けた[7]。これは社会統合の機運を

7　「コミュニティ地方自治省は、111 億ポンド以上の予算削減が命じられ、2014 年度までに、予算の半分以上を失うこととなった。…また、ESOL（外国人向けの英語コース＝引用者）の予算も削減され、定収入の移民がコースを受けるための『学習者サポート基金』も 450 万ポンド減らされている。…また、新しい移民児童・生徒の統合のために用いられていた EMAG（エスニック・マイノリティ達成基金）は、すでに語学支援のための予算が削減されている、通常教育予算に組み込まれ」たという（安達 2013: 410）。

弱めるだけではなく、ばらばらな多文化主義を肯定する変化だと指摘されている。すなわち、キャメロン政権は、「文化的、言語的、宗教的、民族的アイデンティティにより定義された集団に特別な権利を与え、主流社会への同化の拒否を正当化」する「差異主義的多文化主義」を作り出した、という批判である（安達 2013: 408-409）[8]。社会的結束を作り出す努力を国家がゆるめると、結果的に、既存のコミュニティに特別な意味が与えられ、それはそれぞれのコミュニティがばらばらに存在するだけの、結束なき社会を創り出す。たしかに、メーアとモドゥードの論考のように、マイノリティ側がいかに既存のコミュニティの公的な役割に言及したとしても、それが受け入れられる文脈がなければ、コミュニティの連合体は意味をなさない[9]。

　では何が多文化主義的な社会統合を可能にするのか。モドゥードの議論を見る限り、それは、組織や体制の問題というよりも、個人の異なる文化的・宗教的な価値を理解する経験や環境の有無が関係する（Modood 2007）。ホスト社会側に求められるのは、社会統合への絶え間のない支持である。ただし、それは、マイノリティ集団にとってのアイデンティティを何らかの価値（例えばブリティッシュネス）で上書きするような、善や価値に基づく旗振りではなく、ホスト社会で通用する言語の学習を含む、「教育や労働における機会均等などを通じたより幅広い社会交流の場」（安達 2013: 394-397）といった経験である。

　他方で、バンらは、ローカルな政治に関わる仕組みを持つ現代デンマーク

8　引用は、フランスの政治学者セシル・ラボルドの議論（Laborde 2011, https://www.opendemocracy.net/en/opendemocracyuk/which-multiculturalism-has-failed-david-cameron/, 2024/9/5 accessed.）についての安達の整理に基づく。
9　エチオーニは、このようなばらばらな諸団体の連合を、「コミュニティ・オブ・コミュニティーズ」「コミュニティ・オブ・コミュニティーズ（community of communities）」という概念で説明する（Etzioni 1996）。ただしこの概念のなかの、どこに国家が位置し、どこに超国家的な連合体が位置するのかは明確ではない。アメリカのように、地方分権を中心としながら理念によって統一されるとする社会と、東アジアのように国民（nation）ごとの国を作ろうとしてきた社会、あるいはヨーロッパのように国家を超えた連合体をつくろうとしてきた社会とでは、国家のイメージは異なる。ヨーロッパ社会をリベラリズムの立場から論じるクリスチャン・ヨプケは、ヨーロッパ各国が認証する市民権がさらにヨーロッパ市民権という「軽いシティズンシップ」を認めるようになると予測するが（ヨプケ 2010=2013）、イギリスのキャメロン政権における転換の事例を見ると、国家の持つ統治役割を過小に評価することは難しい。

第1章　コミュニタリアニズムとは何か　*39*

社会に、現代の共和主義を見出す。エチオーニやバーバーといった、コミュニタリアンを代表する論者たちが、徳ある市民の育成に言及するにとどまっているのに対し、バンらが強調するのは、実践の重要性である。デンマークのヒルケ村における自然発生的なよろず相談評議会が、「上からの抑圧に対する集合的脅威となりうるような、下からの自己統治」の担い手、すなわち、「日常生活を支える人」を育成しているという（Bang *et al.* 2000: 384）。

　社会統合という観点から、この実践が実際にどれくらい機能しているのかは、バンらの論考からだけでは分からない。ヒルケ村における、善を異にしている人々の存在は、この事例からは不明である。ただし、ユーザーデモクラシーに基づく、保育園や学校、放課後施設、高齢者施設等、公的施設の運営方法という、デンマーク社会の実践は、大きな示唆を与える。たしかに、ユーザーデモクラシーは、大学の寮、アパートの管理組合、スポーツクラブの運営にまで及ぶ（朝野・生田・西・原田・福島 2005）。外国籍住民であっても、また短期的な滞在者であっても、デンマークの社会に暮らす人でれば誰もが部分的に関わらざるをえない仕組みでもある（Bjerkne, Bratteteig 1995）。個人のアイデンティティ、集団のアイデンティティ、そして共通善についての理解に、実際にどのような折り合いが付けられるのかは、より詳細な検討が必要ではあるものの、ホスト社会とは異なる文化的、宗教的背景を持つマイノリティであっても、このような生活の場において、日常生活を支える人として、社会参画する経験が期待されているのだと考えられる。

　多文化化する社会にとって、人々の持つ善を等閑視する制度は、抑圧や分断を引き起こしかねない。ホスト社会にできるのは、マイノリティ集団の持つ集団的アイデンティティに意味を与えるような経験の場の準備であり、また、身近な組織において社会参画する共同統治の仕組みの設定である。これらをどのように実現するのかについては、それぞれの社会が考えなければならない。

第2章　学習の「個人化」

　第2章では、学習する個人に視点を移し、生涯学習のなかの個人化（individualization）について検討する[1]。

　グローバル化の進展する社会では、前期近代において個人を包摂していた多様な中間集団が解体し、個人化が進む。生涯学習は、産業社会から知識社会へと移行するなかで必要とされる学習を総体的に表した活動である。学習活動そのものは、様々な理由によって個人によって選択される。しかし、スコットランドの研究者のジョン・フィールドは、1990年代以降の生涯学習は、個人の自由な選択によって行われる学習活動というよりも、政府が積極的に推奨する政策であることに注目する。そして、生涯学習を新しい教育秩序とみなし、政府が成人の学習参加を奨励する理由を分析する（フィールド2000＝2004）。

　本章では、このようなフィールドの見方に倣い、生涯学習が1990年代以降、どのように評価されていたのかを確認する。とりわけ、国や国を超えた組織など、政府や公的組織によって推進される生涯学習が、個人に対してどのような意味を持ち込んだのかを明らかにしたい。

第1節　学習する個人

　教育から学習への移行は、知識社会の台頭とともにもたらされた。国際機関では、1990年代に、政策用語として生涯学習が登場する。ユネスコの21世紀教育国際委員会は、生涯学習を、「学校、学校外、職場および社会的生活のなかで、生涯にわたり新しい知識を身につけること」と定義し、変化する社会や社会問題に対応するために、誰もが持っている未知の可能性を最大

---

[1]　第2章は、坂口緑, 2009,「学習社会と『個人化』：ヨーロッパにおける生涯学習研究の動向」『生涯学習・社会教育研究ジャーナル』第3号（81-99頁）に加筆・修正したものである。

限に活かす学習が重要だと主張した（Delors 1996）[2]。

　生涯学習はたしかに、個人の活動を基本とする。政策として推進される生涯学習も、知識社会に適応し、技能の修得や資格の取得のために継続的に学習する個人が想定される。さらに、そのような学習する個人は、多様な源泉から見識や洞察を得られるような能動性を備えていることが想定される（ギデンズ 2006=2012: 689-690）[3]。そして、度重なる訓練に耐え、絶え間ない求職活動の準備を通して、経済的な要請を内面化する、「自己資本化（self-capitalizing）」する主体である（Rose 1989）。変化する社会に適応しようと、自ら技能を高め、資格を取得する学習する個人の登場は、変化する社会に適応するための主体像ではある。しかし、それが政策として推進されると、国家の介入を最小にし、市場の自由と個人の責任を活用する新自由主義なのではないか、との批判が提出されている（Rose 1989=2016; Rizvi 2007; Mikelatou *et.al.* 2018）[4]。

　生涯学習は、たしかに、それ自体が無批判に肯定される概念ではない。ここでは、1990 年代以降、国際機関や欧州委員会において、生涯学習概念が注目された時期に立ち戻り、この概念がどのように理解されていたのかを振り返る。さらに、学習する個人に対する両義的な評価が、どのような文脈によってもたらされるのかを確認する。以下では、まず、欧州委員会の関連文

2　澤野由紀子による「ユネスコの生涯教育論」（2008）を参照した（日本生涯教育学会『生涯学習研究 e 事典』）。欧州委員会は、生涯学習を「個人的、市民的、社会的、および／または、雇用に関連した観点から、知識、技能、能力を向上させる目的で、生涯を通じて行われるすべての学習活動」と定義している（EC 2001: 9）。

3　「あらゆる種類の出会い―友人や近隣住民との出会い、勉強会や博物館での出会い、地元パブでの会話、インターネット等のメディアを介した出会い―を通して技能や知識が獲得できること」といった広義の学習が重視される（ギデンズ 2006=2012: 689-690）。

4　ローズは、ブレア政権期の「第三の道」のなかで、生涯学習という観点からもたらされる教育改革を、新しい福祉のテクノロジーとして批判している。また、ミケラトウらも、欧州連合の生涯学習政策の文書のうち、「エンプロイアビリティ」を高める施策に関する文書には、市場の自由の優位を主張する文脈に置かれ、新自由主義との親和性が認められたものの、それ以外はそうではないという（Mikelatou *et.al.* 2018:499-509）。しかし、生涯学習と新自由主義との関係を論じるリズヴィによると、ローズのこの批判は当たらない。たしかに、国際機関の提唱する生涯学習関連の文書からは、自己資本化する個人を肯定する文脈が読み取れるものの、各国の政策のレベルになると、より政治的な側面が重視され、ソーシャルキャピタルが強調されるなど、生涯学習の新自由主義的な解釈には限界があると述べている（Rizvi 2007: 125-127）。

書を読む。次に、ウルリヒ・ベックとジグムント・バウマンに遡り、「個人化」の議論を概観したのち、ジョン・フィールドの「新しい成人教育」の議論を取り上げる。

第2節　学習社会に対する評価

生涯学習は、知識社会への移行のなかで、教育や労働に関する伝統的な考え方に変化をもたらす観念として用いられてきた（ギデンズ 2006=2012: 689）。ヨーロッパでは一般に、高等教育機関を中心とする学問的な知識を身につける教育と、職業教育機関を中心とする実践的な技能を身につける訓練とが区別されてきた。しかし、新たな情報技術の台頭が、知識や技能を更新させる必要性を生じさせている。このような知識社会において教育と訓練を統合する概念として、1990 年代以降に用いられてきたのが政策用語としての生涯学習である（坂口 2012）。

生涯学習を推進する社会は、学習社会と呼ばれる[5]。それは、個人の学習活動を活発にし、それを評価する社会である。生涯学習が、政策用語として定着した背景には、欧州委員会のリスボン戦略が大きな役割を果たしている。

欧州連合は、2000 年、経済的成長と雇用創出を最重要課題としたリスボン戦略を打ち出した[6]。リスボン戦略とは、知識社会に向けた教育・訓練、より積極的な雇用政策、社会保障制度改革・社会的排除の解消を目指した欧州連合の戦略である。これに沿って構想された欧州委員会の教育計画は、第二期ソクラテス計画である（2000 年から 2006 年まで）。これは、青少年を対象に、

5　ユネスコでは、学習社会は、「あらゆる部門が効果的なパートナーシップを構築することにより、学習文化を促進し、個人と組織の学習を支援し、動機付けるコミュニティ」と定義されている（UNESCO の Learning Portal による , https://learningportal.iiep.unesco.org/en/glossary/learning-society, 2024/9/5 accessed）。日本語では生涯学習社会は、「いつでも、どこでも、誰でも学ぶことができ、学んだことが適切に評価される社会」と説明される（平成 4 年生涯学習審議会答申）。

6　それ以前は、ヨーロッパの統一が優先課題だったが、2000 年以降は、イノベーションと雇用創出が欧州委員会の優先課題だった。この時期の欧州連合の生涯学習政策に関しては、澤野（1999; 2010）、澤野・佐藤・北村（2009）、木戸（2001）、久野（2004）、鶴田（2005）があり、とりわけ生涯学習プログラムに関する「グルントヴィ計画」に関しては吉田（2009）が詳しい。

教育（ソクラテス）、訓練（レオナルド・ダ・ヴィンチ）に大別され、さらに学校教育（コメニウス）、高等教育（エラスム）、成人教育（グルントヴィ）、言語教育・言語学習（リンガ）、遠隔教育（ミネルヴァ）[7]の各分野から成る。1996年3月、リスボン戦略が打ち出された会議の議長総括には、生涯学習は次のように説明されている。

> 欧州社会モデルの基本要素として生涯学習をより優先させること、イノベーションと生涯学習に関する社会的パートナーあいだの合意を奨励し、柔軟な労働時間管理とジョブローテーションを通じて生涯学習と適応性のあいだに相互性を実現することが含まれるべきである[8]。

ここでは、生涯学習は、経済のイノベーションや労働時間、ジョブローテーションのあいだを取り結ぶ活動として取り上げられている。さらに、同じ文書のなかには、社会的排除についても、「社会的排除に対する最善の防衛策は仕事」とし、新しい知識にアクセスできる人と排除される人のあいだの格差を、「スキルを向上」させることにより、「失業と戦う努力が必要」と記している[9]。

第二期ソクラテス計画の後には、包括的な教育訓練プログラム「生涯学習プログラム」（2007年から2013年の五カ年計画）が実施された。これは、初等・中等教育の統一と交流を促進させる「コメニウス計画」、高等教育の単位互換性や交換留学制度を促進させる「エラスムス計画」、職業教育における交流を促進させる「レオナルド計画」、成人教育による社会間移動などを促進させる「グルントヴィ計画」、そして研究機関の統合を促進するための「ジャン・モネ計画」から成る[10]。当時、欧州委員会のウェブサイトには、2007年

---

7 European Commission, 2007, CORDIS, 第二期ソクラテス計画（https://cordis.europa.eu/programme/id/ET-SOCRATES-2, 2024/9/5 accessed.）

8 European Commission, 2000, CORDIS Lisbon European Council（https://cordis.europa.eu/programme/id/EMP-LISBON-2000C, 2024/9/5 accessed.）

9 European Commission, 2000, CORDIS Lisbon European Council（https://cordis.europa.eu/programme/id/EMP-LISBON-2000C, 2024/9/5 accessed.）

10 European Commission, 2015, CORDIS（https://cordis.europa.eu/programme/id/FP7. 2024/9/5 accessed.）

44　第一部　多文化化する社会におけるコミュニタリアニズム思想の応用可能性

から2013年までの生涯学習プログラムについて、「今や生涯学習こそが、雇用や成長、そしてすべての人が完全に社会に参加する機会を得るために、鍵となる概念」との説明が掲載された[11]。

このように、欧州委員会に特徴的なのは、教育計画を説明する際に、教育と訓練を統合する概念として生涯学習を用いた点である。この時期以降、生涯学習は、政策用語として定着した。そしてそれは、イノベーション、スキルの向上、雇用や成長を意味するものとなった。

このような傾向に対し、生涯学習政策を研究する研究者は、否定的な評価をしている。例えば、イギリスを中心とする研究プロジェクトを率いたゴラールとリーズは、2002年に刊行された『学習社会を創出する？』において、生涯学習が近年、経済的要請（economic imperative）のもとに個人に要請される学習活動が正当化され、学習する個人にかかる圧力が大きくなっている点を批判的に指摘している（Gorard, Rees 2002: 1-14）。同様に、デンマークの教育学者ソーエン・エラーズも、生涯学習の概念のなかでは、学習が雇用の促進といった経済的観点からのみ取り上げられ、そこにのみ補助金が配布される仕組みをもつ欧州連合の政策を批判的している（Ehlers 2006）。

たしかに、欧州委員会の文書における学習社会は、常に「経済的要請」を反映している。ゴラールとリーズ、そしてエラーズは、学習の他の可能性を評価せず、雇用や成長につながる学習のみが政策的に評価されるような学習社会の在り方に、疑問を呈しているのだと言える。

それに対し、学習する個人の在り方に疑問を投げかける議論もある。イギリスの社会学者ニコラス・ローズは、ブレア政権の「第三の道」の政策のなかに取り入れられる学習する個人について、次のように批判する。すなわち、「学習社会」を創造するという、1990年代後半以降のイギリスにおける教育改革の提案には、「婚姻や家族を支援することでソーシャル・キャピタルを築き、ドラッグや犯罪を防止する」といった文言までが含まれるが、それは「アメリカの多くのコミュニタリアンが支持する方向と同じ」であり、「倫理

11　欧州議会ポータルサイト（https://portal.cor.europa.eu/europe2020/2024/9/5 accessed.）、もしくは、European Commission, 2013（http://ec.europa.eu/education/lifelong-learning-policy/doc28_en.htm, 2014/3/11accessed）参照。ただし、後者は2024年9月現在削除されている。

的な再構築を通じて、排除され、卑下され、失敗した準市民（falling quasicitizen）」を包摂しようとするものである（Rose 2001: 12-13）。この構造のなかでは、学習し、技能を得て、安定した生活を得るそのような社会にふさわしい個人と、そうではない個人とを分断させる力が働く。個人は、自らの責任のもとに、学習を選択することを要請されるが、選択しないのもまた、個人の責任に帰せられる。ローズによると、前者は積極的に自己の資本を高めるために犠牲をいとわない、経済的な要請を内面化する、資本化された自己である（Rose 1999）[12]。それに対し後者は、自らの選択により、要請から逃れようとするという意味で、共同体から排除される主体となる（Rose 2001: 14）。

　ローズの批判は、「第三の道」に対するものであり、必ずしも、ヨーロッパの生涯学習政策が構築しようとしている学習社会そのものに向けられたものではない。しかし、個人の学習活動を促進し、それを積極的に評価するような学習社会は、結果として、むき出しの個人に選択が任され、そのために学習する個人と学習しない個人が自己の責任のもとに分断されるというのは、重要な指摘である。

　ここでは二つの論点が提出された。一つは、経済的要請に従う学習だけが支援され、個人に対する圧力となっているという点である。もう一つは、経済的要請を内面化する学習する個人と、そうではない個人の分断が生じるという点である。このような学習する個人の背後には、回避できない個人化のプロセスがある。次節では、個人化に焦点を当て、学習する個人にかかる圧力を説明する。

第3節　個人化とは何か

　はじめに「個人化」の意味について確認する[13]。ベックとバウマンにとっ

12　「新しい市民は、訓練と再訓練、技能の向上と再教育、資格の更新、継続する求職活動への準備といった絶え間ない仕事に従事することが求められる」（Rose 1999: 160-161）。

13　本章で取り上げる個人化は、ドイツの社会学者ウルリヒ・ベックが最初に唱え、のちにジグムント・バウマンが頻繁に使用して流布させた、「後期近代（late-modern）」に生きる人間にとっての特徴を指す。そのため、心理学においてユングが唱える人格の発達概念としての考え

ての個人化とは、時代区分と強く関連する分析概念である。

　近代以前において、人間は、共同体や身分制度によって地位を決められていた。そのため、身分や帰属について、自らのアイデンティティについては、多くを語らなくても他者から自動的に了解を得ることができた。また、前期近代においては、人間は、村落共同体や職業団体、職場、宗教団体、地域社会等の中間集団に属し、メンバーシップの感覚を得ていた。しかし、工業社会から情報社会へと主要産業が変化し、雇用が流動化し、家族や親族のネットワークも多元化すると、人間は自らの生を自分の意思によって決定しなければならなくなる。個人化とは、このように、望ましい自分になるために、自らの行動を取捨選択し、常に反省し、不定形の、過渡的なアイデンティティをまずは獲得しなければならないという状態に人間を置く、後期近代に特徴的な状況を指す（バウマン 2001=2008: 69-72）。

　ベックは、東西ドイツ統一前である 1986 年に出版された『危険社会』のなかで、後期近代に起こった個人化を、戦後西ドイツの発展に沿って説明している（ベック 1986=1998: 256-271）。旧西ドイツでは、個人化がいくつかの因習からの「解放」として表出した。第一に、社会階級からの解放である。20 世紀を通して教育水準の上昇、可処分所得の全般的な上昇、労使関係の法制化などを通して階級から個人が解放される過程が弾力的に進んできた。第二に、ジェンダー役割からの解放である。家事や育児といったジェンダー役割からの少なくとも理念的な解放は、女性の個人化を促進した。第三に、サービス産業の成長や「カンバン方式」の普及による労働時間の多様化である。労働時間がフレキシブルとなり、同じ職業であっても異なる時間帯の暮らしが当たり前となった。第四に、在宅勤務などを可能にする、職場の脱中心化である。職場が決まった場所ではないという労働者が増え、頻繁な転勤や長期の出張も求められるようになった。このような、産業社会が規規定する四つの要素——社会階級、家族、ジェンダー役割、職業——が、福祉や行政、政治といったシステムと合わさり、人びとの「標準的な人生」を規定する。しかし、現在では、この四つの要素の内容が変化し、その組み合わせや

や、社会学において、ジンメルやテンニースの主張する近代的個人主義の進展プロセスを指す考えは、ここでは取り上げない。

第 2 章　学習の「個人化」　　*47*

要素の欠如も生じるようになり、「標準的な人生」が誰にも当てはまらない時代が到来したのだという。

労働においても、産業社会では可能だった、長期間にわたって同じ地域に居住し、近隣関係を築きながら、職業人生を全うするという生き方が、現在、多くの先進諸国においてほとんど望めなくなった。現在の労働者は、家族や結婚や親であることやパートナーシップ等からの要求を度外視することが暗に求められ、職場が命じるままに移動を受け入れる者のみが、完全なる労働者としての報酬とアイデンティティを獲得することができる。そして、労働市場から突きつけられる移動への要請は、その家族がたまたま直面する個人的な問題として対応することが求められる。子をもつ二人親世帯の場合、実際には、親のどちらかが仕事を辞め、他方の転勤に同行し、子の学齢が上がるに従い、教育機関の所在地との関係から、親のどちらかが単身赴任を引き受けることで、一つの核家族がさらに二つの家庭に分割される。

このような移動を伴う働き方は、近年では、一国内にとどまらず、国境をまたいで展開される。その結果、世界中で、どの国でどの言語で子どもたちを育てるのかを決定するのもままならない、「駐在員（expat）」という形態の雇用者とその家族を生み出している。また、男女ともに就労する社会では、移動を伴う働き方が、どの働き手にも要求される。家庭分割リスクを避けるように、晩婚化も進む。完全なる労働者となるためには、単身でいることが最善の選択となる。移動を伴う働き方によって生じるさまざまな困難も、「個々人は自分がしたわけではない決定の帰結を『背負いこまなくては』ならない」（ベック 1986=1998: 267）のが、労働に伴う個人化の側面である。

「個人化」の問題とは、一部の人が抱える問題ではない。移動を伴う働き方のせいで、思うようなライフコースが歩めなかったり、家族が困難に巻き込まれたり、完全なる労働者であることに無理が生じ、何らかの問題が起こると、私たちはつい、自分でなくてよかったと考える。あるいは、もっと賢い方法があったはずだ、破綻の原因はその家族が選択を間違ったからではないか、と推察する。このような、ままならない問題を個人の選択に引きつける思考もまた、個人化の進んだ社会で、よく見られる一面である。

とはいえ、そのように他者に対して「自己責任」の論理を振り向ける自分

が、何かのリスクから自由であると言えるわけではない。いつも選択を迫られるが、その選択が成功しているのか失敗しているのかは本人には分からない。他者のふるまいを見てその成否を判断する自分もまた、偶発的なその場の基準を当てはめているにすぎない。それゆえに、後期近代においては、何が「標準的な人生」かについて語ることのできる者は誰もおらず、いるのはただ、自分が何を求めているのかに確信が持てないにもかかわらず、選択に意味を与える説明を自らに向けておこなう、自己中心的な個人である。

　このような個人の登場は、人間疎外を超克する論理としてのアイデンティティ論（エリクソン 1968=2017）とは異なり、自己が社会を積極的に操作する。

　　　求められているのは、自我をその中心にもち、自我に行為の機会をあたえ、このようにして、自分の人生行路に関して突然あらわれてきた形成および決定の可能性を有意味に分解して処理できるような、積極的な日常行為モデルである。このことが意味するのは、自分自身が生き残るため、表面的には知的に装いつつ、自我と社会の関係をいわば逆にし、個人的な人生行路形成という目的のために個人と社会の関係を操作可能なものとして扱っているような自我中心的世界像が展開されなくてはならないということである（ベック 1986=1998: 268）。

　ベックはこのように、「個人と社会の関係を操作可能なものとして扱っているような」、自己を中心とする世界像が、個人のもつ社会に対する態度だという。

　以上のように「個人化」とは、従来の標準的な人生を無化しながら、個人に偶発的な判断基準を説明することを要請する。そしてその要請を背景に、個人は「積極的な日常行為モデル」となる。

第4節　学習社会と個人化

　ヨーロッパにおける生涯学習政策の変動を研究するジョン・フィールドは、1990 年代半ば以降、欧州連合を中心とする生涯学習への大きな注目が、社

会的連帯と社会的包摂の両方を目指しつつも、実際にはさらなる個人主義を推し進め、個人化の影響力が増していると指摘する（フィールド 2000=2004: 19-67）。

　1990年代当時、アメリカや日本に比べて低い経済成長率と高い失業水準に苦しんでいたヨーロッパでは、各国が教育・訓練システムをより効果的に雇用および社会政策につなげることが提唱された。生涯学習はそのような課題を克服する手段として脚光を浴び、個別ニーズに対応しながら、ヨーロッパ全体の労働力を向上させることが目標になった。とはいえこの時期に生涯学習に視線が注がれたのは、失業問題という経済的要因だけが理由ではなかった。同時に進行していたのは、人々のライフコースが多様で同質性を欠く経験の束となっていくような、ライフサイクル論では説明できない、ばらばらな生き方と予期できない難問の出現だった。学校教育が延長され、パートタイム雇用とフルタイム雇用とがしばしば交互に繰り返され、家族ネットワークが多元化され、退職後の時間が延長される。個人化は、自らが望ましい自分になるために、アイデンティティを獲得するよう要請する。共通の指針を失ったばらばらな個人は、絶えず学習を通して自らの技能を向上させるとともに、望ましい自分であることを証明するために、学習を継続するよう暗に要請されるようになる。フィールドに従うと、2000年の欧州連合によるリスボン戦略を用意することになった、1990年代半ば以降のヨーロッパにおける生涯学習をめぐる熱狂は、雇用対策という文脈に加え、ベックが説明するように、中間集団の機能が全面的に後退した後期近代における個人化という文脈において理解できる。

　たしかに、イギリスの教育学者キャスリン・エクレストンも、1990年代以降の学習理論のキーワードを読み解き、「アイデンティティ」「エージェンシー」「ストラクチャー」といった、自己認識を求める学習理論の諸概念が主流をなしていると指摘する（Ecclestone 2009）。エクレストンは、変化に耐えることを「成功」とみなすような個人像が、学習理論のなかで強調されることにより、教育学が心理学に従属してきたという。たしかに、学習理論のなかでアイデンティティが強調されればされるほど、教育学は心理学のように、現実に対応するための学問という面を強めざるをえなくなる。教育学が

50　第一部　多文化化する社会におけるコミュニタリアニズム思想の応用可能性

人間の可塑可能性に関する理念をめぐる学問という規範的な場所から、どのような現実であれ、そこで引き起こる問題に自己が自分の立ち位置をずらしながら合わせるための実践的な処方箋へと変化する学問上の変化も、個人化の進行する時代を反映していると見ることができる（Ecclestone 2009: 9-27）[14]。

　かつて、生涯学習理論が心理学を援用していた理由は、アメリカの心理学者エリック・エリクソンやロバート・ハヴィガーストの唱えた発達段階理論が、年齢による学習課題を明確にしてくれるためだった（長島 1999: 115-127）。実際に、生涯学習の主題となっていたのも、思春期や子育て、老いといった、年齢を経るに従って直面する変化に伴う課題だった。しかし、後期近代には、ライフコースの一般化が困難になり、ある人の人生を他の人と比較できるとは考えにくくなってきた。代わって、個人は自らなぜ、今、この場を選択したのかを自分に説明する。そのような場面では、心理学的な自己分析の手法が必要となり、自己認識を常に求める学習理論が、日常生活においても重宝される[15]。

　このように考えると、学習社会には、時代の変化に合わせて雇用力を高めるといった経済的要請に沿った学習が評価されるという側面だけではなく、自らのアイデンティティを特定するために学び続けるといった、個人を学習に駆り立てる側面があることが分かる。

第5節　新しい成人教育

　アイデンティティが常に問われ、自ら説明することが求められるのが後期近代の特徴である（赤尾 2012）。時代の変化に対応することが求められる生涯学習の領域でも、自らが自らについて語るための、あるいは語り得ない自分について知るための学習機会が提供されることになる。それは、労働時間

14　欧州連合が生涯学習を教育政策の中心に据えたことで生じる「期待」に関し、学習者側と学習機会の提供者側とのあいだに大きなギャップが生じていることを指摘する研究もある（Evance 2003）。

15　「現代は反省的に自己を物語ることが要請される。セラピーの場面では、古典的な精神分析であろうとなかろうと、個人は現在の危機的な状況を過去に照らすことができるようになり、その人が相対的に満足できるような話の筋に位置付けることもできる」（Giddens 1991: 31）。

の縮減が一般の労働者にも余暇をもたらし、それをよりよい生き方のために活用することのできる社会がついに実現する、というロバート・ハッチンスが思い描いた学習社会とはやや趣を異にする[16]。

　大学や語学学校が提供する宿泊型の短期講座、旅行会社が主催するエキゾチックな旅先でのスタディ・ツアー、ダイエットを助けてくれるフィットネス・センターやスポーツ・クラブ、教養あるガイドとともに学ぶ文化遺産や史跡の数々、セルフヘルプ用のマニュアル、経営グルによる啓発セミナー、テレビで再生しながら自宅でトレーニングする自習ビデオのことを、フィールドは、「新しい成人教育」と呼ぶ（フィールド 2000=2004: 84）。このような学習形態はいずれも、個人が自発的に参加する学習プログラムで、通常は、継続的な形式をとらない。

　前期近代のヨーロッパでは、成人教育は、労働者や女性たちなど、基礎知識に関する学習機会を得られないまま社会に出て行かなくてはならなかった人に向けた、労働組合や宗教団体による講座として展開されてきた。識字教育、簿記、税、法律、家計管理、職業に関する知識などの講座は、個人が知識を得ること以上に、中間集団につながることが意識された。それは、学習を通して得る仲間たちとの連帯を可能とし、抑圧された状況にある個人のライフチャンスを拡大するものだった（Jug, Pöggeler 1996）。

　それに対し、後期近代の新しい成人教育は、かつての集団主義的な度合いを著しく低下させている。個人のニーズに基づき選択されるコース、その場限りの関係としての集団、そして何よりも学習の目的が以前とは異なる。すなわち、何らかの課題を解決するために学ぶという内容から、学ぶことによって、自分の課題を見いだし続けるという能動性の発揮が必要とされる。変化する社会に適応しようと、自ら技能を高め、資格を取得する学習する個人、自発的に学習プログラムに参加し、多様な源泉から見識や洞察を、半ば偶発的にでも得られるような能動性は、学習社会が個人に求めるマインドセットである。

16　ハッチンスは労働に代わって余暇が増大する学習社会の到来を予告していたが、必要なのは自由時間の増大そのものではなく、アリストテレスの示した善美（カローン）だと考えていた（Hutchins 1968）。

52　第一部　多文化化する社会におけるコミュニタリアニズム思想の応用可能性

このような傾向について、私たちはどのように考えればいいのだろうか。たしかに、「新しい成人教育」は、社会の豊かさと余暇の増大がもたらした、生きがいのための学習だと考えることもできる。物質的な豊かさが実現した社会において、一般の労働者にも一定の余暇が与えられ、その結果、人々が多様な学習に取り組むことができるようになった。これは、ハッチンスが思い描いた「学習社会」の到来と言えるのかもしれない。しかし、1960年代のアメリカと異なり、近年のヨーロッパに対して研究者たちが批判的に取り上げるのは、必ずしも自発的とはいえない圧力のもとでの学習であり、個人の選択に帰せられ、学習の帰結が個人の資質にのみ還元されるような、自己完結した経験という側面である[17]。

アイデンティティを確立しなければならないという要請は高まり続けるものの、個人化のすすむ社会では、地域や職場など中間集団を通して、誰もが確たるアイデンティティを得られるわけではない。そのような場合、一般に、生涯学習のコンテンツは、魅力的な選択肢となる。年齢にかかわらず、期間を限定し、課題を設定し、課題を乗り越えるプログラムを選択できるという点において、学習は個人にとって安心して取り組むことのできるプロジェクトとなる。

このような理由による学習ニーズの高まりは、とりわけ市場における学習機会を増大させている。カルチャーセンターや短期の研修旅行は、その代表的な例である。また、余暇活動の領域においても、北欧諸国を中心に長くボランタリーなサークルとして定着してきたスポーツや余暇に関連するアソシエーションが、その会員数を年々減少させ、代わりに定額制の利用料を納めるフィットネスクラブが興隆している[18]。学習も余暇活動も、実際には、個人が強制されるものではない。しかし、自らのアイデンティティを特定する

---

17 フィールドが指摘するのは、年金生活者が学位取得と関係なく勉学に取り組む理由も、健康な人々が毎日のようにフィットネスクラブでトレーニングに励むのも、自分自身と闘うためという事実である。学習しているその期間、個人は自分の可能性を高めていると実感できる。身体を動かしている限りにおいて、個人は自分の際限のない課題と闘っていることを実感できるからである（フィールド 2000=2004）。

18 デンマーク統計局, Cultural Habits Survey 2012, 2018, 2018-2021（https://www.dst.dk/en/Statistik/dokumentation/documentationofstatistics/cultural-habits-survey, 2022/5/29 accessed.）

ために、語り、挑戦し、達成するような学習する個人が、登場していることが分かる。それは、必ずしも、経済的要請だけが理由ではない学習ニーズを生み出している。個人化という現象もまた、個人に学習を求めているからである。

政府や公的組織によって推進される生涯学習には、たしかに、経済的要請が強く見られる。欧州委員会の考える生涯学習は、明確に、経済的成長と雇用創出の手段とされた。そのため、イノベーションや雇用創出に資する学習など、雇用や成長につながる学習のみが政策的に評価される、学習社会を形成しようと、そのような方向性に親和的な学習する個人を作り出してきた。しかし同時に分かったのは、このような学習する個人は、後期近代に見られる個人化と強く関連しているという点だった。後期近代の社会では、個人が、学習するよう圧力を受けているが、それは、個人の資質にのみ還元される、自己完結した学習活動である。たしかに、新しい教育体制としての生涯学習は、そのような活動を肯定する。けれども、生涯学習には、別の側面もあるのではないだろうか。

20世紀初頭、成人教育は抑圧された状況にある個人が知識によって解放され、ライフチャンスを拡大させる活動だった。しかし20世紀末以降、個人のニーズに基づきその場限りの関係のもとに選択される多様な講座から成る「新しい成人教育」（フィールド）が主流となると、個人は学習を私的に消費し、ライフスタイルの一部となる。このような学習の私事化（privatization）を抑制するとしたら、学習社会の課題は、いかにして学習の個人化の程度を緩やかにするか、ということになる。

この点に関して、教育哲学者のガート・ビースタは生涯学習の個人化が問題となるのは、個人は自分の生涯学習に対して責任をとるよう要請される一方で、学習に対するアジェンダは別の人たちによって設定されるという状況が起こる場合だと指摘する。グローバル経済に適応するための雇用力の向上といったアジェンダがそれに当たる。だからこそ、「生涯学習のトライアングル」、すなわち生涯学習の経済的機能、民主的機能、個人的機能が相互に循環するような環境が必要だという（ビースタ 2014: 144-145）。個人の生涯学習を動機付けているのは、必ずしもグローバル経済に適応するためといった

経済的機能だけとは限らない。生涯学習への参加が「より民主的で、公正かつ包摂的な方法で、他者とともにある生活を生きることができるようになる」民主的機能や、「その人の人生をつくる出会いや経験から学習し、人生の意味を見いだし、おそらくよりよい方法で自身の人生を生きることを学習する」個人的機能にむすびつくとき、生涯学習の効果は個人化の進行を緩慢なものにする可能性をもつ（ビースタ 2014: 135-137）。

　欧州委員会のリスボン戦略には、経済的成長と雇用創出に並び、「アクティブ・シティズンシップ」が提唱された。「競争力のある知識社会とより幅広い社会的結束」を実現する、という目的のためである[19]。アクティブ・シティズンシップは曖昧な概念であり、欧州委員会でも、一義的には、人々の政治参加が想定されている[20]。ただし、社会的結束を促すためのアクティブ・シティズンシップというもう一つのかけ声は、日常生活における中間集団への帰属を含む、市民社会領域が含まれるという考えもある（Holford, van der Veen 2003）。欧州委員会の思惑を超えて、どのような実践活動が、社会的結束を促すのか。そこには、学習の個人化をのりこえる生涯学習の可能性が見えてくるのではないだろうか。

19　European Commission, 2000, CORDIS Lisbon European Council(https://cordis.europa.eu/programme/id/EMP-LISBON-2000C, 2024/9/5 accessed.)
20　リスボン戦略の成果を測定するための、欧州委員会生涯学習研究所の調査では、少なくとも、参加型・熟議型の政治参加、コミュニティやボランティア活動、民主主義と人権に加え、公共政治への参加といった理解が含まれる（Hoskins 2009）。

第3章 社会統合の規範理論

第3章では、個人化に抵抗し社会統合を政策目標とする場合、どのような問題が生じうるのかを検討する[1]。社会統合と社会政策の関係を論じる先行研究として、リベラル・ナショナリズムを取り上げる。リベラル・ナショナリズムは、福祉国家の国民統合機能の低下に対する批判に立脚し、新たな統合手段としてのナショナリズムの台頭とを結びつける思想で、多文化化する社会における多文化主義批判として形成されてきた（新川 2017: 3-9）。本章ではこの思想に対抗する位置にコミュニタリアニズムを措定し、検討する。その際、教育政策の観点から、フォーマルな教育に特化するリベラル・ナショナリズムと、インフォーマルな教育およびノンフォーマルな教育の役割を重視するコミュニタリアニズムとを比較し、社会統合という社会的課題に対しどのような問題点が見込まれるのかを検討する。

第1節 社会統合とは何か

20世紀末、冷戦構造が崩壊したのち、規範理論に関心を持つ研究者たちは、グローバル化の進展のもと競って「ポスト国民国家」の在り方を議論してきた。グローバルな枠組みがより現実のものとなり、何らかの共通する価値観が広まると予言する言説もあれば、リージョナルでローカルな政治単位が現実味を増すという言説もある。規範理論においては、コスモポリタニズム、多文化主義、リベラリズム、コミュニタリアニズムといった思想的立場が、それぞれに説得的な議論を行ってきた[2]。規範理論は、政治制度や社会政策に応用されることを前提に、想定される社会的諸問題に対応する社会構想であ

1　第3章は、坂口緑 , 2014,「社会統合をめぐる規範理論の所在：リベラル・ナショナリズムとコミュニタリアニズムの思想を手がかりに」『生涯学習・社会教育研究ジャーナル』第8号（74-89頁）に加筆・修正したものである。
2　コスモポリタニズムについてはヌスバウムとコーエン（1996=2000）を、多文化主義についてはキムリッカ（1995=1998）を参照のこと。

る。自由、階級、貧困、イデオロギー、環境、正義というように、想定される社会的諸問題は、時代によって異なっている。

　近年、規範理論が想定する現実の問題として急浮上しているものに、社会統合（social integration）がある。社会統合は、多文化化する社会において、比較的弱い立場にあり社会の周縁に位置する人々が、社会生活に参加し、対話のプロセスに参加し、生活条件の向上や、住宅、教育、雇用、医療、保健、地域活動等の社会的サービスの領域へのアクセスが保障されることを指す（Ager, Strang 2008: 166-191）[3]。社会統合は、グローバリゼーションと福祉国家の再編が進むヨーロッパ諸国で特に喫緊の共通課題となっている（樋口2004）。欧州連合の社会政策も「社会的排除」を次のような理由により政策課題としてきた。第一に、失業等の雇用状況の悪化が多国籍企業や生産拠点の移動に強く影響されるという点でもはや一国の問題とはいえなくなり、欧州連合全体として取り組む問題だと認識されるようになった点、第二に、貧困がおもに一国内の物質的再分配の帰結だと考えられていたのに対し、社会的排除は参加、連帯、アクセスについての関わりを徐々に失っていく関係的な問題だと認識されるようになった点である（Silver, Miller 2003: 1-17）。1999年のアムステルダム条約136条において、「社会的排除に対する戦い」がヨーロッパ全体としての目標に掲げられ、その後も2000年リスボンでの欧州連合理事会において、「社会統合への促進」が合意され、2001年ストックホルムでの理事会において、各国が「社会統合プログラム」に基づく国別行動計画の策定が合意された。

　本書でおもな考察対象とするデンマークにおいても、社会統合が政治課題となっている。デンマークは近代以降、プロテスタンティズムと社会民主主義的価値観を共有する、比較的同質性の高いネイションによって維持されて

3　社会統合については、イギリス社会をモデルにする議論では、労働市場を介したプロセスとして論じられてきた。ブレア労働等政権では社会統合に向けた社会的包摂を経済的な自立支援に充てられるべきとの方針から、労働市場から排除される人々が、教育および職業訓練を受け、労働市場への職業的参入を果たすことを狭義の社会的包摂と見なしてきた（福原2007: 11-39）。ただし、労働市場への社会的包摂は、教育や職業訓練の結果から自動的に引き出されるわけではない。労働以外の領域におけるアクティベーションの社会参加があって社会統合に至るとの研究は、北欧モデルとみなされている（宮本2013）。

第3章　社会統合の規範理論　　*57*

きた国家の一つである。19世紀末には、それまでの救貧法を改正し、老齢
年金や失業保険などの社会的支出の責任を国家が負うことに合意して以来、
20世紀を通して国民国家を前提とする福祉国家の制度を整えてきた（嶋内
2010）。しかし、1960年代以降、トルコやユーゴスラビア、パキスタンから
外国人労働者を受け入れ、その後も人道的立場から外国人労働者の家族の呼
び寄せを許可し、1980年代以降はジュネーブ条約に基づく政治難民を受け
入れるなど、20世紀を通して非ヨーロッパ諸国からの移民を広く受け入れ
てきた。現在、移民第一世代のみをカウントしても全人口の約10.3%（2023年）
を占める社会となり、ヨーロッパ以外の文化的背景を持つ人々の存在感が増
している。ヨーロッパのなかでは、比較的条件の厳しい基準を維持してきた
デンマークでは、移民人口の比率上昇はゆるやかであり、異なる文化的背景
に対しても寛容な社会だと言われてきた。しかし、2005年、そして2008年
にも再現された全国紙『ユランズ・ポステン』をはじめとする媒体でのムハ
ンマド風刺画掲載問題や、2015年2月にコペンハーゲンでおこった討論会
会場とユダヤ教礼拝所での連続テロ事件とそれに対する世間の反応は、デン
マーク社会が自明としてきた寛容さが盤石ではないことを露呈した。

　同質性の高い社会においても多文化化への対応が課題とされるなか、いか
にして社会統合を進められるのか。これは、20世紀を通して、門戸を開か
ないまま事実上の外国人労働者の受け入れを断続的におこない、その結果「内
なる国際化」が進展する日本社会にとっても必要となる問いである。社会統
合は、比較的長期間の過程を想定するという点で、教育政策と不可分の関係
にある。そして、現在、必要とされるのは、北米やオセアニア諸国といった
移民国家における諸政策とはやや異なり、民族的もしくは文化的同質性を共
有する多数派が歴史的に大半を占めてきた土地において、多数派とは異なる
民族的もしくは文化的背景を持つニューカマーといかにして共同社会を運営
できるかという問題についての議論である。それは、子どもが育つ個別の過
程に寄り添う多文化主義教育でも、適切な距離を保って他者理解を促す異文
化理解教育でもなく、あらゆる年代の人々が学び合い、共同社会を支えると
いう目標を持つ共生社会を実現するという意味で、社会統合という観点から

考えるべき教育政策上の課題である[4]。

　本章では、ポスト国民国家の時代に、社会統合の問題をいくつかの規範理論的観点から考察したい。第一に、リベラル・ナショナリズムの教育論による文化的統合および市民的統合について理論的な検討を加える。リベラル・ナショナリズムは、その構想の実現のためには、イスラエルの研究者エイアル・タミールも認めるとおり「それに相応しい教育理論を必要とする」（タミール 1993=2006: 22）。ここでは、イギリスで2002年に導入されたシティズンシップ教育の理論的資源の一つとなった、リベラリズムとナショナリズムの価値を架橋するという立場をとるタミールそしてデイヴィッド・ミラーによるリベラル・ナショナリズムの見解をみていきたい。第二に、コミュニタリアニズムの教育論を検討する。コミュニタリアニズムは、多文化化する社会にとって必要とされる社会統合の手がかりを欠くリベラリズムを批判し、アイデンティティをめぐる承認の政治を提起する思想的立場である。北米を念頭に論じるアミタイ・エチオーニそしてベンジャミン・バーバーによるコミュニタリアニズムの教育論を応用し、ヨーロッパで課題となっている社会統合への応用可能性を検討する[5]。

　一般的に、国家にとっての教育政策はリベラル・ナショナリズムの性格を帯びる点は否定できない。それが伝統に則る保守的なものなのか、それとも伝統を更新していく革新的なものかは、いずれもその社会やその時代のデモクラシーの質に関わる。本章で取り上げるタミールやミラーが念頭におく教育政策はフォーマルな教育すなわち学校教育を対象としているが、結論を先

4　これまで日本での議論では、社会統合と教育をめぐっては、移民国家であるアメリカ社会をモデルとしつつ、多文化主義政策を採用するカナダやオーストラリアがモデルとなってきた。たしかに、アメリカやカナダ、オーストラリアは積極的な移民受け入れを長期間続けてきた共通点を持っており、異文化理解教育という点では、多文化主義法による「マルチ・ナショナルモデル」をすすめるカナダ（石川 2008）や、多言語教育のための学習プログラムを発達させてきたオーストラリア（樋口 1993）が参考になる。ただし本章では、マイノリティとマジョリティの対立を、とりわけ、同質性の高い社会においてプレゼンスを増す移民背景を持つ人々を対象として使われる、ヨーロッパでの文脈における社会統合について論じる。

5　コミュニタリアニズムはアメリカ社会の学校教育における多文化主義教育の導入について基本理念は共有しているが、ここで参照したいのは学校教育以外の教育の領域（家庭や地域社会）を重視するタイプの教育論だという点である。この点については、イギリスの教育学者ジェイムス・アーサーも支持している（Arthur 2000）。

第3章　社会統合の規範理論　　*59*

取りすると、生涯学習実践の関わる領域、すなわち地域社会、アソシエーション、成人学習、ボランティア活動といった領域における社会参加を促すコミュニタリアニズムの教育論はますます必要とされるだろう。本章ではこのような観点から、多文化化が進行する社会での生涯学習実践に対する規範的アプローチが可能かどうかを考察したい。

第2節　リベラル・ナショナリズムの教育理論

　リベラル・ナショナリズムは、エイアル・タミールがナショナリズム研究を続けるなかで提示した一つの立場である。それは、多文化化する現代社会の状況を念頭に、文化的なナショナリズムと制度的なリベラリズムの両者を包摂することが可能かつ望ましいとする（タミール 1993: 2006）[6]。タミールは、ユダヤ人にとってのネイションと国家の関係性を論じながらも、複数のネイションが国家なきまま共存するような状況、たとえば、スコットランド人、バスク人、コルシカ人、ウェールズ人といったエスニック集団が、「欧州共同体に留まりながら文化的、政治的な自治を発展させることを可能にしている」状況も視野に入れ、「権力共有と自治を組み合わせることにより、マイノリティの権利やニーズの保障が可能になる」点を強調する（タミール 1993=2006: 19）。リベラル・ナショナリズムとは、政治的領域と文化的領域を区別することで、「あらゆるネーションが対等な権利を享受すべきであるという思想に基づいており、実際に、個々人の権利の理論をその中核に据えて、そこから普遍的な組成を導き出す」立場であるという（タミール 1993=2006: 61-62）[7]。

　ナショナリズムは、国民国家を前提とする 20 世紀を通してあまりに自明

---

[6]　富沢克はリベラル・ナショナリズムをバーリンの影響を受けた立場だと解釈し、それを「ナショナリティの意義を認めたうえで、それとリベラリズムの共存を『人間らしい（decent）社会』の条件である」とする立場だと説明する（富沢　2012: ii-iii）。

[7]　この意味において、デイヴィッド・ミラーおよびウィル・キムリッカの社会構想も「リベラル・ナショナリズム」に組み入れられる（Patten 1999; 富沢 2012; 竹島 2012）。ただしキムリッカは、タミールの主著を取り上げた書評において、タミールが何をもってリベラルと言えるのかが不明だと指摘し、立場の違いを強調している（Kimlicka 2003）。

の政治制度とされてきたため、規範理論の領域でもあまり議論されてこなかった（施・黒宮編 2009: i-iii）。しかし現代の多文化化する社会にとって、何に頼れば社会統合（social integration）の足がかりとなるのかという議論が欠かせない。「リベラル・ナショナリズム」は、そのような社会的要請のもとに形作られた思想であり、応用範囲は、アメリカのような複数エスニック集団が共存する国家、イスラエルのような複数ネイションが競合し合う国家、ベルギーやカナダのような複数ネイションの連邦や連合国家、さらに欧州連合のような地域機構までと幅広いが[8]、重要なのは、21世紀になり、比較的同質性が高いとみなされてきたヨーロッパの国々においても、前世紀後半以降の難民や移民の受け入れを通じて、タミールが前提とするような多文化化が課題となってきている点である[9]。

　リベラル・ナショナリズムを構想するタミールは、教育政策においても、リベラルな価値とナショナルな価値を区別し、両者をともに採用することが可能だと考える。タミールによると、ナショナルな教育とは、ネイションの言語、文学、価値観、生活といった独自の文化を次世代に伝えるものであり、公民的な教育（civic education）とは、権利と義務、法の遵守、他者の尊重といった普遍的に習得すべきものである。両者の関係は補完的であるが、タミールの解説を見るかぎり、後者に重きが置かれている。タミールは次のように述べる。「市町村、国家であれ、連邦、地域機構、グローバル社会であれ、多様なネーションが織り成す政治システムにおいては、子どもたちすべてが、異なったライフスタイルを持つ他者、異なった価値観、伝統を持つ他者への尊重を学び、他者を同じ政治システムの成員として対等に見ることがとりわけ重要である」。そして、これを「土台」として初めて、「ナショナルな集団の各々は若者たちに自身の共同体、歴史、言語、伝統についての知識を授けるべき」だという（タミール 1993=2006: 43）。

8　イギリス社会を対象にリベラル・ナショナリズムと社会統合の関係を論じている安達智史は、リベラル・ナショナリズム論が「正義論としての規範的弱さをある意味で、現実の政治場面における訴求力によって補っている」とし、現実社会の分析に応用でいる規範理論だと説明する（安達 2013: 21）。

9　同質性の高いネイションが形成する国家が多いヨーロッパ諸国への難民・移民の流入については竹沢編（2011）を参照。

第3章　社会統合の規範理論　*61*

この説に従えば、多文化社会のなかで採用される鋳型は、異なった価値観を尊重するリベラリズムのそれである。そして鋳型にはめられるのは、各々にすでに入り込んでいるナショナリズムである。ナショナルな価値観は、それ自体、公教育を必ずしも経由せず、家庭やコミュニティで継承されると考えると、タミールのこの説もうなずける[10]。

それに対し、多文化主義の限界を指摘しナショナリズムの原理を重んじるデイヴィッド・ミラーは、次のような教育論を展開する。すなわち、文化的マイノリティは、将来に向けてナショナル・アイデンティティを再定義する役割を期待されているのだから、その役割を果たすためにも、「歴史や政治といった科目をとしてすべての子どもが手にすることができる一揃えの材料という意味での基幹カリキュラム」を採用すべきである。しかしそれは画一的な内容の押しつけを意味するのではない。そうではなく、基幹カリキュラムは常に異なった解釈の可能性に開かれた形で編成されるべきであり、特定の集団のニーズに従い「材料を強調したり抑制したりする余地」が残されていなければならない（ミラー 1995=2007: 314-315）。そしてそのためには、異なる文化的背景を持つ子どもたちが、公教育において学校という場を通し「多様なエスニック集団の構成員が一同に集められ、同じ教育を受ける」必要があるという（ミラー 1995=2007: 249）。ミラーはこのように解説し、多文化化の進む社会であっても、一国内での基幹カリキュラムおよび公教育を通じた学校教育の重要性を主張する。

ミラーにおいては鋳型の比喩が必ずしも当てはまらず、鋳型そのものが変容する可能性を示唆する。ただし、文化的マイノリティの持つナショナルな価値は、まずは家庭やコミュニティで継承されるという点はタミールと共通する。そしてそれが公教育においては、文化的マジョリティの持つナショナルな価値をアップデートする資源になりうると想定する[11]。

10　竹島もリベラルな原理とナショナルな原理のどちらが基底的かを見てみると、論者によって異なることを指摘する。タミールとキムリッカがリベラルな原理を基底的とみなすのに対し、ミラーはナショナルな原理を基底的と捉えているという（竹島 2012: 134-136）。

11　想定されているのは、たとえば「イギリス性（britishness）」と「英国人性（Englishness）」の違いに見られるアイデンティティの差であり、前者は外国につながる背景を持つ英国生まれの人にも、多数派の文化的背景を持つ人にも共通すると説明される。

62　第一部　多文化化する社会におけるコミュニタリアニズム思想の応用可能性

タミールとミラーの教育論は一見すると異なるものの、文化的マイノリティの持つナショナルな価値が私的なものだとみなす点で共通している。両者にとって文化的マイノリティの持つナショナルな価値とは言語、文学、価値観、生活といった独自の文化ではあるが、それは公教育が介入する必要のない領域だとみなされる。文化的マイノリティが家庭やコミュニティを通して継承するナショナルな価値観はいわば私教育の領域であり、公教育においては「他者への尊重」というリベラルな価値観を身につけてこそ発揮されるべきものである。

　リベラルな制度が、現行の政治制度として利用価値が高いという点で、ナショナルな価値よりも優先されるということは、十分に説得力を持つ。社会統合や共通性への手がかりとして、他者を尊重するというリベラルな価値観が、イギリスで2002年に義務教育に導入されたシティズンシップ教育の柱を成しているのも、ミラーの構想どおりと言える[12]。しかし、リベラル・ナショナリズムは政治制度としての利用価値の高さを無条件に優先し、マジョリティとマイノリティのあいだの権力的差異をどのように均し、「平等に見る」ことが可能かについては論じない[13]。さらに、文化的マイノリティのナショナルな価値を、承認をめぐるアイデンティティ政治の重要な論点であることを認めながらも、それを十全には扱わない。公教育というナショナルな範囲における便宜性を優先するからだろう。しかし多文化化する社会の課題とされるのは、文化的背景を理由に、市民生活を送るなかで制度上は平等な扱いを受けながらも、事実上、「一級市民」と「二級市民」のような等級が生じているように見え、それが人々の自尊心を大きく歪めているという状況である。そしてそれが、社会的分断に直結し、原理主義的な宗教を猶予なく招き入れる隙間を生成しているかもしれない状況である。社会統合を志向するナショナル・リベラリズムが、差異に十分に敏感であることが難しいとしたら、何らかの方法で、差異に十分に敏感でかつ、社会統合を志向する実践によっ

12　イギリスにおけるシティズンシップ教育の詳細はクリック（2011）を参照。
13　パタンはリベラル・ナショナリズムがごく限られた文脈でのみ通用する議論だと述べている（Patten 1999）。ただしバリーはこの点を、「自身の差異が尊重されるときにのみ、人は他者の差異を受容することができる」と述べ、社会統合と多文化主義の両立が可能だと考える（Barry 2001: 615-623）。

て補われる必要があるだろう。

第3節　コミュニタリアニズムの教育論

　多文化化する社会は、アイデンティティの価値を高めている。政治学者の
チャールズ・テイラーが「承認をめぐる政治」で指摘したのは、私たちのア
イデンティティが「他人による承認、あるいはその不在、さらにはしばしば
ゆがめられた承認（misrecognition）によって形作られる」という点だった（テ
イラー 1994=1996: 38）。土地や身分と結びついた社会秩序が個人に名前を与
えていた時代から、自己の位置を何かに照らし合わせてモニターすることが
求められる再帰的な後期近代へと移行するなかで、自己をめぐる「真正さ
（authenticity）」が親密圏においても公共圏においても重視されるようになっ
た。アイデンティティ政治と呼ばれる近年の趨勢は、このような自尊心をめ
ぐる議論を意味する。

　今日のアイデンティティ政治には、次のような二つの特徴がある。第一に、
アイデンティティ政治が、階級や階層といった社会秩序ではなく、自己像を
モニターする際の参照先としての、コミュニティやマイノリティ集団の文化
的背景についての承認をめぐる闘争であるという点である。人々のグローバ
ルな移動や移民コミュニティの形成は、マイノリティ集団の持つ言語、文学、
価値観、生活といった独自の文化に対する支援が政治課題として支援され解
決されるべきニーズとして理解されるようになった。第二に、アイデンティ
ティの政治が、マイノリティ集団にとってのみではなく、マジョリティ集団
にとってもまた重視されるようになったという点である。ミラーが指摘する
とおり、リベラル・ナショナリズムの立場からすると、文化的マジョリティ
のアイデンティティを書き換える資源は、文化的マイノリティに依存する。
マイノリティ集団のニーズは、マジョリティ集団にとってのニーズとも読み
替えられ、アイデンティティ政治の領域が拡大している（安達 2013: 12-13）。
このような観点から、リベラル・ナショナリズムの論者が、アイデンティティ
をどのように理解しているのかを確認するのは教育論にとって欠かせない。
以下では、まず、タミールとミラーがアイデンティティ政治をどのように理

解しているのかを見てみたい。

　タミールは、自身のリベラル・ナショナリズム構想にとっての人間本性をめぐる議論を次のような前提から始める。すなわち、「[状況や文化の中に]深く取り込まれているということ（embeddedness）と選択すること（choice）とは必ずしも正反対のことではない」という出発点である。そして、リベラリズムとナショナリズムがいずれも「自由で合理的かつ自律的な人間」を前提としているという近代性に依拠し、「文脈づけられた個人（contextual individual）」という人間観を提示する（タミール 1993＝2006: 106-109）。これは、「自己が主人公であるというリベラルな徳と、[文化や状況に]深く取り込まれているというナショナルな徳の双方を具現化する人間観」である。これは自らの善の構想について反省し、評価し、選択することのできる自律性を持っているが、ただし、それを反省したり評価したりできるのは、評価基準をその個人に与える特殊な社会的・文化的環境があるからだという意味で、「文脈づけられ」ている（タミール 1993＝2006: 107）。ポイントは「選択」である。タミールは、「個々人は、共同体的選択モデルと道徳的選択モデルの両方にしたがって行動できる」といい、共同体も道徳も個人が選択できる対象とみなしている（タミール 1993＝2006: 107）。

　他方でミラーは、自己がアイデンティティを選択できるとは考えない。そうではなく、ナショナル・アイデンティティが可変的であるがゆえに、どのようなサブカテゴリーから挑戦を受けたとしても、政治的討議の過程にあれば、「包括的なナショナル・アイデンティティ」が可能だという立場をとる。ミラーは、何が真正かをめぐる議論には与しない。そうではなく、ナショナル・アイデンティティをオープンにしておくことを重視する。ミラーによるとナショナル・アイデンティティは、真正であるというよりも「『想像された』アイデンティティであり、想像される内容は時とともに形を変える」（ミラー 1995＝2007: 225）。従って、（ミラー自身の立場ではないが）保守的ナショナリストの立場にたったとしても、「移民に求めるべきは、何よりも現在の政治機構を受け入れ、新しい共有のアイデンティティが作り上げられるように受け入れ側の共同体との対話にすすんで参加する意志を持つこと」であって、文化的マイノリティが要求するアイデンティティ政治を退けることではない

第3章　社会統合の規範理論　*65*

（ミラー 1995=2007: 229）。ナショナル・アイデンティティは、「民主的国家では、各下位集団の声を聴くという過程を伴う政治的議論を通して、より慎重に形成されるから」である（ミラー 1995=2007: 237）。だからこそミラーにとっては、政治的討議の方法を学び、ナショナル・アイデンティティを継承するための公教育こそが重要だという（ミラー 1995=2007: 253）。

　興味深いのは、タミールもミラーも、自己のアイデンティティや、善の構想についての評価基準は各々のうちに自生的に形成されるもので、公教育が立ち入る必要はないと考えている点である。彼らによると、公教育は人格形成に関わるものではなく、現在の政治機構について対話をすすめるための技術を学ぶ場である。このような考え方は、「公民的統合を目指す教育（education for civic integration）」と呼べる。公民的統合とは、異なる背景を持つ人々との社会統合を政治的議論において形式的に実現することを意味する。

　それに対し、コミュニタリアニズムの教育論はやや異なるアプローチをとる。コミュニタリアニズムの教育論は後述のように、まずは人格形成を、そして学校以外の家庭教育やコミュニティでの学びといった公私の両方にわたる領域での教育を重視する。これを「社会統合を実践する教育（education for social integration）」と呼ぼう。文化的背景の違いを認めつつ、しかし他人による承認、もしくは承認の不在、あるいはゆがめられた承認を拒否し、コミュニティでの実践活動を通じてコミュニティへの帰属意識や批判的な意識、またそれを成り立たせている社会への帰属意識や批判的な意識を醸成することを意味する。

　コミュニタリアン運動を主導した社会学者のアミタイ・エチオーニは、リベラリズムの陣営からはしばしばその言論の保守性が批判されてきた。ただし、エチオーニが理想とするのは、けっして伝統や権威に従順な主体の育成ではなく、「自己の権利を主張しすぎることなく、また権威を過剰に内面化することのない教育」（Etzioni 1993: 114）である。エチオーニは、アメリカの公立学校があまりにある種の中立性を優先するために、価値に関する教育、とりわけ人格の形成（personal development）に関する教育を放棄している点を批判する。エチオーニは、「ひとびとを、異なる民族や人種、政治的背景を持つ人々に対して、互いに寛容にする」ために、人格の発達が家庭で、学

校で、そしてコミュニティでもっと重視されるべきだと主張する（Etzioni 1993: 91）。

　またアメリカの政治学者ベンジャミン・バーバーも現行の学校の在り方を批判し、デューイが構想したような「学びの共同体」が必要だと述べる[14]。バーバーによると、各個人のアイデンティティは「学びの共同体によって再発見され、再定式化され、再獲得される」ものであり、また、「真理や規範」に「すべての者が平等にアクセスできる、非支配的な言説から生まれる合意によって、すなわちデモクラシーによって」到達できるようにするのが教育の課題だからである（Barber 1992: 214）。バーバーは、多様な文化的背景を持つ子どもたちが集まる場として学びの共同体を考えている。バーバーの考える「デモクラシー」は、「自治」を基本とする。教育もまた学校外の経験、たとえば、地域コミュニティでのボランティア活動を通して獲得するという意味で自治は教育の延長にある。この点を重視するバーバーは、サービスラーニングの後期中等教育への、また高等教育での導入に賛同する。自立した個人が活動の意味や結果を振り返る一定の学習過程を通して得られる共同的（communal）な経験や、コミュニティの設計と自治の経験をチームで学習することが青少年の成長にふさわしいと考えるからである（バーバー 2004=2009; バーバー 1998=2007）。

　エチオーニやバーバーの教育に対する主張は、いわゆる学校教育のカリキュラムにとどまらない。多文化社会が前提となるアメリカ社会では、学校はたしかに異なる民族や人種、政治的背景を持つ人々との経験の場として欠かせない。しかしそれがすべてではなく、各々のアイデンティティを形成し承認するのは、家庭や地域コミュニティであり、地域コミュニティでの実践を通して学ぶ過程が必要だと考えるからである。

　ルソーは『エミール』で次のように二つの教育形態を区別する。「市民」か「人間」か、「必然的に対立する二つの目的から、相反する二つの教育形態が出てくる。一つは一般的な公共教育と、もう一つは個別的な家庭教育である」（ルソー 1762=1962: 28-29）。この区別にしたがうと、「文脈づけられた

14　バーバーも、エチオーニが1990年から2004年まで主宰していた雑誌『応答するコミュニティ（*The Responsive Community*）』の編集委員を務めたコミュニタリアンである。

個人」（タミール）が「包括的なナショナル・アイデンティティ」（ミラー）を形成するための教育が必要だと考えるナショナル・リベラリズムは「市民を作る」公教育を、また「人格の発達」（エチオーニ）が「寛容」（エチオーニ）や「デモクラシー」（バーバー）につながるような教育になるとコミュニタリアニズムは「人間を作る」私教育をそれぞれ重視している、とひとまず整理できる。前者は公民的統合を目指す教育を重視するのかもしれないが、後者の「人間」をつくる「私教育」は、ルソーにとっては家庭こそがおこなうべき教育の課題であった。もちろん公民的統合を目指す教育と、社会統合を目指す教育は重なる部分が多く、必ずしも対立するわけではない。しかし人格の形成を教育の課題に含めるのか否かというリベラル・ナショナリズムとコミュニタリアニズムのあいだのわずかな違いは、ヨーロッパ社会が現在、経験しているような、多数派と少数派の違いをことのほか際だたせる経験に関し、教育に何ができるのかという問いをめぐる規範的な立場の違いを表している。

第4節　多文化化する社会にとっての教育課題

　多文化化する社会にとって、文化的背景を理由に特定の人々が「二級市民」のように扱われ、そのために人々の自尊心を歪められる状況は、社会的排除を生み出し、社会の安定性に大きな損害を与える（テイラーほか 1996）。いったん歪められた自尊心をいかに回復できるのか。これは多文化化する社会がどうにかして引き受けるべき課題である。

　リベラル・ナショナリズムの教育論を検討することで明らかになったのは、何らかのナショナル・アイデンティティが共同性への手がかりとなるという見方である。「公民的統合を目指す教育」においては、市町村、国家であれ、連邦、地域機構、グローバル社会であれ、「異なったライフスタイルを持つ他者、異なった価値観、伝統を持つ他者への尊重」を学び、「他者を同じ政治システムの成員として対等に見ること」が重視される。それに対し、「社会統合を実践する教育」においては、学校内外の経験を通し、諸個人が「対等」であることを知り、互いに配慮し合う方法を学ぶことで、個人のアイデ

ンティティが形成されると考える。それぞれのアプローチにおいて、社会統合のための源泉を示そうとする点において、両者にみられるのはわずかな違いであるとも言える。しかし、次の点はどうだろうか。

「公民的統合を目指す教育」であるナショナル・リベラリズムを主導するミラーは、子ども自身の立場という観点から、教育によって身につく「技能」も重要だと述べている。主義主張を議論する大人の思惑とは無関係に、ニューカマーの「子どもたち自身」は、ホスト国の「ナショナルな」教育制度を通して言語的・文化的技能を身につけることが役立つとし、エスニック・アイデンティティを破壊するとの理由で共通する教育制度への参加を拒否する文化多元主義者を批判する。

> 多くの場合、若い人々自身はナショナルな教育制度を強く支持しているが、それは彼らが経済的に良い状態を得るためには言語的・文化的な技能を身につけることが先決と考えているからである。…(フランスに住む)移民の子供たちは、現在では、小学校で自分たちの「元来の言語や文化」の授業を受けることができるが、子供たち自身はこれを望んでいないかもしれない（ミラー 1995=2007: 250-251，強調は引用者）。

ミラーはこのように「子ども達自身」を持ち出し、多文化主義の原初性を疑っている。ミラーは他の箇所でも同じように述べる。ミラーによると、多文化主義とは「変化する環境に適応できない核心を持つアイデンティティ」を想定し、そのようなアイデンティティの「持ち主」が、「特別な権利という形での補償をどの程度正当に要求できるのか」と問うようなものである（ミラー 1995=2007: 257）。しかし、ミラーによると、マイノリティ集団による「暮らしぶりが悪くなったときはいつでも正当に補償を請求できる」という主張は「奇妙な言い分」である。そして、マイノリティ集団が正当に要求できるのはただ「マジョリティ集団の慣習や都合を反映した形で、自分たちの機会が制限されてはならない」ということではないかと述べる。

多文化主義の困難な点は、マイノリティ集団にとってのアイデンティティの問題が、常にマジョリティ集団の恩顧主義的態度に依存するという点であ

第 3 章　社会統合の規範理論　　*69*

る。ミラーからすると、エスニックなアイデンティティの原初性とは、「技能」習得よりも優位性の低い価値であったり、「補償」を請求するための「言い分」であったりする。そして「子供たち自身」が「望んでいない」かもしれない価値となる。タミールによると、個人は共同体に文脈づけられているが、共同体モデルについてもまた道徳モデルについても選択は可能で、選択できるのはその人がすでに近代的な何かに文脈づけられているからだという。たしかに、ミラーもタミールも、単なる教育機会の平等を優先し選択肢が示されればよしとするいわゆる単純な消極的自由論者ではない。そうではなく、教育機会の平等に至る、あるいは現行の政治体制下での「自己統治」を可能にする技能や知識を重視するという点で、自由を行使する自由を是とする「積極的自由」のほうに、一方踏み込んだ議論を展開している[15]。しかしこれが多文化化する社会にとっての規範的立場となるのだろうか。

　アイデンティティと政治についていち早く論考を発表してきたコミュニタリアニズムの代表的な論者であるチャールズ・テイラーは、バーリンの二つの自由概念を取り上げつつも、自由のなかに、個人にとって重要な意味を持つ善の実現可能性が読み込めなければならないと考える（Abbey 2001）。積極的自由の概念もまた、個人にとって意味のある自由を行使することができないと意味をなさないとし、単なる自己統治と、個人の善を実現する自己統治とを区別する。この区別は重要である。というのも、個人にとって意味をなさない選択肢がいくら示されたとしても、それは選択肢にならないかもしれないからである。

　たとえば、第二次世界大戦後以降、社会民主主義的なデモクラシーを社会運営の基礎に据えているデンマーク社会を例にとろう。デンマークでは、移民や難民に対し、厳しいながらも一定の条件下に滞在許可が与えられ、国内に居住することができる。イスラム教を信仰する人口も少なくないが、しばしばデンマークの学校生活を送る家族にとって問題になるのは、女性が家族

15　アイザイア・バーリンは、ホッブズやロックの自由概念の特徴を、外的要因からの干渉の不在とし、自ら選択したように行動するための機会や可能性を持つことを「消極的自由（negative liberty）と呼んだ。また、J.S. ミルの自由概念の特徴を、自分自身の生を統制することのできる能力とし、自らを統御し統治するための行動にうつすことを「積極的自由（positive liberty）を呼んだ（バーリン 1958=2000）。

以外の男性と同じ場に集まる習慣のないイスラム系の母親たちが学校の集まりに出席するよう促されたり、ボランタリーな活動の役員を担うよう要請されることだという（Anderson 2007）。女性が積極的に社交の場に出向くこと、あるいは社会的にリーダーシップを発揮することを宗教的にまた社会慣習的に望ましくないと考えるエスニック集団に所属する人にとって、デンマーク社会が期待する一般的な学校生活の規範は重荷となる。デモクラシーの原則を重視する社会では、人々が異議を唱え、役所に苦情を申し立てる権利もある。しかし、このような移民第一世代の母親に、異議を唱えたり、苦情を申し立てたりするという選択肢があると示したところで、彼女はどのような自由を手にしたと言えるのだろうか。デンマーク社会の期待に沿うことも、自身の権利を主張することもできない移民第一世代の女性たちに、デモクラシーがあると言ったところで、彼女は何を選択できるのか。

　この難題に、リベラル・ナショナリズムは直接は応答しないだろう。「公民的統合を目指す教育」を優先する立場にとって、移民第二世代である子ども達に技能や知識を伝授するシティズンシップ教育以外について論じることは、家庭の問題であり、「私教育」だからである。第二世代もまた、承認の不在や誤承認の問題に出くわすかも知れないが、それは数年間かけて学ぶシティズンシップ教育によって異議申し立てや権利主張の方法を習得することで克服されると考えられるのだろう。

　公民的統合を目指す教育は、学校教育を中心に、移民背景を持つ子どもたちに技能と知識とを伝授することを優先する。教育を最終的には「言語的・文化的技能」だと見るタミールやミラーのリベラル・ナショナリズムは、イギリス政府やEU各国が進める社会統合を形成しようとする教育政策の方向性と合致している。エスニック・アイデンティティに関わる言語や文化の学びもまた、機会均等の対象に過ぎないというこの立場からすると、教育とは「経済的に良い状態を得るため」の「技能」であるため、承認をめぐるアイデンティティ政治が提起した自尊心の問題を公教育の場に持ち込むのはむしろ不当で奇妙な言い分に見えるのだろう。しかしそうなのだろうか。個人のアイデンティティが承認の不在や誤承認にさらされること、母親の地位も含めた本人の社会における承認の不在こそが、現在問題となっている社会的分

第3章　社会統合の規範理論　*71*

断の要因であり、その間隙を縫って入り込む原理主義的な宗教が、個人のアイデンティティを救済しているという図式なのではないか。

　このように考えると、リベラル・ナショナリズムのアプローチが、やや困難なスタートラインを想定していることが分かる。シティズンシップ教育は、ニューカマーの移民背景を持つマイノリティの子ども自身が、現在の置かれた状況をひとまず括弧に入れ、可変的なナショナル・アイデンティティの手がかりとなる何かを求めつつ、その間、言語的・文化的技能を高めようとする意志がないと成立しないからである。それに対し、家庭と学校、コミュニティでの人格の発達を重視する社会統合を目指す教育、すなわちコミュニタリアニズムの教育論は、アイデンティティの問題こそを引き受けようとする立場である。学校のカリキュラムをすべてとは考えず家庭教育やコミュニティでの学びを同時に重視し、個別性と共通性を求める視点は、重要である。例えばバーバーが期待する地域コミュニティでの継続的かつ多様なボランティア活動を通しての自己アイデンティティの生成も、自己に与えられる歪められた承認を変化させる契機をともなう。多文化化の進む社会で問題となっている点が、人々の自尊心を大きく歪めているという状況だとすると、そしてそのような状況が相容れないように見える社会的分断を引き起こしているのだとすれば、世俗的な方法で、自己アイデンティティが形成され承認される可能性を持つ教育的実践こそが必要とされるのではないか[16]。

　同質性の高い社会においていかにして社会統合が可能か。すでにある多数派の暗黙知に依存することなく、社会統合の手がかりになるような社会参加を可能にする教育的実践を学習社会のなかで実現する方法が、多文化化する社会ではますます求められるだろう。

　以上のように、第一部では、多文化化する社会におけるコミュニタリアニ

16　「はじめに」で触れた「移民女性のためのダウホイスコーレ」は、非西欧諸国出身の移民第一世代で、就学前の子どもを持つ女性のための学校である。学生のなかには、出身国の慣習により、学校に通った経験がほとんどない人もいるが、そのような人にとって、この学校は、知り合いや友人を得て、言語や社会に慣れるための最初の場所となっている。特徴的なのは、授業に、フォーマルな成人教育制度への橋渡しをするための、デンマーク語や算数といった科目だけではなく、水泳やアート、詩の創作など、表現活動が取り入れられている点である。

ズム思想の応用可能性を検討した。ここでは、リベラル・コミュニタリアン論争以降に見られた、コミュニタリアニズムを再解釈する二つの議論を参照した。一つは、多文化主義と社会的結束の関係を読み解くモドゥードらの思想であり、もう一つは、共和主義を現代的に解釈しようとするバンらの思想である。

モドゥードらによるイギリスの多文化主義をめぐる議論からは、自己の持つ善を通して他と連携することで形成されるような集団的アイデンティティが、自己と集団のアイデンティティをともに形成するという点を確認した。また、バンらによるデンマークの日常生活での議論からは、自己統治および共同統治を拡大する共和主義を日常から実現する足がかりとして活用される共通善の考え方を確認できた。それは、学習社会において学習する個人を肯定し、個人化を促進させる生涯学習観に、一定の留保を与える考え方でもあった。

社会的結束および社会統合の理論的資源とされるリベラル・ナショナリズムの教育論は、タミールの議論も、またミラーも議論も、一見、共通善に通じる価値を重視するように見えて、実際には、より包括的な価値で上書きするような価値のほうを優位に見る。

それに対して、コミュニタリアニズムの教育論は、地域コミュニティでの経験、家庭の学びといったインフォーマルな教育を通して経験される学びの共同体を想定する。個人のアイデンティティを形成するのは、個人の権利に先だって存在する善との関係である。コミュニティが、個人の権利に先立ち存在するという考え方は、尊厳や権利を成立させる不可欠な条件だとコミュニタリアニズムは考える。同質性の高い社会において、すでにある多数派の暗黙知に依存することなく、社会的結束の手がかりになる社会参加を可能にするような教育実践は、このような尊厳と権利を前提とする思想の上に構想される生涯学習政策である必要があるのではないだろうか。

第二部

欧州連合とデンマークにおける
生涯学習政策の実際

第二部では、社会的結束を教育政策目標とする欧州連合と、その定着を生涯学習政策を通して実現しようとするデンマークでの取り組みを取り上げ、それぞれの方針に込められた意味内容を解読する。2000年の欧州連合によるリスボン戦略が、教育と雇用の政策にどのような影響を与えているのかを、欧州連合とその加盟国であるデンマークの生涯学習実践事例から検討する。

第4章　欧州連合の生涯学習政策
——雇用力とアクティブ・シティズンシップの両立

　第4章では欧州連合の教育政策としての生涯学習政策を取り上げ、それが雇用力（employability）という経済的要請と、アクティブ・シティズンシップ（active citizenship）という社会的要請とに集約されることを概説する[1]。その上でこれらの要素が2007年から2013年まで実施された生涯学習プログラム「グルントヴィ計画」においてどのように織り込まれていたのかを確認する。これらの作業を通し、欧州連合の教育政策としての生涯学習政策がどのような機能を担っているのかを明らかにしたい。

第1節　戦略的な生涯学習概念

　1990年代半ば以降、欧州連合は、知識基盤型社会（knowledge based society）の確立を目指し、生涯学習を振興してきた。2000年3月に欧州連合が「リスボン戦略」を打ち出して以降、生涯学習はヨーロッパにおける教育政策を統括する概念として活用され、欧州連合の加盟国の初等・中等教育や高等教育に関する政策や、それ以外の国々にも大きな影響を与えている。IT技術やインターネットの普及においてアメリカに遅れをとっていた1990年代、ヨーロッパ諸国は「より良い職をより多く創出し、社会的連帯を強化し、持続的な経済成長を達成しうる、世界で最もダイナミック、かつ、競争

1　第4章は、坂口緑, 2012a,「現代ヨーロッパの生涯学習」『日本生涯教育学会年報』第34号（215-232頁）に加筆・修正したものである。

力のある知識経済」を 2010 年までに確立することに同意した。東欧革命後、加盟国を増やしてその規模を拡大する途上にあった欧州連合は、この時期にグローバル経済のもとでイニシアチブをとるための合意を模索していた。もっとも急務とされたのが、人的資本の開発である。2000 年に打ち出された「リスボン戦略」は、多様な伝統を持つ高等教育や職業訓練、成人教育、市民活動における交流と競争、職の創出が、生涯学習という名のもとに展開しうることを確認するものだった。生涯学習が、交流と競争に基づく移動性（mobility）をうながす活動だという新たな理解が明確にヨーロッパに登場したのは、このリスボン戦略においてである [2]。

> 高水準の就学前教育、初等教育、中等教育、高等教育および職業教育や訓練は、今まで以上に重要である。しかし初期の学習だけでは不十分である。人々の能力は、常に革新される技術や、ますます強まる国際化、そして人口統計上の変化に対応できるよう、コンスタントに更新される必要がある。今や生涯学習こそが、雇用や成長、そしてすべての人が完全に社会に参加する機会を得るために、鍵となる概念である [3]。

　その後、2001 年のストックホルム、2002 年のバルセロナでの会議で、外国語の習得や起業家精神（entrepreneurship）の喚起といった新たな課題も加えられた。2004 年には多様化する社会的・文化的背景に基づき、さらに共通の文化的背景をリニューアルするという課題も加え、ガイドラインとともに目標とする数値や時期についても数年ごとに見直すという作業が続いている [4]。2008 年に発表された「欧州 2020」には、知識とイノベーション、より

2　グリフィンによると、この 100 年間のあいだに政治課題としての「生涯学習」を表現する言葉は、成人教養教育（liberal adult education）、恒久教育（permanent education）、継続教育（continuing education）、リカレント教育（recurrent education）、そして生涯教育（lifelong education）と変化してきたという（Griffin 2009: 262）。

3　欧州議会ポータルサイト（https://portal.cor.europa.eu/europe2020/,2022/3/8 accessed.）、もしくは、欧州委員会，2013（http://ec.europa.eu/education/lifelong-learning-policy/doc28_en.htm, 2014/3/11accessed）参照。ただし、後者は 2022 年 5 月現在削除されている。

4　Hozjan（2009），EU（2004）を参照。また、澤野によると「2000 年代の欧州連合ではリスボン戦略の定める目標達成に向けた生涯学習推進のガイドラインを、その過程での雇用や経済

第 4 章　欧州連合の生涯学習政策　　77

持続可能な経済、高雇用・社会的包摂の三つの柱が示された。教育分野においては、「教育と訓練2020（ET2020）」が示され、次の四つの柱が示された。第一に、「生涯学習と移動性を現実のものにすること」、第二に、「教育と訓練における質と効率を改善すること」、第三に、「公平性、社会的結束、アクティブ・シティズンシップを促進すること」、第四に、「教育と訓練のすべてのレベルで社会的企業を含む、創造性、革新性を実現すること」である。生涯学習については、2020年までに「少なくとも成人の15％が生涯学習に参加していること」という数値目標も示された（EC 2010a）。

　このような戦略的な生涯学習概念の理解は、例えば、日本社会での理解や実践と比べると別物のように映る。日本では現在も、地域の特性を反映した課題について学び、グループで相互に学び合い、その成果をボランティア活動に活かすといった、個人の発意と熱意に基づく生涯学習活動が広く展開されている（鈴木・伊藤・本庄 2015）。教育機会均等を目指す「社会教育」の考え方においては、年齢や地域を問わず誰もが多様な教育機会にアクセスできることが政策の柱とされてきた（松岡・松橋・鈴木 2015）。1980年代、社会教育から生涯学習へという変化のなかで、生涯学習の必要性について議論され、「社会・経済」の急激な変化、「学歴社会の弊害」の是正といった理由が示されたものの、1990年の生涯学習振興法成立以降、国や行政機関が生涯学習を振興する理由は、基本的には「人々が、生涯のいつでも、自由に学習機会を選択して学習することができ、その成果が適切に評価される」生涯学習社会の構築だと説明される[5]。

　それに対し、欧州連合は個人の発意とは別に、社会全体として取り組むべき課題のなかに生涯学習活動を位置付ける。生涯学習がどのような問題に対する回答として期待されているのか、どのような生涯学習が期待されているのか、そしてそのような期待がどのような問題を生じさせているのか。本章

の状況などの変化に対応させながら策定し、2～3年のサイクルで見直し新たなガイドラインを作成しながら施策を進めてきた」という（澤野 2010: 181）。

5　文部科学省HP（http://www.mext.go.jp/a_menu/shougai/main_a1.htm, 2018/3/29 参照）。行政、住民や民間機関等の「ネットワーク化」「協働化」といった課題に取り組むために、各セクターの役割分担を明らかにする「生涯学習振興ガイドライン」が策定された（今西 2010; 井上 2010; 日本生涯教育学会生涯学習振興ガイドラインモデル開発検討委員会 2012）。

78　第二部　欧州連合とデンマークにおける生涯学習政策の実際

では上のような問いを考察したい。

　ヨーロッパの生涯学習政策そのものに関しては、20世紀から21世紀への転換期に相次いだ教育改革の背景をイギリス中心に分析した考察（角替2001）、用語の定着という観点から国際機関や欧州連合の50年間以上にわたる政策変遷を概観する分厚い記述（柳田2009）、2000年以降の欧州連合の教育政策としての生涯学習プログラムとガイドラインを詳細に解説し、2009年に策定されたガイドラインについての情報も加えた研究（澤野2010）、またヨーロッパの高等教育と生涯学習政策との関連についての調査報告（木戸2009）などにすでに詳しい。そこで本章では、欧州連合が1990年代半ばから現在まで、30年ほどかけて確立してきた戦略的な生涯学習政策が、政治と経済のあいだでどのように揺れ動いているのかを確認したい。1990年代以降、欧州連合は加盟国を拡大し、ヨーロッパを経済圏として際立たせる方針を推進してきた。景気の変動、政治的な抗争が、欧州連合の政策にも影響を及ぼしているが、ここでの政策に注目する一番の理由は、ヨーロッパが現在、地方、中央、欧州連合の三層に渡る統治体制を維持しながら、政策を形成し実施するという実験に取り組んでおり、OECDやUNESCOと並び、教育政策に関する新しい見解と言語を創りだす中心地だからである[6]。

　以下では、まず欧州連合の教育政策としての生涯学習政策に見られる二つの要素について概観したのち、そのなかの成人教育に関するプロジェクト「グルントヴィ計画」（2000年-2006年、2007年-2013年）の内容を確認する。その上で、現在のヨーロッパが直面している多文化主義という課題と2020年までの欧州連合の政策の関係性について分析する。欧州連合の教育政策としての生涯学習政策が、どのような現実を反映しているのかを明らかにするのが本章の目的である。

第2節　生涯学習政策における二つの要素

2−1　雇用力

　欧州連合が生涯学習を政策課題として明確に提唱し始めたのは1995年で

_____

6　ヨーロッパにおけるガバナンスについては網谷（2009）を参照。

ある。「教育雇用白書：教育と学習——学習社会へ向けて」という文書において、情報社会、国際化、そして科学技術の知識増大のインパクトに対応するために、学習社会の建設につながる教育と雇用を求めることを示している（EC 1995）。翌 1996 年に実施された「ヨーロッパ生涯学習年」は、新しい知識を獲得し活用する教育と雇用という課題を、社会と個人の両者が認識するための啓発活動の一環だった。そして 1997 年に発表された「知のヨーロッパに向けて」において、生涯学習を基盤とした「知識基盤型社会」構想が打ち出され、雇用の促進が主題とされた（EC 1997）。同時に、欧州連合は、1990 年のドイツ再統一、1995 年に新たに加盟国となったフィンランド、スウェーデン、オーストリア、また 2004 年にチェコ、ハンガリー、ポーランドなど 10 か国が加わるという拡大期を背景に、多様な国々を首尾一貫した全体へと統合する新たな目標を掲げることになる。「知識基盤型社会への適応」、そして「多様性における統合」という二つの目標が、1990 年代半ば以降に見られる欧州連合の教育政策には確認することができる（Jarvis 2009: 271）。

　この二つの目標は、当初、ヨーロッパの成長戦略に属する互いに欠かせないものだと理解されていたが、何度かの見直しを経て、とりわけ「知識基盤型社会への適応」については、雇用力という側面が際立って強調されるようになる。

　2010 年までを目処に合意された「リスボン戦略」は、前述のとおり、「より良い職をより多く創出し、社会的連帯を強化し、持続的な経済成長を達成しうる、世界で最もダイナミック、かつ、競争力のある知識経済」を確立するという内容だった。経済のグローバリゼーションを前提とすれば、社会にとっても、また個人にとっても雇用力を高める必要がある、というロジックが示され、生涯学習はそのような社会と個人の両者にとっての経済的価値を実現するための手法だとされた。

　このような理解は、「リスボン戦略」後の 2020 年までの目標を定めた成長戦略である「欧州 2020」（EC 2010a）にも明確に引き継がれている。「欧州 2020」は、第一に知的な成長（smart growth）、第二に持続可能な成長（sustainable growth）、第三に包括的な成長（inclusive growth）を掲げている。

このうち第一の知的な成長とは、知識とイノベーションに基づき、経済を発展させることであり、優先すべき政策として具体的には、研究開発の促進とイノベーション結果の活用、ヨーロッパの高等教育機関の魅力強化、超高速インターネット網の整備と利用促進の三つを示している。第二の持続可能な成長は、低炭素社会、資源の効率的利用を実現しながら競争力を有する経済の建設を指している。また、第三の包括的な成長とは、社会的結束（social cohesion）を強化させ、雇用力に富む経済の建設を目指すことであり、優先すべき政策として具体的には、雇用の増加と労働市場の近代化、貧困層や社会的に疎外された人々への支援の二つを示している（田中・長部・久保・岩田 2011: 200-202）。「欧州 2020」に盛り込まれた数値目標としては、20 歳から 64 歳の年齢人口における雇用率を 75％に、研究開発費の対 GDP を 3％に、また中途退学者の比率を 10％、高等教育の卒業比率を 40％におくといった項目が並ぶ（EC 2010a: 32）。

　経済のグローバリゼーションと経済成長を促す雇用力という観点から、欧州連合がもっとも重視するのは高等教育である（Jarvis 2009: 274）。新たな知識を提供し、研究開発の結果を活用し、人材を育成する——このために、1985 年から段階的に進められてきたエラスムス計画は、1995 年以降はより広い内容のソクラテス計画に内包され、さらに包括的な教育訓練プログラム「生涯学習プログラム」（2007 年から 2013 年の五カ年計画）において、五つのうち四つの分野、すなわちコメニウス計画（就学前教育から後期中等教育段階まで）、エラスムス計画（高等教育）、レオナルド計画（職業教育・訓練）、グルントヴィ計画（成人教育、ただし 2000 年以降）において、人材育成が目標となった。

　このように、1990 年代半ば以降、欧州連合が生涯学習を中心的な政策課題とした背景には、経済的価値に基づく判断があった。労働市場に出て行く個人が知識基盤社会に適応した雇用力を必要に応じて高めるためには、高等教育機関における教育と訓練が、また職場や高等教育機関における再教育と再訓練とが必須となる。「労働市場にある個人は、雇用されつづけたいと願う場合、自らの学習に責任を持つべき」といった考えが、1990 年代半ば以降の欧州連合の教育政策としての生涯学習プログラムを背景に定着していっ

第 4 章　欧州連合の生涯学習政策　*81*

たからである（Jarvis 2009: 275）。

2－2　アクティブ・シティズンシップ

　同じ時期に、欧州連合の教育政策としての生涯学習プログラムを牽引してきた考えに、拡大する欧州連合加盟国を背景に設定された、「多様性における統合」を実現するアクティブ・シティズンシップという考えがある。これは、多様化する社会的・文化的背景を持つ加盟国が、当初は、ヨーロッパ共通文化の確立といった文脈で使われていたが、リスボン戦略に向け、域内での貧困や失業等による社会的排除への対応、また、ヨーロッパの外部から加盟国にそれぞれ流入する移民労働者との共存を意味する「社会的結束（social cohesion）」を促す必要性から取り入れられた、政治的な価値観である。

　マーストリヒト条約（1991 年）以降、欧州連合は、統合の深化と拡大を同時に進め、政治システムの再構成を進めてきた。しかし、1992 年にはデンマークが国民投票により条約の批准を拒否している。また、2001 年に提起された「ヨーロッパ憲法条約」案も、2005 年にフランスとオランダの国民投票で相次いで批准を拒否されており、2016 年にはイギリスの欧州連合離脱が決定し、2020 年には実行された。このような、欧州連合という政治システムの持つ不安定さ、特に超国家性と主権との緊張関係や欧州連合の持つ権限の正統性といった問題は、シティズンシップに定義を与えることを困難にしてきた（佐藤 2009: 348-363）。たとえば、マーシャルがかつて定義したような、市民的シティズンシップ、政治的シティズンシップ、そして社会的シティズンシップの三領域に分けての説明も、ヨーロッパのシティズンシップの定義には当てはめにくく、何がシティズンシップかをめぐる議論が続いている（マーシャル 1950=1993）。現在、ヨーロッパに居住する人たちにとっては、少なくともマーシャルの解釈に従っても二重か三重のシティズンシップに関する理解が可能である。たとえば、ある人にとっては出身国、居住権を持つ国、労働ビザを得た職場が一致しているとは限らず、ある国では認められている権利が、別の国では認められなくなることある[7]。

7　特に、社会的シティズンシップをどのように理解するのかは、意見が分かれる。移動性に関するヨーロッパにおける労働市場の課題は、労働市場の透明性の向上、言語能力の向上、社

このような困難を前提しているため、欧州連合が説明するのは、政治的な諸権利および諸義務の範囲を定める定義ではなく、「多様性における統合」を目指すような、何をすべきかという観点からの規範的含意である。欧州連合の文書には、次のように、「若者」に対する期待、そして「シティズンシップに関する教育」に対する期待が記されている。

　　ヨーロッパ文化の未来は、若者が人間的価値に対する新しい答えを偏見を持つことなく絶えず探索するその試みにかかっている。これこそがシティズンシップの基礎であり、開かれ、多文化的であり、民主的であるヨーロッパ社会にとって本質的なことである（EC 1995: 10）。

　　教育分野では、共通する価値観を通してシティズンシップを理解することを促し、共通する社会的・分野的領域への帰属感を高めるよう促すことになるだろう。ヨーロッパの独自性と豊かさを構成している、活動的な連帯感や文化的多様性についての相互理解に基づき、より幅広いシティズンシップ理解が促進されるべきである（EC 1997: 4）。

　このように、欧州連合の文書で説明されるシティズンシップは、いわばかけ声として、多様な文化を前提に相互理解を求める内容が強調される。さらに、2001年に発表された文書「ヨーロッパ生涯学習圏の実現」（EC 2001）では、生涯学習という概念に2000年の「リスボン戦略」にも盛り込まれた「アクティブ・シティズンシップ」という要素が含まれることが確認される。

　　（生涯学習に関する）合意は次の四つの広義の、そして相互に関連する目的にまとめることができる。人格的充足、アクティブ・シティズンシップ、社会的結束、そして雇用力／適応力である（EU 2001: 9）。

　「アクティブ・シティズンシップ」とは、「困難に立ち向かえる個として

会保障制度の標準化だと指摘する論者もいる（Zimmermann 2009）。

第4章　欧州連合の生涯学習政策　*83*

の発展と、社会的結束のために…協力や協同していくこと」が含意されている（中山 2010: 122）。そしてその目的は、シティズンシップ教育や生涯学習を通した人的交流を通して、社会と個人の両者が、困難に立ち向かい、不平等を克服し、社会的結束を高めることにある（EC 2001: 10-13）。

このように、欧州連合の教育政策としての生涯学習プログラムには、「多様性における統合」を実現するための社会的結束を高めるという、政治的価値に基づく「アクティブ・シティズンシップ」という考えが含まれている。

第3節　グルントヴィ計画の実際

欧州連合における生涯学習政策を牽引しているのは、知識基盤型社会を実現するための、雇用力という経済的価値に基づく目標と、多様性における統合を実現するための、アクティブ・シティズンシップという政治的価値に基づく目標の二要素であることが分かった。本節では、このような二つの要素が、欧州連合が財政的に支援している実際のプログラムのなかで、どのように反映されているのかを確認したい。

欧州連合の教育政策としての生涯学習プログラムは、多様な文書が発行され、また目標数値が数年ごとに更新されるというきめ細やかな動きが見られるが、当然ながら、この政策は官僚レベルでの議論にとどまらず、多くのヨーロッパの人々を巻き込み、現実の実践として展開されている。本章では、2007 年から 2013 年までの 5 カ年計画で実施された教育訓練に関連するプログラム「生涯学習プログラム」のなかの、成人教育に関するグルントヴィ計画の実例を見ていきたい[8]。

グルントヴィ計画とは、フォーマル、ノンフォーマル、インフォーマルな教育を含めて、国を超えた協力活動、成人教育関係者の研修やネットワーク作りを支援し、生涯学習を促進することを狙いとする、欧州連合が推進する「生涯学習プログラム」の 4 分野のうちの一つである（佐藤 2012）。2000 年から 2006 年までが第一期、2007 年から 2013 年までが第二期とされた。第

8　グルントヴィ計画（https://ec.europa.eu/eurostat/statistics-explained/index.php?title=Glossary:Grundtvig_programme, 2024/9/5 参照）。

84　第二部　欧州連合とデンマークにおける生涯学習政策の実際

二期目の生涯学習プログラムは、これまで教育に関する計画の全体を統括してきた「ソクラテス計画」および、職業教育を中心とする「レオナルド計画」とを発展的に統合したものである。生涯学習プログラムの計画・提案・評価は、ブリュッセルのヨーロッパ委員会教育文化総局のもとに置かれたEACEA（教育視聴覚文化エグゼクティブ・エージェンシー）が担当し、欧州連合加盟国 27 か国にアイスランド、ノルウェー、リヒテンシュタイン、トルコを加えた 31 か国が参加している。予算額は 7 年間で 136.2 億ユーロ（約 2.1 兆円）、そのうちグルントヴィ計画には 4％にあたる約 5.93 億ユーロ（約 930 億円）が計上されている。数値目標としては、2013 年までに成人教育への参加者を 2 万 5,000 人に増加させること、1 年で最低でも 7,000 人の人的移動を実現すること、そして従来、成人教育に関わる機会のあまりなかった人々（とりわけ高齢者や低学歴者）を成人学習にアクセスさせることが盛り込まれていた[9]。

　グルントヴィ計画は、成人学習における教える側および学ぶ側、そして学習機会を提供している諸団体のニーズに焦点を当てる取り組みである。成人の知識と技能を向上させることで、学習者が精神的に良好な状態に保ち、また「潜在的により雇用可能となる（potentially more employable）」ことを支援し、学習者の「移動性（mobility）」を高めることを目的としている。このプログラムの特徴は、学習者の国境を越えた「交換留学」が奨励されているほか、学習機会の提供者である行政関係者や諸団体、大学、企業、NGO のスタッフについて、同じ関心を持つ者同士を結びつけることのできるよう、シンポジウムが企画されたり、職員の交換が提唱されたりしている点である。ヨーロッパの統合を進めるという大前提のもとで、成人になったのちも、また仕事に従事しながらも、何らかの知識や技能を習得することをきっかけとして、人的交流を深められるような支援がなされている。

　このプログラムは、団体や個人がプログラムの指針に合う何らかの企画、たとえばワークショップの開催や調査研究、特定のプログラムやシンポジウムのアイデアを委員会に提出し、審査の上で助成金を獲得することができる

9　グルントヴィ計画の詳細は次を参照のこと（https://ec.europa.eu/eurostat/statistics-explained/index.php?title=Glossary:Grundtvig_programme, 2024/9/5 参照）。

という仕組みになっている。ヨーロッパ委員会は、グルントヴィ計画の一環として助成を得た企画や実践について広く紹介することで、よき実践例を他地域で活用してもらうことを目標としている。

　欧州連合の教育・雇用部門によると、第一期(2000 - 2006)には合わせて7,000以上の個人と団体に助成金が与えられたが、そのうち10団体と5名の取り組みの事例をまとめたパンフレットが2008年に発行されている（EC 2008）。ここで取り上げられている団体の事例は次のとおりである。なお括弧内に示した国名は、それぞれのプログラムを提供している責任団体の本拠国である[10]。

　・SPICE（Social Promotion of Intercultural Communication Expertise and Skills）…外国人とともに働く専門家が身につける知識や技能について、テーラーメイドのプログラムを作成する専門家を訓練するプログラム（イタリア）

　・宗教的多様性と反差別のための訓練（Religious Diversity and Anti-Discrimination Training）…成人教育の教員がとりわけムスリムに対する理解と宗教上の差別について理解するための訓練プログラム（ベルギー）

　・石畳の下の星たち（Stars under the Cobblestones）…多様な国籍の学習者を対象とする成人教育の教員が、どのようにして教室のなかで効果的に教授を行うことができるのかを話し合い、マニュアルをするプログラム（オーストリア）

　・TEACh（Teaching European Active Citizenship）…講義、ワークショップ、ディスカッション、事例研究などを通して、人々の社会参加を促すアクティブ・シティズンシップについて学ぶコース（フィンランド）

10　ただしどの団体も単独で主催しているわけではなく、「パートナーシップ」として、グルントヴィ計画の実施対象国のうち何か国かの協力を得て実施することとなっており、平均5か国にわたる場合によっては別団体と連携している。

•LLML（Lifelong Museum Learning）…博物館や美術館において生涯学習の指導者として活躍する学芸員や教育スタッフが身につけるべき知識や技能を学ぶことのできるプログラム（イタリア）

• 手話と難聴者の文化を教える（Teaching Sign Language and the Culture of the Deaf）…ヨーロッパにおける「難聴者文化」に対する関心を高め、難聴の学習者や手話の理論を理解するためのコース（フィンランド）

• メタ・ヨーロッパ（Media Training Across Europe）…成人教育の教員たちがメディアを用いて情報発信するための技能と方法を習得するプログラム（ドイツ）

•COLTT（Collaborative Learning in Teacher Training）…ウェブ上のプラットフォームを用いて成人教育を実践するためのカリキュラム開発等を、成人教育に携わるスタッフが習得するためのコース（デンマーク）

• イコーラインヨーロッパ（Equalineurope: Strategies and Tools for Asylum Seekers' and Refugees' Pre-Professional Education）…亡命者や難民がホスト国での職を得ることができるように行う職業前教育に関するツールやプログラムの開発（イタリア）。

•RURALpro（European Training course for future professionals of Regional and Rural development）…新しい都市の産業、すなわちベンチャー企業、コミュニティビジネス、ボランティア組織等のアクターと、大学や成人教育の教育者たちがどのように活用できるのかを考えるネットワークづくり（フィンランド）

上の例は 2008 年に発行されたパンフレットに取り上げられた 10 団体であ

第 4 章 欧州連合の生涯学習政策 *87*

り、7,000以上の個人と団体の実践からすると全体のごく一部にすぎない[11]。けれども、これらの団体の選定に関し発行者である欧州連合の教育・雇用部門が、とりわけ多文化化が進行している社会に関心を寄せていることが分かる。

たとえば、「SPICE」による外国人とともに働く専門家に対する支援、「宗教的多様性と反差別のための訓練」による成人教育に関わる教育者やスタッフに対する多文化的な社会背景に対する理解促進の支援、「石畳の下の星たち」による多国籍な学習者に対する教授マニュアル作成の支援、「イコーラインヨーロッパ」による亡命者や難民を対象とする職業前教育の活動はすべて、身近な場所でともに働き学ぶ「外国人」との相互理解を進めるためのものである。もちろん、ITCを用いたサービスの提供など情報社会、知識基盤型社会への適応を高める活動や、障がい者に対する支援と相互理解を深める活動、また「アクティブ・シティズンシップ」についての学びなどもよい事例として選出されている。しかし、第一期のグルントヴィ計画を紹介するパンフレットを見ると、社会的結束を高め、「多様性のなかの統合」を実現するという政治的価値に高い関心が寄せられていることが分かる。

2010年9月に実施された、グルントヴィ計画発足10周年を記念する会議「成人学習におけるヨーロッパの協働」において強調されたのも、多文化化するヨーロッパ社会を前提とする社会的結束に関する論点だった。この会議は、欧州連合の教育・雇用部門における2014年から2020年までの方針に対する提言をまとめることを目標にしていたため、より多くの予算を要求することや成人学習の普及のためのより拡大したプロモーションの必要性といったことが確認された（EC 2010b）。加えて、「現代社会において成人学習が重要なのはどのような意味においてか」という題目について、ワーキンググループでの議論を通して、次のような合意が引き出されたという。

11　グルントヴィ計画の成果として、上記10団体のほか第一期の計画に関わった団体については「ヨーロッパ共通の宝」というサイトに一部が再録されている（European Shared Treasure, https://www.facebook.com/europeansharedtreasure/, 2024/9/25参照）。

グルントヴィ計画の社会統合の側面はプログラムの中心をなし、必ず学習者中心になされなければならない（EC 2010b: 6）。

　グルントヴィ計画が支援する成人学習はこのような「社会的結束」という課題に取り組んでいるが、それが欧州連合や国家といった統治機関、あるいは成人学習のための組織や機関ではなく、あくまでも個人の学習者中心になされるものだ、という合意である。ワーキンググループでは他にも、成人学習が社会の不平等の是正を実現すること、基礎的スキルが欠如している人々に対する第二の学習機会を提供すること、参加を促す仕組みが必要であることなどが、成人学習の特徴として挙げられている。また、成人学習は「他者」を発見する知的学びの機会を提供する、という論点も取り上げられている。ただし、「統合（integration）は双方向のもの（a two-way street）であること」と注意を喚起し、「とりわけ、移民やエスニック・マイノリティにとってこの双方向というアプローチが重要だとみなされなければならない」と加えられている（EC 2010b: 29）。日常的に多文化の問題と向き合っている成人教育の実践家も加わったワーキンググループでの議論は、多文化的背景を持つヨーロッパ社会における社会統合という課題の重さと重要さを反映している。
　このように、成人学習の意味についての確認がなされた最終報告には、グルントヴィ計画が今後も取り組むべき優先的な主題として、次のような問題群が列挙された（EC 2010b）。内容は多岐にわたるが、詳細は次のとおりである。

　　優先的な主題：成人学習へのアクセスと参加を促すこと、不利な立場にある集団に対するアウトリーチ、基礎的なスキルと再学習の機会確保、社会統合を促す知的学習への支援、言語学習、「ヨーロッパ」に対する市民参加を促すこと、アクティブ・シティズンシップ、アクティブ・エイジングと健康、ライフワイド学習への促進（博物館や図書館とのより強固な連携）、ノンフォーマル学習やインフォーマル学習の評価、成人に対する学習指導やカウンセリング、宗教間の協力、地域間協力および学習都市（learning city）の開発、地理的に不利な立場にある人たちに対す

る成人学習、都市部の看過されている地域（urban neglected area）およ
び僻地へのアプローチ、成人教育に関する専門家の育成、フレキシブル
な学習方法やオープンな学習方法の開発、地球的連帯のための成人学習、
成人学習における資格保証（EC 2010b: 6-7）。

このように、「不利な立場にある人々」に対するアウトリーチを柱とする
課題の多くは、たとえばヨーロッパの各都市の「看過されている地域」に居
住することの多い移民労働者、政府にあてがわれた「僻地」に居住し職業的
移動が困難であることも多い亡命者や難民、キリスト教を背景に進行する
「ヨーロッパ」化になじみにくい異なる宗教や文化を持つ人たちがその対象
者としても想定されている。
　欧州委員会で教育政策を担当する EACEA（Education, Audiovisual and
Culture Executive Agency）のホームページには、2007 年から 2012 年までの
6 年間にわたるグルントヴィ計画に関するプロジェクトの報告書が掲載され
ている。
　2014 年に示されたグルントヴィ計画の最終報告書「学習社会を構築する
（Building Learning Societies）」には、若年失業率の上昇と生涯学習普及の喫
緊性にふれ、フォーマルな教育制度の外にある多様な学習機会、すなわちノ
ンフォーマル学習やインフォーマル学習の質保証が必須であることが強調さ
れている（EACEA 2014）。このように、生涯学習はフォーマルな教育制度を
補完しながら多様な対象に対する学習を支える活動となっている。

第 4 節　多文化化という課題

　欧州連合の教育政策としての生涯学習プログラムには、成長戦略を裏付け
る知識基盤社会を形成するための人材育成という側面と、加盟国の増加にと
もないヨーロッパ内の人口の流動性が高まり、数多くの亡命者や難民、移民
もまた流入する多文化化が進む社会のなかで「多様性における統合」を実現
しようとする側面とが同居している。コメニウス計画、エラスムス計画、レ
オナルド計画、そしてグルントヴィ計画のいずれにもこの二つの側面が反映

されているものの、とりわけ成人がおもな対象者となるグルントヴィ計画では、二つ目の側面、すなわちヨーロッパ社会の多文化化に向き合うことが求められていた。

　ヨーロッパ社会の多文化化が、移民国家として発展してきた北米やオセアニア諸国と異なるのは、多層をなす対立関係が歴史的に積み上げられてきているからである。たとえば第一に、欧州連合の旧加盟国には、すでに欧州域内の他国からの移民が数多く居住している。欧州連合の拡大はこの移動に拍車を掛けている。域内の移動が自由になり、ナショナルなルーツは異にするものの、ヨーロッパ市民としては同じという立場の人たちが、隣り合って暮らしている。第二に、スペインのカタルーニャ人、フランスのコルシカ人、北欧のサーミ人などヨーロッパ各地のエスニック・マイノリティの存在がある。第三に、途上国から先進国への人口移動、特にアジア、アフリカといった、欧州域外から職を求めて移動してきた外国人労働者や移民労働者の存在も際立っている。第四に、不法入国・滞在者の存在である。さらに、これらの多様な属性を持つ人たちはさまざまな文脈において、対立したり共闘したりながら、多文化主義に関わる問題を形作る。例えば、ヨーロッパ人と非ヨーロッパ人、定住している外国人労働者とニューカマー、キリスト教徒と非キリスト教徒（なかでもイスラム教徒）といった対立の問題群である（梶田2006）。

　ヨーロッパ文化のベースとなっているのは、世俗化したキリスト教である。個人主義と寛容を重んじる生活態度は、神の定めた規範を重んじる行動様式を是とするイスラム教徒の違和感は相互に相容れない場合がある。1980年代までは積極的に多文化主義政策を進めてきたオランダやドイツ、ある種の同化政策をとりながらもイスラム教徒に対する一定の容認により共存を目指してきたフランスも、移民の人口比率の増加、統合の成果が見えないこと、財政危機による福祉国家の再分配能力の低下などを理由に、1990年代になると多文化主義政策を見直す（Joppke 2007a: 1-3; 佐藤 2009: 355-358）。それは、福祉国家の再編をめぐる政治問題を生み出し、移民排斥や極右ナショナリズムの主張、また給付に依存しがちな移民の排除や制限を主張する「福祉ショーヴィニズム」といった動きを誘発している（宮本2014）。

ヨーロッパにおける多文化主義はこのように、欧州連合の域内に居住する個人から見ると、福祉給付やよりよい生活に直結する経済問題であると同時に、欧州連合や各国政府、地方自治体など統治する側から見ると、社会統合をめぐる政治問題である。この意味で、マイノリティ自身の異議申し立てから多文化主義の在り方が論じられてきた北米やオセアニア諸国と異なり、ヨーロッパの場合は、世俗化したキリスト教とは相容れない価値観を受け入れるのか否か、どのように共存していくのかという、いわばマジョリティ側からの統合の論理が色濃く反映される傾向にある。1990 年代以降、オランダやイギリス、その他の国々、そして欧州連合においてもシティズンシップ教育が重視されているのは偶然ではない[12]。多様な属性を持ち、多層にわたる対立軸が想定される移民人口の増加やヨーロッパ域内人口の流動性の高まりは、単なる共存では乗り越えることができず、かえって排斥主義を誘発することを経験した。財源が限られ、文化や宗教の価値観の対立が明らかとなった今、いかに多層にわたる分断を架橋できるのか。この問いを前に、上からの統合ではなく「双方向」の統合を目指し、フォーマル、ノンフォーマル、インフォーマルな教育を含めて、国を超えた協力活動、成人教育関係者の研修やネットワーク作りを実現しようとする欧州連合の生涯学習政策は、アクティブ・シティズンシップを現実のものにするために、非常に重要な役割を果たしている。

12　北米やオセアニア諸国の多文化主義とは区別されるヨーロッパの多文化主義の台頭を受け、欧州共同体内で国境を越えて移動する労働者とその家族に対する最低限の保障を積極的に「軽いシティズンシップ（citizenship light）と読み替える議論もある（ヨプケ 2010=2013: 203-240）。

第5章　現代デンマークの生涯学習政策

　第5章では、デンマークの生涯学習政策を取り上げる[1]。2000年以降、デンマークにおいても、欧州連合の教育および雇用政策の方針と協調する路線を歩ながら、知識基盤社会への適応が摸索されてきた。しかし、国民国家の内側にいる人々のみを対象としてきた従来の福祉国家政策と、福祉国家の周縁にいる人々を対象にどのように社会的包摂を促しうるのかといった社会統合という課題において、ナショナルな価値とソーシャルな価値とが対立する状況が続いている。デンマークにおける生涯学習政策は、フォーマルな教育のみならず、インフォーマルな教育およびノンフォーマルな教育を含むものである。しかし、欧州連合の方針に従い、OECDの主導する学力テストなどグローバルな標準をデンマーク社会に当てはめることで問われたのは、第一に学力問題であり、第二に後期中等教育未修了者の問題であり、両者の背景として特定集団に向けられる冷淡な視線である。本章では、欧州連合の政策をデンマークが取り入れようとすることで新たに生じる多文化化問題について、明らかにしたい。

第1節　現代デンマーク社会の生涯学習

　北欧の小国デンマークは成人教育発祥の地として知られている。19世紀半ば、農閑期の農民を対象に始まった民衆のための学校「国民高等学校（*Folkehøjskole*/people's high school）」の存在は、日本でも明治期以降、たびたび関心を集め、段階的な研究が進められてきた（ホルマン 1909=1913; 宇野 1991; 宇野 ; 1992; 清水 1993; 小池 1999; 小池 2005; 小池 2017）。また、20世紀以降に定着した行政や労働組合によるノンフォーマル教育の種類の豊富さについても、一般の図書やマスメディアを通して紹介されている（鈴木 2010; 黒

1　第5章は、坂口緑 , 2012b,「現代デンマークの生涯学習政策：多文化化という課題」『明治学院大学社会学・社会福祉学研究』第137号（1-18頁）に加筆・修正したものである。

田編 2016; 谷，青木編 2017, 矢野他編 2022; 北欧留学センター 2022 ）。しかし、20 世紀後半から 21 世紀初頭にかけて、早急な改革を要求する欧州連合と、ニューカマーの移民が流入し多文化化の進むデンマークの国内事情との関係のなかで、成人教育をはじめとする生涯学習をとりまく環境や方向性に対し、大幅な見直しが議論されていることはあまり知られていない。その理由は、欧州連合主導の改革や、社会の多文化化といった現象が、いずれも現在進行中のものであり、分析の対象としてはなじまないからだと考えられる。とはいえ、デンマークにおける生涯学習を取り巻く環境を、デンマークの神学者 N.F.S. グルントヴィの思想に根ざした啓蒙主義的な成人教育の延長としてのみ理解するのは、今や一面的なとらえ方に陥るおそれがある。

　欧州連合の一加盟国であるデンマークが、どのように知識社会への対応を試みているのか。本章では現代のデンマーク社会における生涯学習政策の方向性について考察したい。デンマークの生涯学習を考察することは、福祉国家の再編と教育という、近年、活発に議論されている学問的課題と重なる点でも重要だと考える（広田・橋本・岩下編 2013）。たとえば、比較教育史を専門とする橋本伸也は、福祉国家の変容のもとでおこなわれる新自由主義的な規制緩和による教育戦略の変更を「労働力の不断の質的更新のために教育と訓練の制度化＝「生涯学習」の時代」と規定する（橋本 2013: 63）。社会学者の森直人はこれに対し、現在おこなわれているのはむしろ「福祉と教育の接合と差異化」のための「社会的実践と教育的実践の混淆と差異化」であり、その目的が「教育を通じた『連帯する主体（の形成）』」だと指摘する（森 2013: 264）。本章で考察するデンマークの生涯学習政策と実践も、連帯する主体の形成という現代的な課題と困難さに関連している。

　本章の構成は次のとおりである。第一に、2007 年に発表されたデンマーク教育省による報告書『生涯学習戦略』の内容を概観する。これは欧州連合が掲げる「欧州 2020」の教育政策に対するデンマーク政府の回答にあたる。第二に、この報告書の中心をなす「万人のための教育」という理念が、若者の進路選択に関するキャリアカウンセリング分野の変革を中心に実装されている点を確認する（Undervisnings Ministeriet 2014）。第三に、このような対応策が、より大きな文脈に立つと、福祉国家の再編という政治課題と深く関

連していることを確認する。20世紀を通して順調に福祉国家化をすすめて
きた、もともと文化的同質性の高いデンマークも、移民、とりわけ従来のよ
うな方法での統合が進みにくいイスラム系移民の増加を前にし、「ナショナ
ルな価値とソーシャルな価値の対立」（市野川・小川 2009）に悩んでいる。こ
のような課題に対するデンマークの対応を、生涯学習政策の観点から考察す
る。

第2節　21世紀におけるデンマークの生涯学習戦略

　21世紀のヨーロッパには大きな政治的変化が見られる。北欧では伝統的
に社会民主主義勢力が長く力を保持しており、社会福祉国家の形成もその影
響力が大きいとされてきた。しかし、2001年11月、デンマークでも、それ
まで長く続いた社会民主党を中心とする中道左派連立政権に代わり、自由党
が第一党となる中道右派政権が成立した。首相に就任したアナス・フォ・ラ
スムセンは、極右政党であるデンマーク国民党とも閣外協力の体制を保ちな
がら、2005年の選挙を経て二期、首相を務めた。2009年就任したラース・
リュッケ・ラスムセンも、前任者の路線を引き継ぎ、国内の経済政策を優先
する政権運営を行っている。その後、2011年から2014年にかけては社会民
主党が選出するヘレ・トーニング・シュミットが首相を務めたが、2015年
以降は再び保守政党ヴェンスタに所属するラース・リュッケ・ラスムセンが
政権を担い、保守色の強い政権運営が続いている[2]。

　2000年代以降、ヨーロッパにおけるこのような中道左派から中道右派へ
の政権交代は、ギリシャやフランスにおいても見られた。「第三の道」をか
ろうじて保持していたイギリスの労働党政権も、2010年5月に保守党を中
心とする連立政権に交代し、以降、欧州連合脱退を決めたメイ政権まで保守
党の政治が継続している。このような、ヨーロッパにおける中道左派から中
道右派へのゆるやかな勢力図の変化の背後にあるのは、欧州連合のプレゼン
スの増大、そしてそれと大きく関連する経済における新自由主義の台頭であ

2　2019年以降は、社会民主党のメッテ・フレデリクセンが首相を務めている。

る（近藤 2008）。

　前章でも触れたとおり、欧州連合は、経済的成長と雇用創出を最重要課題としたリスボン戦略を 2000 年に発表し、あらゆる政策の基本方針とした。2008 年に発表された「欧州 2020」もまた、ヨーロッパ各国への指針を示すものである。欧州委員会は、ヨーロッパのなかの多様性を活かし統合をはかるための教育政策として、雇用の創出と経済成長のため、またひとりひとりにとっての完全なる社会参加のために、生涯学習こそが鍵となると説明してきた。

　デンマークも 2001 年の政権交代以降、それまで続いてきた教育政策を大幅に見直し、欧州連合や経済的要請に対応する、漸進的な教育改革を実行している（谷・青木 2007: 28-37）。2003 年 8 月には、日本の小中学校にあたる国民学校（*folkeskole*/elementary school, junior high school）のカリキュラム改訂が行われ、それまで行われていなかった能力別クラスの導入が一部認められた。2004 年には二言語児に対する言語教育の強化、2005 年には学校選択制、2006 年にはナショナルテストの実施や試験等による評価制度の導入、習熟度の低い生徒をフォローする個別学習計画の策定などが盛り込まれた。2007 年には国民学校における早期の進路指導が導入され、2008 年からは「0 年生クラス」を義務教育に含め、義務教育期間を 9 年間から 10 年間へと延長し、2009 年には自治体の学校に対する責任の明確化が行われるなど、2001 年から 2009 年までのあいだに実に 28 もの教育改革関連法案が成立した（Lehmann 2010）。その後も、2014 年の義務教育改革ではニューカマーの移民に対する支援や公立図書館等での「宿題カフェ」事業の推進などが示され、教育と訓練の両方にわたるキャリアおよび進学ガイダンス機能の統合、2016 年には後期中等教育における理数系科目の充実が提案されてきた[3]。

　このような状況のなか、2007 年、デンマークの教育省は、知識社会に適応する人材育成を目標に定める報告書『生涯学習戦略』を公刊した（Undervisnings Ministeriet 2007）。これは、「生涯学習」の名のもとに、就学前教育、義務教育、中等後教育における職業訓練、高等教育、そしてノンフォー

3　Christian Lehmann, Skoleeftersyn sker i blinde, Information, 2010 Jan. 5. を参照。

マル教育や余暇活動を含む生涯学習をカバーする、全体的な教育政策の方向性を示したものである。デンマークの教育省がこのような対応をした背景には、次の二点がある。第一に、2001年の政権交代以降進めてきた教育改革の方向性を、包括的に示す必要である。一連の教育改革法案は、上にあるように、学力の向上とより厳格な学校運営を自治体の責任のもとに行うことを指示する意図のもとに進められた。第二に、2004年に欧州委員会が提出した『教育と訓練2010——リスボン戦略の成功は早急な改革にかかっている』（European Commission 2004）という計画書に対する国家としての応答、という側面である。デンマークも欧州連合と欧州委員会の両方に加盟している一つの国としてのグローバル経済に対応し、知識社会に適合する人材育成を担わなくてはならない。欧州連合は、ヨーロッパ各国がそれまで固有の異なる伝統と文化を継承してきたとしても、たとえば学位に要する教育年限、与える単位の質および量の点などにおいて標準化を図ろうとする提言を繰り返してきた。多様でありながら統制のとれた社会を形成するために、制度を整備し、人材交流を促進する事業に、スペインやフランスなど他国が名乗りを上げるなか、デンマークもまた、ヨーロッパ内の教育制度における標準化の作業に国家としても関わるとする意思を表明する必要があった。

　『生涯学習戦略』の序文を読むと、このようなヨーロッパにおける文脈が色濃く反映されていることが分かる。

　　　デンマークが知識社会を主導し、世界でもっとも豊かな社会という地位
　　　を維持するために、デンマークはワールドクラスの教育を持たなければ
　　　ならない。そしてすべての人が一生を通じて、新しい知識や活用できる
　　　資格や能力を獲得しようとする機会に恵まれなければならない
　　　（Undervisnings Ministeriet 2007: 5-6）。

　ここに挙げられている「ワールドクラスの教育」、そして「一生を通じて新しい知識を獲得しようとする機会」の確保という二つの課題は、『生涯学習戦略』のなかでそれぞれ独立した章として取り上げられている。以下にその内容を見ていきたい。

第5章　現代デンマークの生涯学習政策　**97**

「ワールドクラスの教育」としては、まず、就学前教育に関する内容が述べられている。先に触れた義務教育の延長に関わる「0歳児クラス」の義務化のほかにも、就学前教育の3歳児および6歳児に対し「言語アセスメント」を実施する、デンマーク語による「読書」のカリキュラムの導入などが示されている。義務教育に関しては、評価の導入、最終試験の義務化、教育の質向上につながる継続教育の必要性などが示されている。職業教育に関しては、2010年までに85％の若者が、2015年までに95％の若者が後期中等教育を修了できるようにするという目標が示されている。そのために進路変更の柔軟化などが提案されている。最後に高等教育に関しては、現在45％にとどまる進学率を2015年までに50％に引き上げること、また質の高い短期あるいは中期の高等教育プログラムを導入することなどが提案されている（Undervisnings Ministeriet 2007: 7）。

　「一生を通じて新しい知識を獲得しようとする機会」の確保としては、資格を更新する（upgrading）ための生涯学習が提案されている。2004年には、すべての労働力のうち60％にあたる人々が何らかの学習活動に参加しているが、これをできるだけ向上させ、すべての人がその人にとって役立つ資格の取得や学習活動に携わることができるように支援するとしている。それは、「個人は労働市場におけるコンピーテンシーや適応力（adaptability）に対応する責任」があり、企業の課題とは従業員が能力を発展させることができるよう保証することだからである。そして、労働組合等のアソシエーションを意味する「社会的パートナー」の役割とは、そのような能力の向上に貢献し、職場での学びを支援することであり、また当局（政府）の役割とは、よきフレームワークを作り出すことであると説明される。具体的な数値目標は、この領域になじまないためか盛り込まれてはいないものの、キャリアガイダンスの実施、学習歴の承認、二言語話者に対するデンマーク語学習の機会提供、高等教育における成人教育プログラムの拡充などが示されている（Undervisnings Ministeriet 2007: 10）。

　以上のように、『生涯学習戦略』に盛り込まれた二つの課題には、それぞれ期限と数値目標が盛り込まれ、また個人と企業、労働組合、政府がそれぞれに担う役割と責任が切り分けられ明示されている。この意味で、この報告

書は今後のデンマークの国家としての方針を拘束する力を持つ。しかしなぜ
この二つの課題なのか。この点については、「万人のための教育」および
2003 年の結果に起因する「PISA ショック」という視点から整理する必要が
ある。

第3節　「万人のための教育」という目標

　「万人のための教育（education for all）」（以下 EFA と省略）というキャッチ
フレーズはもともと、1990 年、タイのジョムティエンで開催されたユネスコ、
ユニセフ、世界銀行、国連開発計画が主催した会議の名称だった。その後、
関係する国際機関の合意のもと、「ダカール行動枠組み」として承認された
この EFA は、教育における男女平等、成人の基礎教育や継続教育へのアク
セスの拡大、困難な状況下にあるマイノリティの支援を実行することを含意
する標語として用いられるようになった（坂口 2015: 108-110）。EFA の対象
国として国際機関の念頭にあったのは、おもに、義務教育の進学率や識字率
が低迷している開発途上国である。しかし、EFA という目標は、必ずしも
開発途上国に限定されず、義務教育が普及し、十分に成熟したと思われる社
会にとっても、再び政策目標となるような現実がある。
　デンマークでも、とりわけ 1990 年代頃から、「巨大なドロップアウト」と
呼ばれる後期中等教育未修了者の問題が表面化し、教育機会を十分に活用で
きていない一定数の若者がいることが問題となってきた。教育課程にあるは
ずの数多くの若者が、なかなか将来の進路を決定できず、将来の展望のない
まま、教育機関を中途退学し、再教育を受けることなく労働市場の周辺にと
どまっている問題である。労働者側の立場から政策提言や研究をおこなって
いる労働運動経済評議会（*Arbejderbevaegelsens Erhvervsråd*/ The Economic
Council of the Labour Movement）の調査によると、12 歳から 25 歳までの若
者のうち、教育や職業訓練を受けていない者の割合は、1990 年には 25.4％
を記録し実に 4 人に 1 人の割合という事実が社会に衝撃を与えた。1995 年
にはいったん 18.7％に減少したものの、2003 年は 19.2％、2004 年は 18.7％、
2006 年は 19.5％と、依然として 20％前後の若者が教育訓練のコースから外

れていることが分かった[4]。

このような 12 歳から 25 歳までの同年齢人口の約 5 人に一人に上る巨大な
ドロップアウトに対し、デンマーク政府は 1993 年、「すべての者に教育と訓
練を」という標語のもとで進路指導の強化を主とする支援策を実施した。ま
た、2004 年には専門相談員による進路指導を行う「ガイダンスセンター
（*Ungdommes Uddannelsesvejledning Centre/* educational guidance center for the
youth）」を全国 46 か所に設立している。これは、それまで学校ごとに行わ
れてきた進路指導に関する相談業務を、センター化して集約することで、一
つの教育機関から別の教育機関に転出したとしても継続して相談に当たれる
ような体制作りを目指した試みである。2014 年にはインターネットを介し
た相談業務も可能にするなど、この方向をさらに推し進めるための方策も発
表された（Undervisnings Ministeriet 2014）。

2007 年に発行された教育省の報告書『生涯学習戦略』を貫いているのも、
与党政府のみならず労働組合の側からも問題視されていたこのような若者を
とりまく現状を、まずは「万人のための教育」によって再び政府の責任のも
とに行わなければならないという考え方である。『生涯学習戦略』には次の
ような五つの目標が示されている（Undervisnings Ministeriet 2007: 19-24）。

- すべての子どもが学校でよいスタートを切れるようにする
- すべての子どもが学問的な知識と人間的な技能を身につけるように
  する
- 2015 年までに若者の 95％が普通および職業中等教育を修了できるよ
  うにする
- 2015 年までに若者の 50％が高等教育のプログラムを修了できるよう
  にする
- すべての人が生涯学習に参加するようにする

これら五つの目標からは、生涯学習がすべての人のライフコースの選択と

4　Lars Andersen, *De unge falder fra erhvervsuddannelserne I tusindvis,* Arbejderbevaegelsens
Erhvervsraad（2009, Aug 31, p. 2）を参照。

深く関わっており、中途退学者そしてすべての人のライフチャンスを拡大する支援を行うことが、政府の行うべき教育政策であるとの方針が読み取れる。

　デンマークにおける巨大なドロップアウト問題を追っている三浦浩喜ら福島大学の研究グループは、2006 年にコペンハーゲンにあるガイダンスセンターの一つを訪問し、進路指導を担当する専門相談員に対する聞き取り調査を行っている（三浦・谷・青木 2007; 三浦・谷・青木 2009; 青木・谷・三浦 2009）。この調査によると、担当地域にいる対象者は数千人、専門カウンセラーはそのうち 700 名程度の学生を受け持つ。専門カウンセラーは、三つの異なる国民学校に在籍する 6 年生全員と、一度はアポイントをとって面談する。曜日を決めて担当する学校のオフィスに在室し、生徒たちとの面談を行っている。生徒には、進路に関するノートをウェブ上で作成したり、職業体験をおこなったりするなどの活動が課されている。希望があれば保護者とも面談を行う。たいていは決められた数回の面接のみで進路指導は修了するが、場合によっては継続的な関わりをする必要のある生徒がおり、その数は専門カウンセラー 1 人あたり 50 名程度だという。三浦らの考察によると、2004 年以降に始まった「センター化」に関しては、専門カウンセラーが一か所に集まる機会が増え、情報が共有しやすくなった点では評価できるものの、それまで進路に関する相談相手となってきた国民学校の教師たちが、「若者のその後の進路、人生について関心と責任をもつ度合いは下がるという影響」があるのではないかと指摘している（三浦・谷・青木 2007: 105）。

　さらに三浦らは、2008 年にデンマークの若者に対するインタビュー調査を行っている。この調査の結果から、進路に関する問題について、義務教育終了後に任意で進学する「10 年生クラス」での教育的効果を高く評価している。10 年生クラスとは、他のヨーロッパ諸国にもしばしば見られる、前期中等教育と後期中等教育をつなぐ役割を果たす教育におけるモラトリアム期のことである。デンマークでも 10 年生という学年自体は義務教育には含まれないものの、権利として選択の上在籍できる教育機関になっている。生徒によっては、国民学校を終了後、もう一年そこにとどまって学習を継続する「10 年生クラス」を選択したり、10 年生だけが集まる「10 年生学校（*10.-klasseskole/* 10th grade)」に進学したりする。2006 年のデータを見ると、

9年生在籍者が全国で 65,414 人であるのに対し 10 年生在籍者は 33,998 人にのぼる。10 年生クラスへの進学が、約 2 人に 1 人の割合で選択される進路であることが分かる（三浦・谷・青木 2009: 40-56）。三浦らは、10 年生学校に通う 2 名の学生にもインタビューを行い、デンマークにおいては中途退学が依然として問題であることを指摘しつつ、2004 年以降の進路指導に関する「センター化」による変革や専門相談員の増員よりも、10 年生クラスにおけるいわばピアカウンセリングのような状況、すなわち同じような進路上の悩みをもつ若者が出会う効果に期待を寄せている（三浦・谷・青木 2009: 40-56）。

　とはいえ、若者の教育期間が長期化する傾向にあることを懸念する政府は、現在、この 10 年生クラスや高等教育における留年の短縮化に関心を寄せ、一定の教育期間を終えた若者ができるだけ早く労働市場に出られるよう誘導する施策を一部実施している。また、できるだけ早く労働市場に出ようとしている者にとって、単位にこそなれ資格に直結しない 10 年生クラスは魅力がないため、選択されにくい。10 年生クラスは、意欲的な生徒にとっては進路を決定するうえでプラスに作用する可能性をもつものの、それほど意欲的ではない生徒にとってはそのように考えにくい。この意味で、約 20％に上る中途退学者予備軍となりうる集団に対する効果は限定的である[5]。

第 4 節　PISA ショックと「PISA コペンハーゲン」

　『生涯学習戦略』が「ワールドクラスの教育」を提唱し、若者世代の 4 − 5 人に 1 人にのぼる後期中等教育未修了者への対応を強く要請しているもう一つの大きなきっかけは、2000 年に実施された OECD の学習到達度調査（PISA）の結果に対する議論である。PISA は、世界の数十か国で 2000 年、

5　若者の中途退学問題に関連して、デンマークにある「生産学校（Produktionsskole）」という形態の教育機関が日本では注目を集めている。これは、もともと学校教育とは別に、地域や教会、職業団体が自主的に運営してきた学校であり、青年期の若者が実務に携わることで将来の進路決定に役立ててもらうための施設である。1985 年に生産学校法が施行され、おもに職業訓練を中断した 25 歳以下の若者に対する職業訓練を実施する施設と公的に位置付けられるようになったものの、実際は職業訓練や教育以前に、昼間に起きて作業するなどの生活習慣を身につける場として活用されている（大串 2007）。

2003 年、2006 年と過去 3 回実施された、義務教育の最終段階にある 15 歳前後の生徒の学力を国際比較するための OECD による学力調査である。2000年実施の PISA では、デンマークの近隣の国フィンランドが、各科目で軒並み第一位を獲得するなど高いスコアをはじき出したのに対し、デンマークはおしなべて平均点前後の成績しか上げられなかった。このような結果は、教育関係者に「PISA ショック」として受け止められた。2003 年に実施された調査の結果にも変化が見られなかったため、国際的にみて低迷した成績を「ワールドクラス」へと変更する必要性が認識されるようになった。

なかでも重要なのは、PISA の結果に関する分析が進むなか、「PISA ショック」を説明する論理として、多文化化に言及する研究が提出されたことである。2005 年、デンマーク地方政治研究所（*Anvendt Kommunalforskning*/ Danish Institute of Governmental Research）の研究者ベアトリス・シンドラー・ランヴィドは、2000 年実施の PISA のスコアを、多文化化の進んでいる都市部と、デンマーク語を母語とする生徒が多数を占める地方とに分けて再分析した論文を発表した。その際に、デンマークの首都であるコペンハーゲン市内の学校に所属する生徒のスコアのみを最集計し、「PISA コペンハーゲン」という枠組みを示し、全国平均のスコアと比較している（Rangvid 2005; Rangvid 2007）。

PISA では教科科目の試験と同時に、学習動機や生徒の背景に関するアンケートを実施しているが、コペンハーゲン市内の学校でも 91 校がこの背景調査に協力している。91 校には 24 校の私立学校が含まれ、そのうち移民もしくはイスラム系の私立学校は 7 校あった。背景調査とスコアの相関関係を再分析したランヴィドは、次のような点を指摘する。すなわち、到達度のスコアに明らかなギャップが見られたが、それは家で話す言語がデンマーク語の集団と、それ以外の言語である集団との明らかな差である。それ以外の集団のうちでも、ヨーロッパ、北アメリカ、オーストラリア、ニュージーランドといった「西欧諸国」の背景をもつ生徒と、それ以外の「非西欧諸国」の背景をもつ生徒とのあいだには、特に有意の差が見られるという（Rangvid 2007: 318）。

たとえば、「PISA コペンハーゲン」のうち、「読解力」の科目を見てみると、

全体の平均が479点（n=2351）であるところ、両親ともにデンマーク人である生徒の場合は510点（n=1325）、両親のどちらかが移民である生徒の場合は505点（n=313）、両親ともに移民である生徒の場合は413点（n=665）だった。同様に「数学」の科目を見てみると、全体の平均が480点（n=1323）であるところ、両親ともにデンマーク人である生徒の場合は511点（n=743）、両親のどちらかが移民である生徒の場合は498点（n=172）、両親ともに移民である生徒の場合は416点（n=385）だった。ランヴィドの分析はさらに細かく、移民背景をもつ生徒が親とデンマーク語で話をしているか、他の言語で話をしているかを問い、前者の場合のスコアが「読解力」は435点（n=111）、「数学」は444点（n=59）であるのに対し、後者の場合のスコアが「読解力」は416点（n=481）、「数学」は416点（n=282）であるとしている。この背景調査ではさらに、移民背景をもつ生徒が親と話す言語の種類まで特定して尋ねている。該当する生徒の数が極端に限定されており、さほど有意であるとは思えないものの、たとえばクルド語で親と話をしている生徒のスコアが「読解力」で377点（n=33）、アルバニア語の場合は「読解力」で386点（n=38）といったデータをランヴィドは示してみせる（Rangvid 2007: 293-326）。

　たしかに、このように再分析された「PISA コペンハーゲン」のデータからは、次のようなことが判明する。第一に、両親ともにデンマーク人である生徒の平均点は、全体の平均点よりも高い傾向にあること、移民背景をもつ生徒の場合、両親のどちらかが移民である場合よりも、両親ともに移民である場合のほうが、平均点が低くなる傾向があること、さらに移民背景をもつ生徒の場合、親とデンマーク語で話をしている生徒のほうが、そうではない生徒と比べて平気点が高くなる傾向があることなどである。ただし、2000年実施の PISA のスコアは、すべての参加国の平均点が500点となるようにあらかじめ調整されている。「読解力」で第一位だったフィンランドは546点、「数学」で第一位だった日本は557点である。この点を考えると、「PISA コペンハーゲン」およびデンマークの平均は、生徒のもつ背景や両親の民族的特徴、あるいは家庭で使用される言語に関係なく、全体として「読解力」は平均点に近く、また「数学」に関してはすべての参加国の平均点である500点よりも大幅に下回る点数であることが分かる。

とはいえ、ランヴィドが示した明らかなギャップ、すなわち、コペンハーゲン市における生徒のスコアが、移民背景をもつか否かで大幅に変化するという事実は、デンマークの教育をめぐる議論に一定の方向性を与えた。それは、対 GDP 比で 7.2%（2005 年）の公的資金を教育につぎ込んでいる教育大国であるはずにもかかわらず PISA のスコアが低迷している理由を、移民背景をもつ生徒の存在によって説明するという道筋である。また義務教育終了時の学力の低迷は、後期中等教育機関での中途退学者の量産を事実上準備してしまっているという点も、「PISA コペンハーゲン」のデータからは推論できる。このような傾向は、イスラム系の私立学校や移民背景をもつ生徒が大半を占める地域の公立学校に対するよりいっそうの政策的支援が必要であるという事実の根拠になるとともに、他方でそのような環境にある学校での就学をためらう生徒やその家族、あるいはそのような学校への勤務を敬遠する教職員を結果的に誘発している。

第5節　多文化化を越えて

デンマークの生涯学習が戦略上の変更を迫られている理由は、欧州連合のプレゼンスの増大が第一にあげられる。しかし国内事情を見てみると、「ワールドクラスの教育」や「一生を通じて新しい知識を獲得しようとする機会」を確保する必要性は、単に知識社会にふさわしい教育を実践するという名目以上に、現代のデンマーク社会が突きつけられた多文化化という挑戦への対応であると考えられる。

デンマークにおける多文化化は、近年始まったものではない。20 世紀初頭には、東欧や南欧、ドイツ等近隣国から移民がやってきた。また戦後に社会民主主義体制が形成されると、難民や亡命者の受け入れにも積極的に取り組み、1970 年代以降も、東ヨーロッパやドイツから出稼ぎ労働者を受け入れると同時に、チリやベトナムからの亡命者を積極的に受け入れてきた。その後も冷戦や中東での紛争の結果生じた移民や難民を、ロシア、ハンガリー、ボスニア、イラン、イラク、レバノンから受け入れている。2001 年の政権交代は、このような移民を積極的に受け入れるという方針についても見直し

を迫り、2024年現在、約594万人の全人口のうち移民の占める割合は約10.3％と言われている（Danmarks Statistik 2024）。これは他のヨーロッパ諸国と比べても突出した数字というわけではなく、デンマークは今も言語においても文化や慣習においても、同質性の高い社会として成立する条件を整えている（Hedetoft 2006）[6]。

　しかし、デンマーク統計局の報告にあるように、1980年と2005年を比較すると、「非西欧諸国」からの移民が約520％増加したのに対し、「西欧諸国」からの移民は約19.8％の増加にとどまる（Danish Immigration Service and Statistics Denmark 2005）。この30年間に増加した移民の大半が「非西欧諸国」からの移民であることが分かる。移民の多くは都市に集住する。いわゆる「目に見える移民（*synlige indvandrere/* visible immigrants）」の存在が、実際の数字以上にその存在感を大きく見せ、そのため、様々な社会問題が移民との関係においてしばしば感情的に議論される素地をつくっているのだと考えられる。

　このような多文化化に伴う葛藤や諸問題の発生は、第二次世界大戦後、社会民主主義を是として福祉国家を発展させてきた北欧の優等生であったデンマークにとって、思いがけない出来事だった。福祉国家はもともと、国民のあいだで権利と義務のセットを要請しあう論理で支えられる。人間は平等であり、だからこそ平等に負担し平等な恩恵を受けるべきだとの価値観がその根底にある。しかし、仕事や安住の地を求めて偶然デンマークにやってきた人々にとって、その地に住むことと、福祉国家の価値観を共有することはかならずしも一致しない。福祉国家の価値を尊重せず、負担を十分に行わず、できればただ乗りしようとする移民に対し、福祉国家の価値を尊重してきた国民の側から批判が起こりやすいのはこのためである。ナショナルな価値とソーシャルな価値の対立はこのような価値観の差異をめぐって成立する。

　1970年以前のように、他の北欧諸国やヨーロッパからの移民の流入か、ごく少数の難民に限定されていた同質性の高い社会においては、すべての成

6　ただし、デンマーク政府は、「移民とその子孫」の割合を15.9％（2024）と公表し、その定義を「デンマークで生まれた人で、両親（かその一方）が移民か、外国籍を持つ子孫」としている（Denmark Statistik 2024）。

106　第二部　欧州連合とデンマークにおける生涯学習政策の実際

員の平等を尊重するというソーシャルな価値は、そのまま福祉国家を成り立たせるナショナルな価値を意味した。ところが、宗教が異なり、婚姻を通じた統合も起こりにくく、生活習慣やジェンダー規範についての考えも異なるイスラム系移民が「目に見える移民」として増加したように思える社会においては、そのような価値の一致は起こりにくい。ソーシャルな価値を尊重する場合、社会の門戸を開き、どんなに異なる宗教的・文化的背景をもつ人であろうとすべての人を平等に扱うことが要請される。それは統合を前提としない移民の増加、すなわち国家的負担の増大を意味する。ナショナルな価値を尊重する場合、社会の門戸を閉じ、異なる宗教的・文化的背景をもつ人を締め出し、福祉国家の境界を守ることが優先される。それは自由や平等といった福祉国家を支える理念、すなわち社会民主主義的理想の放棄を意味する。デンマークで現在起こっているのは、後者である。すなわち、福祉国家を維持するために、ソーシャルな価値という大原則ではなく、ナショナルな価値という本音を優先させ、福祉国家の権利を「国民」に閉じようとする動きである。移民や難民、配偶者として移住する人に対しても、「国民」として統合されようと努力する人にのみ、わずかなチャンスを与え、それも決められた年限内にデンマーク語のテストやデンマークの常識テストをクリアした者だけという条件つきで、福祉国家の境界の内側に入れるというルールの変更である。「福祉ショーヴィニズム」ともいわれるこの態度の形成は、デンマーク以外のヨーロッパでも問題となっており、多文化化の進む社会におけるガバナンスの困難さを表している。

第6章 スキルとモラルの二重性

──教育のヨーロッパ化は何をもたらすのか

第6章では、欧州連合の生涯学習政策の意味を考察する[1]。2000年、知識基盤社会（knowledge based society）という標語が欧州連合に導入されて以来、ヨーロッパ社会で展開される教育政策がグローバルスタンダードとして浸透するという流れは、教育のヨーロッパ化（Europeanization of education）と呼ばれる（Lawn, Grek 2012）。これは、教育から生涯学習への概念的な読み替え、比較可能な量的調査データの蓄積などによって実質化されてきた。このような流れは、デンマークにおいてはフォーマルな教育においてまず取り入れられた。その結果、第一に文化と政治の規範を国家が示すという対応、第二に学力問題における移民背景を持つ特定の集団に対する冷淡な視線として表出したが、これらは社会統合という観点からすると、教育政策をより困難な方向に推し進めた可能性も高い。

欧州連合が生涯学習政策に求める、個々人がスキルを習得し雇用力を高める経済的要請と、社会のモラルを向上させ社会的結束（social cohesion）を高める政治的要請とが、一加盟国であるデンマーク社会でどのように作用しているのかを考察する。

第1節 経済的要請と政治的要請

1990年代以降、ヨーロッパの教育政策に求められてきたのは、経済的要請と政治的要請である。前出のとおり、欧州連合のリスボン戦略に沿って設計された教育政策である「ソクラテス計画」（2000-2006）および欧州2020に沿って設計された教育政策である「生涯学習プログラム」（2007-2013）と「エ

1　第6章は、Sakaguchi Midori, 2009, Dichotomy in Education: A Tension between Skills and Morality in Europe,『明治学院大学社会学・社会福祉学研究』第130号（81-108頁）および、坂口緑, 2019,「教育のヨーロッパ化は何をもたらすのか」『生涯学習・社会教育研究ジャーナ ル』第12号（59-75頁）に加筆・修正したものである。

108　第二部　欧州連合とデンマークにおける生涯学習政策の実際

ラスムス・プラス」（2014-2020）は、いずれも生涯学習を鍵としてきた。鍵には二つの意味がある。一つは、経済のグローバル化が進むなか、すべての人々の教育水準を向上させ、必要とされる成長分野を牽引できるよう雇用力（employability）を高めることであり、もう一つは、人の移動のグローバル化が進むなか、「ヨーロッパの価値」を確認し、社会的結束（social cohesion）を高めることである。前者のような経済的要請を「スキル」に関する要請と呼ぶ。後者のような政治的要請を「モラル」に関する要請と呼ぶ。スキルに関する要請は、知識社会への適応を優先する考え方であり、モラルに関する要請は、多文化状況が引き起こす社会問題の克服を優先する考え方である。両者は生涯学習のもとに両立しうるものなのだろうか。

　本章では、ヨーロッパの教育政策のなかで、生涯学習に期待される役割が「スキル」と「モラル」という二つの、方向性の異なる困難な課題に集約されつつある状況を考察したい。これまで国内の歴史的経緯や課題、ニーズにより決定されてきた各国の教育政策は、この数十年間、大きな方向転換を迫られ、足並みをそろえる努力を求められてきた。しかし、リスボン戦略に先立って設計された「エラスムス計画」以降、技術や研究分野の人的交流を進めるために、欧州連合が 1987 年から取り入れてきた高等教育機関の交流協定が進められてきた。経済圏としてのプレゼンスを高め維持しようとするヨーロッパの事情と、それをグローバリゼーションの名のもとに後押しする多国間機関による標準化が優先されてきたからである。教育から生涯学習への概念的な読み替え、そして比較可能な量的調査データの蓄積という教育の「ヨーロッパ化」（Lawn, Grek 2012）が、この傾向に拍車を掛けている。

　本章の構成は次のとおりである。最初に、ヨーロッパの教育政策のなかで、どのようにスキルに関する要請が盛り込まれているのかを確認する。次に、ヨーロッパの教育政策のなかで、どのようにモラルに関する要請が盛り込まれているのかを確認する。そしてそのような傾向が、欧州連合の一加盟国にとってどのような影響を持つのかをデンマークを事例に概観する。最後に、スキルに関する要請とモラルに関する要請という教育政策に関する二重性が、生涯学習にどのような意味をもたらすのかを考える。

第2節 「知識社会」の場合

　生涯学習が教育政策の鍵概念とされたのは、欧州連合がリスボン条約において知識基盤社会の形成を目標に掲げたのが発端である（Karpov 2016）。知識基盤社会と類似する知識社会という用語はもともと 1960 年代後半、アメリカの経営学者ピーター・ドラッカーが、当時想像された 21 世紀社会像を示す用語だった（Drucker 1969）。新しい時代はイノベーションと技術的変化が伴うため、エンジニアやコンピュータ技師、教員、医療技術者などの知識労働者は変化する知識にキャッチアップしなければならない。そして知識社会に必要な教育は、一定の知識を伝達することではなく、学び方を教えることだと指摘する（Drucker 1969: 251-255）。このような 20 世紀半ばに形成された概念は、数十年を経て欧州連合の政策に採用され、注目を集めることになる。欧州連合においては、1993 年のマーストリヒト条約以降、通過と市場の統合により実現される競争的な経済政策をいかにして実現するのかという観点から教育政策が計画されるようになった。生涯学習についても、ジャック・ドロール欧州委員会委員長による白書『成長、競争、雇用』（EC 1994）で言及されたのち、1995 年に刊行された白書『教育と学習——学習社会に向けて』（EC 1995）および 1999 年の『雇用ガイドライン』（EC 1999）においても、生涯にわたって学習できる環境が知識基盤社会および情報社会に必要であることが示されている（田中 2016）。

　リスボン戦略にあるとおり、知識社会を実現するための生涯学習とは、知識経済（knowledge-based economy）への移行のための経済政策と貧困克服、完全雇用実現のための社会・雇用政策を目指すものである。「より多くのよりよい仕事と、より広範な社会的結束（social cohesion）を伴い、持続的な経済成長が可能な、世界で最もダイナミック、かつ、競争力のある知識経済（knowledge-based economy）」を 2010 年までに実現するという目標も、2005 年に経済成長と雇用拡大に重点を置いた戦略に改定され「状況に適した知識・スキル・態度」がキー・コンピテンシーに位置付けられたものの、現在にまで引き継がれている。

第3節　「社会的結束」の場合

　他方で、生涯学習に「社会的結束」(social cohesion) が読み込まれるようになったのは、21世紀になってリスボン戦略の見直しが進む時期になってからである。2007年、欧州委員会は二つの報告書を提出している。一つは、「雇用と社会的包摂に関する統計」であり、もう一つは「教育と訓練に関する統計」である。いずれも「社会的結束という方針2007 – 2013」というタイトルがつけられ、雇用と教育の両方が社会統合の観点から何を課題とすべきかが分かるよう、数値で比較した内容である (EC 2007a; EC 2007b)。

　「社会的結束」という用語は、コント、サン・シモン、デュルケームなど社会学の黎明期から用いられてきた言葉であるが (Jenson 1998)、欧州評議会 (Council of Europe) がヨーロッパにおける民主主義政策を進めるにあたり採用した用語である[2]。欧州評議会によると、社会的結束とは、「ある社会がすべての成員のウェルビーイングを保証し、格差を最小限にとどめ周縁化 (marginalization) を回避する力 (capacity)」である (Council of Europe 2007)。

　欧州連合が高いレベルの社会的結束を目指す理由は、「ジェンダー平等、貧困と社会的排除の根絶、社会保障制度、特に年金制度や医療制度の現代化」を進めるためである (Vural 2016: 17-18)。しかし実際には各国にはそれぞれの福祉レジームに立脚する社会保障制度が並立しており、改革は容易ではない。社会保障制度の上で社会的結束を取り入れる方法は、実際には当初から象徴的な意味しかもたなかったという (Van Apeldoorn 2009: 29)。その代わり注目されたのが、生涯学習である。欧州連合は、2014年以降の教育政策を示す「エラスムス・プラス」において、次の三つの鍵となる行動 (Key Action=KA) を盛り込んだ[3]。KA1は移動性で、個人の学習に関する移動性を

2　欧州評議会HPによる (https://www.coe.int/, 2018/3/29参照)。
3　「エラスムス・プラス」には三つの鍵となる行動 (Key Action) がある。KA1は移動性で、個人の学習に関する移動性を高めることとされる。KA2は協力で、革新的で優良な実践事例を共有することとされる。KA3は政策で、政策改革を支援することとされる。KA2についてはたとえば、シティズンシップ教育についての各地での取り組みに対し指針となるような報告書が刊行されている。その冒頭には次のように始まる。「ヨーロッパは現在、複数の重要な課題に

第6章　スキルとモラルの二重性　*111*

高めることとされる。KA2 は協力で、革新的で優良な実践事例を共有することとされる。KA3 は政策で、政策改革を支援することとされる。KA2 に着目すると、各国で共有すべき課題として筆頭にあげられているのが学校および成人教育機関、すなわち生涯学習実践を通して実施されるシティズンシップ教育であり、カリキュラムや評価の事例を解説する報告書の冒頭には次のような文章が示されている。

> ヨーロッパは現在、複数の重要な課題に直面している。社会経済的問題、暴力の先鋭化、民主的過程に対する信頼の欠如がとりわけ、平和、民主主義、自由、そして寛容性を脅かしている。教育と訓練はこれらの脅威に対し、相互に尊重しあうこと、基礎的な価値（fundamental values）を促進させることによって対抗することができる。シティズンシップ教育がこのような点について特別な機能を果たすだろうという期待が、ヨーロッパ全域において高まっている（EACEA 2018: 3）。

　欧州連合が期待するシティズンシップ教育は、「基礎的な価値」を確認するための教育である。報告書では、各国のシティズンシップ教育の実施状況を監視したりその有効性を評価したりすることはないと断りつつも、シティズンシップ教育が「効果的かつ建設的な相互作用、批判的志向、社会的責任を伴う行動、民主的な行動」を含むと定義し、約半数の加盟国で教員養成課程への導入が見られないこと、約 3 分の 1 の加盟国で中央政府の関与が見られないこと、同様に職業教育課程や職業訓練課程において導入されていないこと、成人教育においても重要であることを指摘し、改善を要求している（EACEA 2018: 28）。このように、社会的結束は生涯学習を経由し、モラルに関する要請に関係付けられた用語として、展開されてきた。

直面している。社会経済的問題、暴力の先鋭化、民主的過程に対する信頼の欠如がとりわけ、平和、民主主義、自由、そして寛容性を脅かしている。教育と訓練がこれらの脅威に対し、相互に尊重しあうこと、そして基礎的な価値を促進させることによって対抗することができる。シティズンシップ教育がこのような点について特別な機能を果たすだろうという期待は、ヨーロッパ全域において高まっている」（EACEA 2018: 3）。

第4節　教育のヨーロッパ化とは何か

　ヨーロッパにおける成人教育および生涯学習の政策と実践の領域は、狭義の職業的訓練から青少年や成人を対象とする政治文化に関する公共政策領域へと拡大してきた（Ahonen 2001; Lawn, Grek 2012: 11）。この拡大のなかで、一義的には国に責任が帰せられる（国民）教育から個人に責任が帰せられる学習への概念的な読み替えがおこり、生涯学習が共通の政策の概念に変化した。また、国際機関等を通して、歴史も文化も異なる多様な教育制度とその成果を比較可能にする量的調査データが蓄積されてきたことも大きな変化である。この二つの変化を合わせて、ローンとグレックは教育の「ヨーロッパ化」と呼ぶ（Lawn, Grek 2012）。

　これまで見てきたとおり、教育の「ヨーロッパ化」は二つの特徴を持つ。一つは、「生涯学習」という概念を用いる点である。リスボン条約後、教育政策がもはや各国がベールのもとで内側のために遂行するものではなく、可視的で透明な政治過程の一つとみなされるようになっている。そしてその際、教育を「学習機会」や「生涯学習」に読み替えるロジックが用いられた（Lawn, Grek 2012: 83-100）[4]。もう一つは、教育パフォーマンスの計量化と標準化である。各国ごとに異なる教育制度や教育事情を比較可能にするために、政府間機関（とりわけOECD）は比較可能な量的調査データを蓄積している（Lawn, Grek 2012: 101-115）。ローンとグレックは次のように指摘する。

　　補完性の原理にもかかわらず、教育領域は30年以上にわたってヨーロッパの共通アイデンティティの創造に奉仕してきた。歴史的にも地理的にも、ナラティブにおいても伝統においても、ヨーロッパが古典的な価値になった——教育と文化は、共通点の過剰な強調と差異の看過によって、

4　「同時に、教育と学習に対する責任は公的なるもの（国家）から非政府組織や個人へとシフトしている。…伝統的な教育機関が知識の伝達を前提としているのに対し、現代の学習機会や生涯学習のアプローチは個人の潜在能力（capabilities）や学習能力の発達に重きを置いている。生涯学習という概念の中心にあるのは『学び方を学ぶ』ことを可能にし支援するということである」（European Commission/ Eurostat 2001 quoted in Lawn, Grek 2012: 100）。

第6章　スキルとモラルの二重性　*113*

ヨーロッパ化という概念を高める便利な杖なのである（Lawn, Grek 2012: 97）。

このような「便利な杖」が欧州連合の加盟国にはどのような影響を与えるのか。以下では、独自の成人教育制度を持ち、同質性の高い社会のなかで多文化化を経験しているデンマークを事例に、教育のヨーロッパ化の影響を考察する。

第5節　デンマークの場合

5－1　移民社会の形成

デンマークでは、20世紀前半まで移民は他の北欧諸国やヨーロッパ域内にほぼ限定されていた。16世紀初期にはオランダから農民たちが、また17世紀には複数のヨーロッパの国々からユダヤ人が移住してきた。17世紀半ばから19世紀半ばにかけては断続的にドイツからの移民が続き、近代デンマーク社会の形成に大きく貢献した。19世紀後半と20世紀初頭の第一次世界大戦期には、ポーランド、ドイツ、スウェーデンから非熟練労働者がデンマーク政府の政策によって招き入れられた（Hedetoft 2006）。

20世紀にはいくつかの波が見られ、東ヨーロッパ諸国、ユダヤ人、ドイツ人がデンマークに移住してきた。それでもデンマークは同質性の高い社会を背景に、発達した社会福祉制度を維持してきた。ただし他の北欧諸国と同様、1960年代に経済成長期を迎えると、デンマークも労働者不足に陥り、労働者を招き入れている。1973年の石油危機を機にゲストワーカーを対象とする移民プログラムはいったん終了するが、1970年代後半にはチリとベトナムから難民を数千人規模で受け入れた。また1990年代、冷戦終結後にはとりわけロシア、ハンガリー、ボスニア、イラン、イラク、レバノンからの難民を受け入れてきた（ヘアマンセン 2006: 146）。1960年代から1990年代にかけて、移民や難民としてデンマークに滞在した外国人労働者の多くはその後もデンマークに滞在し、母国から家族を呼び寄せ定住した。その結果、デンマーク国内では、1984年まで減少が続いた出生率が向上するなど人口

増に貢献している。2024年現在ではデンマーク国籍を持たない移民とその家族はデンマークの人口約594万人の15.9%を占め、約10.3%が移民第一世代である。そのうち約52%がヨーロッパ諸国からの移民であり、約48%がそれ以外のアジア・アフリカ諸国や南北アメリカ、オセアニア諸国からの移民である（Danmarks Statistik 2024）。

　このように、デンマークは同質性の高い社会でありながら、常に一定の移民や難民を受け入れることで移民社会を形成してきた。デンマークに移住してきた人々のためには、デンマーク社会に適応するための成人教育が1970年代から整備され、移民や難民は無料のデンマーク語教育を受け、デンマーク語検定を受検する権利がある[5]。移民してきた人が自立し、社会に参加し、労働し納税できるように支援することが、社会統合のために必要だと一貫して指示されてきたからである（ヘアマンセン 2006: 147-150; Hedetoft 2006）。

　しかし、1990年代半ばまでほとんど生じなかった移民や難民に対する反感は、2001年の国政選挙において社会民主党が下野し、自由党中心の連立政権が成立したのを期に顕在化する（Hedetoft 2006）。移民に関する政策も大きな変更が加えられ、申請のハードルが一気に高くなった結果、2001年以降、移民および難民として入国する人の数は急激に減少した（Danmarks Statistik 2017）。2001年以降は、年間4000人から7000人程度の難民申請で推移しているが、シリアからの難民申請者がヨーロッパに流入した2014年には、デンマークでも難民申請数が1万人を超え、難民をめぐる世論は急激に硬化した。滞在許可を得て長期滞在する人の数は隣国ドイツやスウェーデンと比較すると極端に少ないものの、2014年にはシリアやエリトリアなどからやって来た14,732人、2015年には21,316人、2016年には6,235人が難民申請をしている（Danmarks Statistik 2024）。2024年の統計によると、デンマーク国内で最大のマイノリティ集団を形成するのはトルコ人で約6.7万人、デンマーク国内の外国人の約12%を占めている（Danmarks Statistik 2024）。

5　教育省高等教育局HP Study In Denmark による（http://studyindenmark.dk/live-in-denmark/learning-danish, 2024/9/6参照）。デンマークの成人教育制度については第11章で解説している。

2005 年におきたムハンマド風刺画事件[6]は、移民のなかでもとりわけイスラム系移民（デンマークの場合は、トルコ、パキスタン、イラン、イラク、シリア、エジプト、レバノンからの移民や難民）に対する国民感情をあらわにするものとして世界的な非難を浴びた。ただし、イスラム系移民といっても実際には多様な国々から移住してきた人たちで、その割合も国内の非西欧国出身の住民（non-Western foreign residents）の半分に満たない。それにもかかわらず、民主主義の価値を 21 世紀以降、デンマーク社会における多文化化は大きな政策的、文化的、社会的課題となっている[7]。

5 - 2 『カルチャーカノン』と『デモクラシーカノン』

デンマーク政府が移民政策の厳格化を進めるなか、教育分野において政府が示した多文化化に対する対応策は、おもにフォーマルな教育を対象に国家が規範を明示するという方法だった。この方策として実現したのが、2006年に文化省が刊行したブックレット『カルチャーカノン（*Kulturkanon*/ the culture canon)』、そして 2008 年に教育省が刊行した『デモクラシーカノン（*Demokratiekanon*/ the democratic canon)』である。

『カルチャーカノン』は、2004 年秋、当時の文化大臣ブライアン・ミケルセンがプロジェクトをスタートさせたことに始まる。ミケルセン大臣は 35人の委員からなる審議会を形成し、建築、デザイン、美術、演劇、文学、映画、音楽の 7 分野に加えてのちに児童文化も加えた 8 分野において、デンマーク文化を特徴付ける文化遺産を選出するよう依頼した。2006 年に 108 の作品群が選出され、一冊のブックレットとして刊行された。当初から、デンマー

---

6 2005 年 9 月、デンマークの大手新聞「ユランズ・ポステン」が、イスラム教の預言者ムハンマドの風刺画を、複数の漫画家が描き記載したことをきっかけに、イスラム教徒の抗議を招いた事件（森 2007）。

7 デンマーク在住のジャーナリスト鈴木優美によると、デンマークの政党は、地方では農民を支持層とする自由党、都市部では労働者を支持層とする社会民主党および富裕層を支持層とする保守党の三つが競ってきた。そこに、移民と外国人の排除や減税により高齢者や低所得者に対する福祉を充実させる政策を主張して支持の拡大を広げてきたのが、デンマーク国民党である。デンマーク国民党選出の議員は少数に留まるものの、2001 年以降、自由党政権においては閣外協力を続け、国会においてキャスティングボードを握るなど、国政に大きな影響を与え続け、デンマークの移民政策においては大きな影響を与えてきた（鈴木 2010: 153-202）。

クの文化遺産を広く議論するための端緒という位置付けが示され、実際に追加してリストに加えられた作品もあり、2009年にまとめられた第二版には116の作品が掲載された[8]。

このプロジェクトをリードした保守党選出のミケルセン大臣は2006年当時、政府が文化遺産を選定することに対する大きな批判を意に介さず、「この社会のなかには社会に参加しようとしない人たちがいる」と発言した。暗に異文化をルーツに持つ移民背景を持つ人々を批判し、自らの政治的キャンペーンにデンマーク文化を利用しようとするこの発言は、大きな批判を浴びた[9]。その結果、作品群が掲載されたウェブサイトは2012年で閉鎖され、現在では文化省ホームページでもわずかにPDF版でアクセスできるだけの、過去のプロジェクトとなっている。

それに対し、『デモクラシーカノン』のほうは現在も教材として活用されるなど、一つの規範として機能している。『デモクラシーカノン』は、『カルチャーカノン』の反省に立ち、2007年5月に10名から成る委員会が形成され、デンマークのデモクラシーに関する鍵となる出来事や思想について検討する会議から始まった。しかし2007年10月にはムハンマド風刺画事件を取り入れるか否かをめぐり早くも1名の法律担当委員が委員会を離脱するなど、編集作業の過程は平易ではなかった。1年以上にわたる議論ののち、35の代表的な出来事が選出され、2008年1月にブックレットが刊行された[10]。

『デモクラシーカノン』の序言を執筆した南デンマーク大学のクヌド・イェスパーセン（Knud J.V. Jespersen）によると、委員会に託された仕事は、デンマークにおける自由の発展と法の支配に貢献した鍵となる出来事、思想史的な流れ、そして政治関連の文献を選出することだった。デンマーク国内だ

---

8 『カルチャーカノン』の作品群を掲載したウェブサイトは2012年に閉鎖しているが、現在もPDF版のテキストが公開されている（https://kum.dk/temaer/temaarkiv/kulturkanon/, 2024/9/5参照）。

9 デンマークの全国紙「ベアリンスケ」の2006年3月13日の報道による（https://www.b.dk/kultur/ministeren-skal-staa-skoleret-om-kulturkanonen, 2024/9/5参照）。

10 2007年10月に法律学を専門とする委員ヘニング・コックは、ムハンマドの風刺画事件を取り入れるという委員会の方針に反対して委員会を離脱した。結局、ムハンマド風刺画事件は35の項目には含まれなかった（http://static.uvm.dk/Publikationer/2008/demokratikanon/index.html, 2024/9/5参照）。

第6章　スキルとモラルの二重性　*117*

けではなく外国の出来事も、また近現代だけではなく古代中世についてもカバーするよう要請され、かつ選出した出来事を多様な教育場面でどのように活用してもらうかを考えることも期待されていたという。委員会は2000年までの出来事を取り上げ、デンマーク社会に影響を与えた世界の出来事を取り上げることに合意した。ただし、「このブックレットは教科書ではなく、考えたり議論したり反論したりするきっかけ」であると明言されており、『カルチャーカノン』の失敗を糧に、政府から委託を受けた委員会による選出という点に大きな意味をもたせないための丁寧な説明が繰り返された (Udvalget til udarbejdelse a fen demokratikanon 2008: 8-12)。結果として、この本をベースにドキュメンタリー番組のシリーズも制作されるなど、シティズンシップ教育の副教材として活用されている。

　『デモクラシーカノン』に収められた35の項目は、古代ギリシアに遡る「デモクラシーのルーツ」（第1章）、「平等思想」（第2章）、「マグナカルタと権利の章典」（第3章）など社会思想史の教科書のような章で始まり、宗教改革、ウェストファリア体制、スピノザ、ロック、啓蒙思想、モンテスキュー、ルソー、アメリカ独立宣言に加えて、デンマークの思想家 N.F.S. グルントヴィ、デンマークの憲法、労働運動、女性参政権運動、全体主義の時代、デンマークの思想家ハル・コックとアルフ・ロス、福祉国家の形成、欧州連合などである。特筆すべきなのは2000年までの歴史的事実に基づいた35項目のほかに、最終章が加えられ、そこには、現在のデンマークのデモクラシーが直面し議論を呼んでいる四つの課題として、多文化化する社会、政治システムとしての民主主義、グローバル化のなかのデモクラシー、そしてデモクラシーのためのマスメディアの役割についての解説が加えられた点である (Udvalget til udarbejdelse a fen demokratikanon 2008)。全体として断定を回避した記述になっており、デンマーク政治と民主主義に関する資料集のような一冊になっている。

　規範（カノン）をめぐる政府の動きは、その後も継続した。数年にわたる議論ののち、2009年には国民学校における歴史と文学の一部が標準化され、それぞれ教育省のもとに集められた委員会が作成し、断続的に改訂してきた『ヒストリーカノン (Historiekanon/ The history canon)』と『デンマーク文学

カノン（*Dansk Litteraturs Kanon/* The Danish literature canon)』が義務教育に取り入れられた[11]。

　このような種々のカノンはなぜ制定されたのか。背後にあるのは、保守の立場をとる政治家たちによる積極的な「デモクラシー」言説の活用である。オーフス大学のイェンセンとモウリッツセンによると、デンマークのデモクラシー、ナショナルアイデンティティ、そして社会的結束の三者がシティズンシップ教育のもとに目立って議論されるようになったのは 2001 年以降で、それは（出身国が）非西欧の移民の子どもたちをターゲットにするシティズンシップ教育の必要性というかたちで表れた（Jensen, Mouritsen 2015）。その際、デンマークらしさをめぐって一定の統一見解が必要だと考えられたのが文化、政治、文学、歴史の各分野ではあるが、いずれも議論に開かれていることを理由に、デンマークらしさよりも「デモクラシーが優位する」という考え方が各種メディアを通じて確認された（Bondebjerg, Madsen 2009: 224-228）。中道右派の政権下では文化省と教育省を舞台に、前出のミケルセンのほか当時の移民統合大臣を務めた中道右派のヴェンスタ党選出ベアテル・ホーダー、当時の教育省大臣を務めた同じくヴェンスタ党選出のウラ・トーネスなども、好んでデモクラシーとデンマークらしさを同列に論じた（Mikkelsen 2004; Haarder 2005; Tørnæs 2004）。2011 年から 2015 年までは社会民主党選出のヘレ・トーニング・シュミットを首相とする中道左派政権が成立したものの、その間もデモクラシーとデンマークらしさを教育や生涯学習、成人教育を通して教えるカリキュラムを否定する政治家は見られなかった。なかでも小中学校のカリキュラムに導入された歴史と文学におけるカノンは、教える教員の自律性が重要だとの指摘をする研究者もいるものの、政治的立場を異にする人たちも有益だとの見解で一致している（Fernandez, Jensen 2017: 12-14）。このようにして、2000 年代にデンマーク社会に政府主導で提案された数々のカノンは、デモクラシーと不可分にデンマークらしさを示す

11　『デンマーク文学カノン』については 2004 年に制定のための委員会が発足し、2005 年に選出を終えているがカリキュラムに取り入れられたのは歴史と同様 2009 年だった（https://www.emu.dk/modul/historiekanon-29-indholdsemner-til-historieundervisningen,　および、https://dansklf.dk/kanonarbejde, 2024/9/5 参照)。

第 6 章　スキルとモラルの二重性　*119*

ものとしておもにフォーマルな教育を通して取り入れられるようになった。

5-3 学力問題

　教育のヨーロッパ化がデンマーク社会に直接、影響を与えているのは、学力問題についてである。とりわけ、デンマーク出身の「ネイティブ」の生徒と移民背景を持つ生徒の比較を行い、両者の差を問題にするということで、多文化化を社会問題とする論調が表出した点は重要である。

　端的に言って、OECD が継続して測定している 15 歳時点での学力調査 PISA において、デンマークは調査開始以来ずっと中位の成績に留まっている。PISA2000 および PISA2003 では科学的リテラシーに加えて読解力も OECD 平均を下回る成績となり、デンマークの「PISA ショック」と呼ばれた（第 5 章参照）。その後の成績を見てみると、極端に順位を上げ下げすることはないものの、デンマークは順位もまた点数も、全体として OECD 平均点に近い中位の成績のまま推移している（表 1 ）。

　PISA の結果については、北欧諸国（デンマーク、フィンランド、アイスランド、ノルウェー、スウェーデン、デンマーク自治領フェロー諸島、グリーンランド、フィンランド領オーランド諸島）の教育学研究者がそれぞれにデータ分析をした報告書『PISA を照らす北欧のオーロラ（Nothern Lights on PISA）』というシリーズが出版されている[12]。2012 年に刊行された『PISA2009 を照らす北欧のオーロラ——読解力を中心に』では、読解力の点数を中心に分析が加えられ、第 5 章には「PISA エスニック」と題された、移民とネイティブのデンマーク人とを比較した分析が掲載されている（Egelund *et al.* 2012: 91-111）。この章の著者で本報告書の編者でもあるニールス・エゲルンドとシャンタル・ポール・ニールセンは、デンマーク国内で実施された二つの独自調査（PISA2009 に移民背景を持つ生徒のデータを拡大して収集するナショナルオプション調査）の結果をもとに、移民背景を持つ生徒とネイティブの生徒との点数差について報告している。

　この PISA2009 のナショナルオプション調査に参加したのは、デンマーク

12　『PISA を照らす北欧のオーロラ』シリーズは 2003 年から 2016 年までのあいだに 5 冊刊行されている。

表1　PISA におけるデンマークの得点および順位[※]

PISA	読解力	OECD 平均	数学的 リテラシー	OECD 平均	科学的 リテラシー	OECD 平均
2000	497（16）	500	514（12）	500	481（22）	500
2003	492（19）	494	514（15）	500	472（31）	500
2006	494（19）	492	513（15）	498	496（24）	500
2009	495（24）	493	503（19）	496	499（26）	501
2012	496（25）	496	500（22）	494	498（27）	501
2015	500（18）	493	511（12）	490	502（20）	493

※（　）内は順位。網掛けはその年の OECD 平均点を下回った点数。PISA の参加国数は、PISA2000 が 31 か国、2003 が 40 か国、2006 年が 57 か国、2009 年および 2012 年が 65 か国、2015 年が 72 か国。
出典：筆者作成（OCED 2000, 2003, 2006, 2009, 2012, 2015）。

表2　読解力の比較

		読解力		
	合計	情報の取り出し	解釈	熟考・評価
PISA2000				
ネイティブの生徒	503	504	502	508
移民背景を持つ生徒	426	432	417	451
第一世代	431	439	422	448
第二世代	427	432	418	460
PISA2009				
ネイティブの生徒	502	509	499	511
移民背景を持つ生徒	432	438	430	441
第一世代	422	428	421	426
第二世代	446	454	443	447

出典：エゲルンドら作成のデータ（Egelund 2012:95）を元に筆者作成。

国内285校の公立および私立学校に所属する15歳から16歳の5,924名である（Egelund *et al.* 2012: 92）。読解力のポイントは495点とOECD諸国の平均493点とほぼ同じだったが、デンマークの調査では習熟度レベル2（主要なアイデアを認識し、関係を理解し、情報が明確でない時でも意味を推論することができる）に達しない生徒が15％とOECD諸国の平均19％よりはわずかに下回った。エゲルンドらは、PISA2000とPISA2009の読解力の点数を、移民背景を持つ生徒全体、そのうち第一世代に属する生徒、または第二世代に属する生徒と三つのグループに分け比較している（表2）。

　読解力の合計点を見ると、ネイティブの生徒と移民背景を持つ生徒の点数の開きは、PISA2000で77点、PISA2009で70点と大きな差があることが分かる。約70点という差はエゲルンドによると、「OECD諸国の生徒が1年半学校に通って達成できる差」に相当する能力の違いを表している（Egelund *et al.* 2012: 95）。

　PISA2009のナショナルオプション調査では、次のようなことが明らかになった。第一に、デンマーク国内のどの地域よりもコペンハーゲン都市部において、ネイティブの生徒と移民背景を持つ生徒との点数差がもっとも大きかったこと、第二に、移民第二世代の点数は移民第一世代に比べておしなべて高かったことである。ただし、移住してきた時期が就学前であった場合、移民第一世代と移民第二世代の点数にはほとんどの差が見られなかった。また移民のなかでも、ユーゴスラビアからの移民（454点）、パキスタンからの移民（430点）、トルコからの移民（416点）の順に高い点数だった（Egelund *et al.* 2012: 97）。

　デンマークでは、移民背景を持つ生徒の割合が高い学校に通うネイティブの生徒たちの読解力の点数が低かったことが報告された。しかし、エゲルンドらが指摘するのは、そのような学校に通うネイティブの生徒たちは、他のデンマークの地域よりも不利な社会経済的背景を持っており、そのために全体の平均点と比べて低い点数になっている点である（Egelund *et al.* 2012: 100-102）。ただし、エゲルンドらは同時に、そのような社会経済的背景と点数の相関関係は全体の3分の1を説明するにすぎず（Egelund *et al.* 2012: 102）、文化的規範、学校の特性などの影響も考えられると主張するなど、デンマー

クの都市部における多文化化に対して「データ」に基づきながら両義的な見
解を示している[13]。

　PISA2009とナショナルオプション調査では、移民背景を持つ生徒たちの
学力の低さが取り上げられた。PISA2012では、OECDも教育の公平さ
（equity）の観点から分析を進めているものの、移民背景を持つかどうかより
も、ジェンダー平等性と点数、GDPや社会経済的同質性の度合い、背景調
査から得られる親の職業威信と社会経済的地位の関係といった点からの分析
を優先している（OECD 2013）。デンマークでも現在では、このような多文
化化に対して教育や生涯学習のリソースを用いて何ができるのかという解釈
に議論は移ってきている。ただし、何がデンマーク文化の基底をなすのかと
いう点が、ヨーロッパ文化の基底との関連で論じられるなど（Horst 2016: 69-
98）、教育のヨーロッパ化のなかにおける多文化性とその国らしさというナ
ショナルな価値との葛藤は、依然として教育のなかに問題のまま残されてい
る。

第6節　教育のヨーロッパ化は何をもたらすのか

　以上のようにヨーロッパでは、教育に期待される役割が、二つの方向性の
異なる課題に集約されつつある状況がみられる。知識社会への適応は欧州連
合にとっては必須の課題であると同時に、各国においては多文化化によって
生じる社会問題の克服もまた回避できない課題である。そして両者はしばし
ば同時に教育あるいは生涯学習の名のもとに実行されることが期待されてい
る。スキル重視の教育政策は、知識社会に対応するための不可欠な方針であ
る。けれどもそれは、比較可能なデータに基づき、他者との差異を明確化し、
個人間および国家間の競争を誘発しながら目的を達成しようとするものであ
る。他方で、モラル重視の教育政策は、多文化化する社会の統合を進めるた

13　ただし、デンマークのPISA2009調査では学力的、社会的、身体的障害のために約8%の
生徒が対象から除外された。これは64の参加国のどの国よりも高い割合である。そのため、エ
ゲルンドらは読解力について習熟度レベル2以下の生徒は実際にはもっと多く含まれると指摘
している（Egelund 2012: 92-94）。

めの不可欠な方針である。けれどもそれは、デモクラシーを規範化し、揺らぐ福祉国家の延命を目的とする選別や排除の論理を内包する。

このような葛藤は、文化的同質性に依存することで福祉国家を形成してきたデンマーク社会にとっては看過できない亀裂をもたらしている。欧州連合は、このような各国の政治経済に生じる亀裂を、ヨーロッパという理念に訴えることで回避できるとしてきた[14]。しかし、ソーシャルな価値とナショナルな価値が対立する多文化化の時代において、そのようなより大きな価値への訴えが共通善としての共同性を喚起するとは限らない。ヨーロッパにおいても、テロも辞さない宗教的価値に基づく示威行為が相次ぐと、人権か安全かをめぐるジレンマを前に、欧州連合条約のもとに保持してきた寛容と非差別を重んじる姿勢を縮減させ、ソーシャルよりもナショナルを、すなわち人権より安全を選択するようになる（山本 2018: 113-129）[15]。さらに、教育に対する理想主義的な期待の縮減とそれに伴う問題性も明らかである。デンマークの学力問題に端的に表れているとおり、教育は一方で規範を示し、他方で規範からの逸脱を学力で裏付けるべき観察対象となる。教育はもはや個人の人格の陶冶ではなく、データに基づき課題があるとされるターゲットに向けて何らかの対策を行うための手段となる。この意味で、近年のヨーロッパにおける「生涯学習」という概念は、かつてユネスコの会議でポール・ラングランが提唱したような「生涯統合教育（lifelong integrated education）」とは言えない（ラングラン 1990）。

生涯学習が鍵となる、という欧州連合の政策目標は首肯できる。経済的存在としての個人のスキルを開発し、政治的存在としての個人にモラルを期待することも不可能ではない。しかしそれは、生涯学習のある一面に過ぎない。そしてその一面のみを持って、生涯学習実践を評価することは、大きな全体

14　他にもデンマーク国内で再集計した PISA Ethnic(2005) と PISA 2000 のデータを再分析した研究に、Jensen, Rasmussen(2008) が、国内の移民集住地域における学校区の社会経済的背景に関する調査 Thomsen, Moldenhawer, Kallehave(2010) がある。

15　ユランズ・ポステン紙（デンマーク）とシャルリ社（フランス）での風刺画問題を取り上げ、政治学者の山本直は、欧州連合に「域内の人々を唱道するだけの権威」がないこと、「そのような（表現の）自由に向き合う作法さえ、身につけているわけではない」と指摘し、結果として、欧州連合は多様な宗教的価値観との共存を調停する役割を果たす意志を示していないと述べている（山本 2018: 125-129）。

を見誤ることになる。比較的同質性の高い社会のなかの多文化化によって生じる社会的課題を、では実際の教育プログラムや生涯学習実践において、いったいどのように対応できるのか。この問いに答えるためには、欧州連合の生涯学習政策を各国の実践事例のもとに理解しなければならないだろう。

　以上のように、第二部では、生涯学習政策として実施される欧州連合とデンマークでの取り組みを概観した。欧州連合では、スキルの習得という個人に対する経済的要請と、モラルの向上という社会に対する政治的要請とが同時に求められている。生涯学習が政策となり、教育パフォーマンスの軽量化と標準化が進む教育のヨーロッパ化は、欧州連合の一員であるデンマーク社会にも影響を与えた。2007年に発表されたデンマーク政府の生涯学習戦略においては、知識社会に適応する人材育成が目標となり、より包括的な共通の価値観を重視する立場からは、種々の「カノン」と呼ばれる教材が作成され、またPISAの結果を重視する立場からは、客観的なデータを用いて、「ネイティブ」の人たちと、移民や移民背景を持つ人たちとの違いを明らかにするという視点が採用された。このような視点は、人種的、文化的同質性に依存することで福祉国家を形成してきたデンマーク社会にとっては看過できない亀裂をもたらしている。

第6章　スキルとモラルの二重性　*125*

補章　現代デンマークの社会統合政策

　本章では、1990 年代末から現在までの約 30 年間にわたる現代デンマークの社会統合政策における変遷と要点を記述する[1]。デンマークの総人口（約594 万人）に占める移民の割合は、約 10.3% である（2024 年 1 月現在）。これは、デンマークに在住する西洋国および非西洋国からの移民第一世代の占める割合である。これらの移民約 50 万人のうち 3 分の 2 に当たる約 35 万人が、非西洋国からの移民第一世代である。また、非西洋的背景をもつ人々（*personer med ikke-vestlig baggrund*/ persons with non-Western background）」と呼ばれる非西洋国からの移民第一世代と第二世代以降（*efterkommere*/ descendants）を合わせた人口の割合は約 40 万人である[2]。デンマークでは 1999 年に施行された「統合法（Integrationsloven）」[3] を契機に、社会統合が政策として本格的に推進されてきた。1999 年に統合法を成立させた中道左派政権が 2001 年、中道右派を中心とする政権に交代すると、デンマークの移民政策は他のヨーロッパ諸国と比べても制限の多い内容に変わり、移民に厳しい施策が政府主導で進められた。その後、2011 年に再び中道左派が政権を担うようになると、移民政策の実施主体は地方自治体に移行する。2015 年には中道右派の自由党を中心とする連立政権が返り咲き、2018 年現在も自由党選出のラース・ルッケ・ラスムセンが首相を務めている。以下では統合法が施行された

1　補章の一部は、坂口緑，2023,「主流化アプローチ」『日本生涯教育学会年報』第 44 号（201-216 頁）に加筆修正したものである。

2　デンマーク統計局による（https://www.dst.dk/en/Statistik/emner/befolkning-og-valg/ indvandrere-og-efterkommere, 2024/6/25 参照）。

3　1998 年まではデンマーク難民協会（Dansk Flygtninge Hjælp/ Danish Refugee Council）が 18 か月間の統合プログラムを組み、住居については自治体（kommuner/ municipalities）が、またデンマーク語教育に関しては県（amt/ prefecture）が責任を負うことで実施されてきた（Geiger, Lund 2010: 18）。1999 年の統合法は、期間が 3 年間に延長され、住居およびデンマーク語教育の両方の責任が自治体に移行された。その後、2007 年の自治体改革で、13 あった県は廃止され、五つの地域（regioner/ regions）と 98 の自治体に改編された。現行のデンマーク統合法については次の URL を参照のこと（https://www.retsinformation.dk/Forms/R0710. aspx?id=193999, 2024/6/25 参照）。

表3　現代デンマークにおける首相一覧

在任期間	氏名	政党
1993 – 2001	ポール・ヌロップ・ラスムッセン (Poul Nyrup Rasmussen)	社会民主党 (Socialdemokratiet)
2001 – 2009	アナス・フォ・ラスムッセン (Anders Fogh Rasmussen)	自由党 (Venstre)
2009 – 2011	ラース・ルッケ・ラスムッセン (Lars Løkke Rasmussen)	自由党 (Venstre)
2011 – 2015	ヘレ・トニング・シュミット (Helle Thorning-Schmidt)	社会民主党 (Socialdemokraterne) [※]
2015 – 2019	ラース・ルッケ・ラスムッセン (Lars Løkke Rasmussen)	自由党 (Venstre)
2019 –	メッテ・フレデリクセン (Mette Frederiksen)	社会民主党 (Socialdemokratiet)

※デンマーク社会民主党の名称について、2002年から社会民主主義者という意味で「Socialdemokraterne（social democtrats)」と呼称することが党大会で決定された。その後、2015年に党首となったメッテ・フレデリクセン（Mette Frederiksen）は再び、社会民主主義（Socialdemokratiet/social democracy）と呼称することに改めた。表内の表記が異なるのはこのためである。

1999年以降、現在までの時期を三つに区切り、社会統合政策の変遷を概観する。

第1節　1999年から2011年まで

　デンマークで移民が政治課題とされるようになったのは、外国からの労働者が増加し始める1990年代になってからである。1990年代半ば以降、非西洋国からの移民とりわけ旧ユーゴスラビアからの移民が増加し、都市郊外の集住化が進むに従い、社会統合が、社会参加と教育に限定されたものから、より包括的なものへと、具体的にはより効率的な労働市場への参加へと変化させる必要が指摘されるようになってきた（Mouritsen, Jensen 2014: 7）。背景には、反移民を明確に掲げるデンマーク人民党（Dansk Folkeparti）が頭角を現し国会に対して要求を突きつけるなど、国内でも移民問題が急速に政治のアジェンダとなったことがある（Geiger, Lund 2010: 17-18）。1998年7月、当時の政権を担っていた社会民主党（Socialdemokratiet）と社会自由党（Det Radikale Venstre）はこの要求に応えるようにして、国内で初めての移民に関

する法である統合法（Integrationsloven）を成立させ、1999年1月から施行させた。統合法には、二つの目的があったと言われている。第一に、移民第一世代が政治的、経済的、雇用関連的、社会的、宗教的、文化的生活において他の市民と同等の条件（på lige fod/ on the same footing）で参加することが可能となることである。第二に、デンマーク社会の根本的価値と規範、すなわちリベラリズムに基づく民主主義といった政治思想に関する規範、および福祉国家を支える平等主義に忠実であることである（Mouritsen, Jensen 2014: 9）。統合法成立時は、おもに一つ目の目的が重視され、社会参加と教育以外の領域における支援の必要性が議論されていたのに対し、この法律成立後に起こった政権交代により、二つ目の目的、すなわちデンマーク社会の根本価値と規範が強調されるようになった。

　2001年、自由党（Venstre, Danmark's liberale Parti）と保守党（Konservativeparti）の連立政権が、移民政策に特に厳しいデンマーク人民党の支援を受けて成立すると、デンマークの社会統合政策に大きな変化が生じる。最も大きな変化は、2001年に「難民移民統合省（*Ministeriet for flygtninge, indvandrere og integration*/ Ministry of Refugees, Immigrants and Integration）」が発足したことである。これは、それまで八つの省が管轄してきた移民および難民に関する予算と権限を一つの省に統合するものであった。八つの省とは、統合を管轄してきた内務省、帰化を管轄してきた法務省、デンマーク語教育を管轄してきた教育省、職場での統合を管轄してきた財務省、マイノリティ集住地と再開発に対応してきた住宅都市省、移民と難民の社会的包摂に責任をもってきた社会省、移民のための労働市場開発を担当してきた労働省、そして移民によるビジネスへの参加を促進してきた商務省である（Jørgensen 2014: 2）。この省は、自由党が政権を担った2011年まで存続した。

　この時期の社会統合政策を振り返ると、当時の政権の意向が強く反映された三つの目的があったと言われている。第一に、移民人口の（エスニシティ別の）構成を変化させるために流入する移民をできるだけ選別することである。それまで事実上、認められてきた家族の呼び寄せを大幅に制限し、労働ビザをもつ移民および学生ビザをもつ学生の流入を促進し、生産年齢人口におけるエスニシティの多様化を促すことで、社会的および経済的に周縁化する移

民を減らそうとしていた。第二に、経済的自立を促すことである。労働市場への参加が統合の手段であり目的であることが強調された。第三に、移民が自ら統合のために自己責任により「努力」することが求められた。デンマーク語の授業を複数回欠席する、失業状態にもかかわらずジョブセンター（職業安定所）での面会に出席しないといった事実により、「努力の欠如」が見られると、その後の永住権獲得や帰化申請が制限されるといった施策が実施された（Jørgensen 2014: 2-3）。

　1999 年の統合法で当初掲げられていたのは、デンマーク語の試験を全国で統一することだった。それ以前まで実施されていた、民間語学学校による独自の基準に基づくデンマーク語の試験を統一することで、デンマーク語能力が公的に証明されるようになった。2001 年以降は、これらのデンマーク語能力に加えて、アソシエーション活動への参加、学校等の保護者会への参加など、ボランタリー社会活動への参加も重視されるようになるなど、統合される側の義務をより一層強調する内容に変化した（Geiger, Lund 2010: 17-22）。

　このような統合法を支えていたのは、デンマークにおける社会統合は、デンマークの社会規範を受け入れてこそ労働市場で「成功」する、という言説である。このときのデンマークの社会規範とは、言論の自由を支持するリベラリズムを認めること、福祉国家政策を支持する平等主義を受け入れること、さらに宗教は問わないが社会活動においては世俗的であることとされた（Mouritsen, Olsen 2013a）。この時期のデンマークの社会統合政策は、ナショナリズムの論理が強く働き、しばしば近隣のヨーロッパ諸国から強い批判を受けている（Mouritsen, Olsen 2013b）。しかし、国内においては、就業に必要な最低限のデンマーク語教育だけではなく、労働市場への統合を目指すのであれば、デンマーク語教育を通してデンマークの文化や歴史、社会生活を学ぶことができるよう、またアソシエーションへの参加など社会生活においてもデンマーク社会の規範に則った行動ができるよう、統合プログラムが拡充されるべきと指摘され、よりナショナリスティックな論理が優先された（Geiger, Kund 2010: 17-22）。

第2節　2011年から2015年まで

2011年の総選挙では再度、政権交代が起こり、社会民主党を中心とする中道左派が政権についた。首相となったのは社会民主党選出のヘレ・トーニング・シュミットである。トーニング・シュミット政権になって以降、社会統合に関する政策にも二つの大きな変更が見られた。

一つは、2001年に設立された難民移民統合省が閉鎖され、中央集権的なガバナンスが解かれ地方分権へと変化した点である。省の閉鎖に伴い、2001年から2011年まで一つの省に集められていた権限は、次の四つの省に分割された。移民局、難民申請者の対応および帰化申請を管轄する法務省、移民および難民の労働市場への統合を担当する雇用省、フォーマルおよびノンフォーマルな教育制度における統合を担当する教育省、そして統合政策の全体を担当する社会内務省（Social- og Indenrigsministeriet）である（Jørgensen 2014: 3）。統合政策に関する合意形成の手法についても、以前の与党が中央主権的に主導するものから、地方議会、自治体、移民およびマイノリティからなるアソシエーションの代表者も含めた地方分権的なものへと大きく変化した。修正された統合法第16条には、社会統合に関する政策は各自治体の管轄となったことが追記された（Mouritsen, Jensen 2014: 10）。また、各自治体には「統合審議会（Integrationsråd）」と呼ばれる組織が置かれた。これは、統合法第42条で規定されているもので、各自治体は、移民およびマイノリティからなる統合審議会を形成することが義務付けられた。また、統合審議会をおかない自治体においても、移民およびマイノリティからなるアソシエーションの代表者を市議会のもとに置き、助言を受けることとなった。さらに、国の統合大臣のもとにはコペンハーゲン市、オーフス市、オーデンセ市、オールボー市の統合審議会から推薦される理事2名と有識者が集まり「統合審議会理事会（Repræsentantskabet for Rådet for Etniske Minoriteter）」が開催されることとなり、そこで審議されたことを各自治体で実施するという方

法が採択された[4]。

　もう一つの大きな変更点は、移民第一世代を対象とする「統合プログラム」が本格的に始動したことである。移民を対象とする統合プログラムは、2013年7月に実施された統合法修正により実現した（Mouritsen, Jensen 2014: 10-11）。すべての自治体はニューカマーの移民に対し各自の習熟レベルに合わせて「統合プログラム」を提供することが義務化された。とりわけ、自治体は同じ時期、すべての18歳から25歳の若者に適切な教育プログラムを提供することが重要課題とされ、移民としてやってくる18歳から25歳の若者に対しても教育プログラムの提供が重要だと強調された（統合法第16条a）。地方自治体が計画する統合プログラムは、多様なアクターすなわち、学校教育制度、ノンフォーマルな教育制度、スポーツクラブ等のアソシエーション、地域社会の多様なボランタリーアソシエーション、職場等における職業訓練が個人の習熟レベルに合わせて取り入れられることになった。さらに移民第一世代のヘルスケアに関する支援についても自治体の責任となった（Mouritsen, Jensen 2014: 11）。このような統合プログラムの目的は、「新しいデンマーク人（nydansker）」が3年間のうちにデンマーク社会に統合されること、すなわち「労働市場において賃金を得て生活できるようになること」だとされた（Mouritsen, Jensen 2014: 9）。特徴的なのは、第一にデンマーク語教育期間だけではなく労働市場への統合に3年間という期間が限定されたこと、第二に教育であろうとヘルスケアであろうと、従来から一般市民に提供されていた自治体による多様な支援プログラムの組み合わせによって実現されたことである。移民法第1条に記された移民法の理念「政治的、経済的、雇用関連的、社会的、宗教的、文化的生活」における参加のうち、とりわけ労働市場への参加については引き続き重視された。

4　次を参照のこと。Ekspertgruppen om udredningen af den aktive beskæftigelsesindsats, 2015, *Delrapportering: integrationsindsatsen for nyankomne flygtninge og familiesammenførte udlændinge*, København, p. 28.

第3節　2015年から現在まで

　2015年の総選挙では、今度は中道右派の自由党が政権に返り咲いた。2019年までは、自由党選出のラース・ルッケ・ラスムセンが、それ以降は社会民主党選出のメッテ・フレデリクセンが首相を務めている。中道右派から中道左派への政権交代はあったものの、移民関連の政策については前政権の政策を継承し、現在も社会統合政策の基本方針は、統合法に基づき、地方自治体がおもな責任主体となり、おもに一般市民に提供しているプログラムを個人の習熟語に合わせて調整し、教育、ヘルスケア、社会的活動、ソーシャルワークに関わる支援を提供することになっている。

　以前と変化が見られるとしたら、移民に対する統合プログラムを実施して数年が経過したため、その成果を測定する調査が実施され、より詳細な課題が提示されつつあること、そして移民に対する統合プログラムの対象に難民（*flygtninge*/ refugees）と難民申請者（*asylansøgere*/ asylum seekers）が加わり、より広範囲に実施されるようになった点である。

　デンマークの場合、統合プログラムの目的は労働市場への参加である。移民第一世代もまた難民として居住許可を得た人も、一定のデンマーク語教育および教育訓練を受けたのちにデンマークの労働市場で就労することが強く期待されていることは現在まで変わらない。

　デンマーク統計局の調査（2015年）によると、2007年から2013年のあいだの就労率は経済危機の影響を受け、非西洋国出身の男性も、ネイティブのデンマーク人男性もともに大きく値を下げている。ただしその影響が弱まった2014年の調査によると、非西洋国出身の男性の就労率は35歳時にもっとも高く65％である一方、ネイティブのデンマーク人男性の就労率は同じく35歳時に80％であり、大きな差が見られる。また同じくネイティブのデンマーク人の16歳から64歳までの就業率が男性75％、女性72％なのに対して、非西洋国出身者ではこの割合は男性53％、女性43％にとどまっている（Danmarks Statistik 2015: 45）。また、移民や難民としてデンマークにやってきた人が、統合プログラムを始めて4年後に就労しているか教育を受けてい

る人は34％と言われている。34％の内訳は、男性が37％、女性が30％と、女性のほうがより低い割合にとどまっており、年齢とともに就労しているか教育を受けている人の割合はさらに低くなる。ただし統合プログラムを始めて4年後に就労しているか教育を受けている人の割合は、移民や難民としてやってきた第一世代なのか、それとも家族として呼び寄せられた人なのかではあまり差異はみられない。それよりも国籍による違いのほうが大きく、とりわけ2015年の調査時においては、シリアとソマリアからの移民および難民には男女差が大きいと指摘されている（Danmarks Statistik 2015: 45）。

　さらに、2010年の調査によると、移民第一世代にとっての社会統合を阻害する要因としてあげられているのは、次の六点である。第一にデンマーク語スキルの不足、第二に出身国で取得した資格についてデンマークにおいて公式なあるいは非公式な承認を得られないこと、第三に社会的および文化的スキルの不足、第四に差別、第五に出身国とデンマークのにおけるジェンダー規範の相違、第六に集住化（ゲットー化）である（Jacobsen, Lversage 2010: 67-68）。しかし全体として、移民および難民で職業教育を修了した人の就業率は、ネイティブのデンマーク人と比較してもほとんど変わらず、職業訓練を受けない移民および難民とネイティブのデンマーク人との就業率の格差よりも小さくなっている。また賃金については、移民および難民とネイティブのデンマーク人のあいだに有意な差はなく、差が見られるとしたらそれは一般的に性別による差である（Jacobsen, Liversage 2010: 142-146; Madsen 2016: 6-7）。このような点からも、上に見られる阻害要因を取り除き、より多くの移民および難民が、第一に最長で3年間の統合プログラムに参加すること、第二に統合プログラム終了後に教育および雇用の段階に進むことが期待される。そして何よりも、この二つの段階を丁寧に架橋するフォーマルおよびノンフォーマルの教育制度、職業教育、社会参加のプログラムがとりわけ重要だと分かる。

　また難民および難民申請者に対する統合プログラムについては、当事者のステイタス（難民申請者か、難民か、居住許可を得ているか等）によって異なってくるが、近年では、難民として滞在する人々が統合プログラムを経て、労働市場にスムーズに移行できるように施策が整えられてきた。そのような施

補章　現代デンマークの社会統合政策　*133*

策の対象となるのは、難民として認定され、居住許可を得た人である。このような難民に対する生活支援の第一の責任は、地方自治体が負っている。自治体は彼らをデンマーク社会とデンマークの労働市場に統合するために、おもに三つの領域で主要な責任を負う。第一に、住宅である。彼らが住む場所を得て、地域コミュニティで定住するための支援の責任を負っている。第二に、他の統合支援である。教育、ヘルスケア、社会的活動、ソーシャルワークに関する支援の責任を負っている。第三に、統合プログラムの提供である。なかでも週37時間を基本とするデンマーク語教育については、母語においての読み書きができない人のためのコース1、母語で短期の教育経験を持つ人のためのコース2、母語で中長期の教育経験をもつ人を対象とするコース3に分かれており、コース3に分類される人は、3年たたずともフォーマルな教育機関へ移行すること、あるいは就労することが期待されている（Madsen 2016: 2）。

　ただし実際には、様々な理由により統合プログラムを終えられない人も少なくない。とりわけ、出身国でほとんど教育を受ける機会のないまま移住してきた人にとって、また女性が教育を受ける慣習をもたない文化圏から移住してきた人にとって、コース1に配属されたからといって、家の外にひとりで出かけて、教室に入り、教師による指導を受け、仲間と一緒に新しい知識を獲得すること、すなわち学習することは未知の経験でもあり、家族の理解、周囲の支援を必要とするため簡単ではない。それにもかかわらず、移民や難民の労働市場への統合を急ぐ前政権は、2016年7月に新しい教育政策「統合基礎教育（Integrationsgrunduddannelsen: IGU）」を導入した。これは企業等で実習生等として賃金を得て働く外国人が、2年間のうち20週間を教育に当てることを保証する枠組みで、働きながらデンマーク語、成人基礎教育、成人一般教育、単位制高校、職業訓練コース等を受講できるものである[5]。実際には各職場でこれらの講座を準備するのは難しく、また彼らの学習時間に対して賃金を支払うという仕組みのため、雇用主側がこの制度を実施するインセンティブが働かず、うまく機能していない。それよりも現政権は、移民

5　教育省HPによる（https://ufm.dk/uddannelse/integration-pa-uddannelsesomradet/uddannelser/integrationsgrunduddannelsen, 2024/9/5参照）。

第一世代の家族として移住してきた若い世代や就学前の子どもたちに力点を置き、移民や難民が集住する都市郊外の「ゲットー」とされた対象地域（ghettoen）[6] において、就学前教育の前倒しの義務化、地域性を考慮した保育園の設置、0 年生時におけるデンマーク語試験の導入といった早期教育を実施しようとしている（Økonomi- og Indernrigsministeriet 2018: 8）。

第4節　デンマークの社会統合政策の特徴

　このように、デンマークの社会統合政策は、与党を形成する連立政権の政治的指向により、第一に 1999 年から 2011 年まで、第二に 2011 年から 2015 年まで、そして第三に 2015 年から現在までの 3 期に区分できる。たしかに、1999 年に統合法が施行されて以来、移民や難民の労働市場への統合に向けて、様々な施策が試みられてきた。とりわけ、2001 年から 2011 年まで存在した難民移民統合省は、移民に厳しい政策をとる当時の政権の姿勢を表現したもので、2015 年頃をピークとするシリア等中東諸国からヨーロッパ諸国に流入するいわゆる欧州難民危機の際にも、難民の積極的な受け入れを一定期間進めた隣国ドイツやスウェーデンに比べ、デンマークの場合は非常に抑制された数の難民のみを受け入れた。またこの方針が難民にも知れ渡ることで、難民移民統合省は、結果的に、抑制された人口流入を実現する象徴的な役割

6　デンマーク語で移民背景をもつ人々の集住地を「ゲットー（ghettoen/ ghetto）」と呼ぶが、これは日常用語というよりも政策用語である。デンマーク政府は公営住宅法に基づき、交通建設省は毎年 12 月 1 日に「ゲットー」に当てはまる地域のリストを公表している。1,000 人以上の住民がいて、次の五つの条件のうち少なくとも三つを満たす公営住宅地域が対象となる。第一に、18 歳から 64 歳までの人口のうち、労働市場や教育の場にかかわりのない者の割合が 40%を超える（過去 2 年間の平均）、第二に、非西洋国からの移民、および移民二世・三世の割合が50% を超える、第三に、刑法、銃刀法、あるいは違法薬物に関する法律に違反して判決を受けた者の割合が、18 歳以上の住民の 2.7% を超える（過去 2 年間の平均）、第四に、義務教育課程しか受けていない 30 歳から 59 歳までの住民の割合（教育的背景についての情報がない者を含む）が、住民全体における同じ年齢グループの 50% を超える、第五に、その地域（regionen/region）の 15 歳から 64 歳までのうち、進学先を探している者を除いた課税対象者の課税前平均所得がその地方の同じグループの課税前平均所得の 55% を下回る、である。2017 年 12 月に公表されたリストには、22 の公営住宅団地が列挙されていた。交通建設省ホームページより（https://www.regeringen.dk/nyheder/ghetto-listen-2017-to-nye-omraader-tilfoejet-fem-fjernet/ghettolisten-definition-af-en-ghetto/, 2024/9/5 参照）。

を果たしたといえる。

　それでも 2000 年代を通し、これまでにないほどの移民や難民が流入した時期を経験した現代デンマークの社会統合政策には、一定の特徴が見られる。それは、移民や難民といったターゲットとなる集団に対し、「一般市民を対象とする社会プログラムや社会政策を通してアプローチしようとすること」である（Jørgensen 2014: 5）。移民問題を研究するマーティン・バク・ヨーエンセンは、これを「主流化（mainstreaming）」と呼ぶ。主流化とは、一般市民と同等の施策を用いて移民や難民の社会統合を実現すること、できるだけ個別の事情に合わせて調整することで、出身国や学習歴も異なる人々を移民や難民というターゲット集団に仕立て上げず、彼らも主流（mainstream）を形成する一員であるとみなす対応の方法を意味する。ヨーエンセンは、2011 年以降のデンマークの社会統合政策には、主流化と分権化の二つの特徴があると指摘するが、それはデータに基づく政策選択というよりも「信念に基づく」選択であり、政治的性向の表出ではないかと指摘している（Jørgensen 2014: 5-6）。たしかに、主流化は、ヨーロッパの他国のアプローチとは異なっている。2001 年から 2011 年まで継続してきた中央集権的な方法にもなじまない。それでも、2011 年以降、社会統合政策を分権化し、地方自治体のレベルで移民やマイノリティからなるアソシエーションを政策決定過程に組み入れる方法をとったからこそ、現在のデンマークの生涯学習政策に見られるように、既存のアクターの活用、すなわちフォーマルな学校教育制度、ノンフォーマルな教育制度、スポーツクラブ等のアソシエーション、地域社会の多様なボランタリーアソシエーション、職場等における職業訓練の活用が可能になっているのだと考えられる。

　ただし、このような社会統合政策を進めるうえで大きな障壁となりうるのは、ナショナルレベルとローカルレベルでの利害の衝突である（Jørgensen 2014: 20-21）。デンマークの社会統合政策は、ナショナルレベルでは経済的な理由が強く主張される。難民移民統合省があった時代の三つのメッセージ、すなわち移民を選別すること、移民や難民に経済的に自立を求めること、そして自助努力を求めることは、矛盾なく成立する。これらをまとめて移民の早期の「労働市場への統合」が、どの政権にとっても、現代デンマークの社

会統合政策に共通の目標とされてきた。ところが、ローカルレベルでは、この目標を達成するために、地方自治体が教育、ヘルスケア、社会的活動、ソーシャルワークに関わる支援の責任を負う。それは、成功すれば順調に「労働市場への統合」に至るかもしれないものの、実際には失敗も多く、そうでなくても、移民や難民それぞれの学習歴、職歴、健康状態、社会規範に対する理解等による個人差が大きく、多くの困難を伴う教育的プロセスを含んでいる。統合プログラムが実施される 3 年間という期間も十分ではない場合が多く、実際にはプログラム終了後も統合に関わる教育的プロセスに付き合い続けるのは、ローカルレベルのアクターである自治体職員やボランタリーな社会活動に関わる一般市民である。この意味で、社会統合政策を主流化および分権化によって進めようとする現代デンマーク社会の方法をよりよく理解するためには、地域社会の多様なアソシエーションやノンフォーマル教育機関で何が起こっているのかを観察する必要がある。

補章　現代デンマークの社会統合政策　*137*

第三部

現代デンマーク社会における
ボランタリーセクターの機能

第三部では、デンマークのボランタリーセクターがどのように形成され、運用されているのかを確認する。経済の自由化とグローバル化が進行するなかで、格差の拡大、貧困、エスニシティの対立が各地で問題となっている。デンマークの社会思想史を研究する小池直人は、福祉国家の再編問題[1]について、オルタナティブな福祉国家につながる「新たな福祉国家」のモデルをデンマーク社会に求めている。その際、重要な要素として指摘されるのが、雇用におけるフレキシキュリティ、公共組織の再編、サムフンズ・カピテル（Samfundskapital/ social capital）、そしてボランタリー社会活動の四点である（小池 2017: 30-161）。

　雇用におけるフレキシキュリティは、1990年代にデンマークで取り入れられた福祉国家における積極的労働市場政策モデルであり、労働経済学や社会政策論において活発に論じられてきた（若森 2010; 若森 ; 2013; Madsen 2016; 嶋内 2008; 嶋内 2011; 加藤 2011）。柔軟な労働市場と手厚い失業保険制度を基盤に、所得保障をしながら雇用保険の範囲内で職の移動を高めようとする、知識社会に対応するための施策である（加藤 2011: 117-128）。公共組織の再編は、1970年代に国から県、市への包括的な責任、業務、財源などの委譲が行われた地方分権に関連する（自治体国際化協会 1997）。このとき導入された、「ユーザーへの分権」は、地方公共団体に設置される委員会や会議に、利用者の参加を求めるもので（自治体国際化協会 1997: 27-28)）、1990年代を通して、民間団体についても同様の考え方が定着している（朝野 2005: 3-33）。サムフンズ・カピテルは、社会に共通する規範意識について、ソーシャル・キャピタル論（ロバート・パトナム）を現代デンマーク社会に応用した小池の概念で、自発的結社やネットワークのもたらすソーシャル・キャピタル、福祉国家の制度が創出するソーシャル・キャピタル、そしてパンらの主張するようなポリティカル・キャピタルを合わせた、複合的な意味を持つ（小池 2017: 132-160）。さらに、小池は、これらの特徴に加えて、デンマーク社会には、福祉国家の制度が整備される以前から継承されてきた、ボランタリー社会活動に特徴があるという。小池によると、デンマークのボランタリーセクターは、アソシエーション（forening/ association）を中心とする諸団体の連なりであり、それはデンマークの市民社会を形成してきた「生の啓蒙（livesoplysning/ life's enlightenment）」[2]と密接な関係に

1　欧州連合における福祉国家の再編問題とは、非効率な経済部門や非生産的な就労形態を見直すこと、加盟国のあいだで水準の異なる社会保障の見直し、経済成長の鈍化と人口構成の高齢化にどのように対応するのかに関連する（廣澤 2012: 187-210）。小池は、「サムフンズ（共同社会）」という観点から、この問題への対応として、現代デンマーク社会を「新たな福祉国家」のモデルと想定し、その特徴を描出している（小池 2017: 1-27）。

2　生の啓蒙（livesoplysning）は、グルントヴィの思想を表現する言葉の一つで、「教育を通して、人間が（神にとっての生活ではなく地上の）生活へのより大きな洞察を得るように、その意味を感じることができるように、人生は啓発されなければならない」という意味を持つ（グ

ある（小池 2017: 124-129）。以上のように、現代デンマーク社会の四つの特徴は、雇用や統治という政治経済的な論点と、規範意識や慣習という社会規範に関する論点とに分けられる。

　第三部では、これらの論点のうち、後者の社会規範に関する論点に着目する。その理由は、具体的な制度とはなっていない社会規範や慣習の領域が、社会統合という課題に関してどのように関係するのかを探るためである。

　第三部は、2009 年と 2010 年に実施した、デンマークのボランタリーセクターが果たす社会的役割に関するインタビュー調査の概要と結果から成る。第 7 章は、デンマークのボランタリーセクターに関連する機関に所属する専門家に対するインタビュー調査であるのに対し、第 8 章は、ボランタリーセクターで実際にアソシエーションを立ち上げた人たちに対するインタビュー調査である。第 9 章では、第 7 章と第 8 章に詳述する調査の結果を踏まえ、ボンタリーセクター研究におけるデンマークの特徴を位置付け、国内で課題とされる社会問題の解決に利用可能かどうか、またどのように自律性を保持しているのかを検討する。

第7章　デンマーク・ボランタリーセクターの現在
──「共同責任」と「生活の質」

　第 7 章では、福祉国家の再編問題に対応するデンマーク社会の事例を、ボランタリーセクター研究者および専門家の視点を通して理解することを目的とする[3]。2006 年、アメリカのジョンズホプキンス大学が主催する約 50 か国にわたるボランタリーセクター調査研究の一環として、デンマークでも大規模な調査が実施された。2008 年には、デンマークの研究者による考察とともに、デンマーク社会の特徴を明らかにする研究書が刊行された。本章では、これら二つの先行研究を参照し、新自由主義に対する典型的批判として言及される行政とアソシエーションとの協働に見られる下請け化問題、すなわち安い労働力の調達先としてアソシエーションの活動が活用される事態につい

───────────
ルントヴィフォーラム HP https://grundtvigskforum.dk/grundtvig-i-skolen, 2024/6/27 accessed.）。
3　第 7 章は、坂口緑 , 2011,「デンマークのボランタリーセクターの現在：「共同責任」と「生活の質」」明治学院大学社会学部付属研究所『研究所年報』第 41 号（47-63 頁）に加筆・修正したものである。

て、そのような事態は観察されるのか、観察されるとしたらどのような分野
か、観察されないとしたら何が歯止めとなっているのかといった点について
調べることを目的とした。これらの質問に対する回答を通して、デンマーク
のボランタリーセクターにどのような意味付けがなされているのかを明らか
にしたい。

第1節　デンマークのアソシエーションの意味

　ボランタリーセクターに関する研究には、アメリカのジョンズホプキンス
大学が主導する研究（The Johns Hopkins Comparative Nonprofit Sector
Project）が大きな影響を与えてきた。アメリカの「非営利セクター」につい
ても、経済規模の観点からの言及が多く、団体数が 157 万（2009 年）、寄付
や補助金等から推計される支出額は、ボランティアによる労働を有償換算し
なくとも全体で 1.3 兆ドル（2007 年）にあたる点などが強調される。たしかに、
団体数、雇用者数、寄付や会費収入といった経済的な側面からの調査は、規
模や活動内容、出自も多様な団体をひとまとまりとして扱うことを可能にす
る。その意味で、1998 年および 2002 年に実施された同大学による国際比較
調査は、この分野における一定の指標となっている（サラモン 1999; 山内
2014）。

　とはいえこの国際比較調査は、アメリカの観点から規定した「非営利セク
ター」でしかないという見方もできる。政府セクター、市場セクターの残余
カテゴリーとしてボランタリーセクターを同定する場合でも、宗教的な団体
はどこまでが非営利か、税金によって運営されているものの、形式上「法人」
と名乗る医療機関や学校、共済保険や信用組合、年金組合等はどのように扱
えるのかなど、具体的な線引きはその社会によって大きく異なる。アメリカ
の場合、そしてその原則に従ったジョンズホプキンス大学の調査の場合、「内
国歳入庁」に「非課税団体」として登録された団体であること、という一点
をもって、すべてを「非営利セクター」として数え入れる。そのため、ハー
バード大学のような有名私立大学から、消費者ローンを提供する消費者信用

組合まで、すべて NPO とみなされる[4]。

　他方、ヨーロッパにおけるボランタリーセクターの研究は、国ごとの特徴を強調する方法でまとめられている。たとえばフランスでは、建国の理念である共和主義を人々の連帯を基礎とする「アソシアシオン」が中心となっている。これは、日本ではやや古めかしい「結社」という訳語で今でも説明されることが多い労働組合や職業団体、協働組合などを主として指す。フランス革命後の民主化の動きを背景に成立した「1901 年法」として知られる、フランスのアソシエーションの権利を基礎付ける法は、「まったく自由な個人と個人が取り交わす契約で、この契約によって、どのような自由をも放棄されるものではない。…（アソシエーションは）本来的には、国家の協力団体ではない」（コバヤシ 2003: 38）。イギリスのように、1997 年以降、サードセクターを政府の戦略的パートナーと位置付けて活用している例、またスウェーデンのように、雇用の受け皿としてサードセクターが活用されている例など、各国の特徴が際立っている（ボルザガ, ドゥフルニ 2004）。

　本調査研究の対象国であるデンマークのアソシエーションの歴史を振り返ると、フランスに共通する特徴が見られる。絶対王政の崩壊と同時に市民主体の団体が結成され、それが民主化を推進していった。ただし、フランスが都市中心の民主化を経験している国であるのに対し、デンマークの場合、農村から民主化の波が起こっている。

　絶対王政が崩壊し自由憲法が定められた 1849 年以降、デンマークでは一般市民を中心とするアソシエーションが数多く設立される。近隣との領地争いが絶えなかった時代を経て、初めて数十年続く安定した時代を迎えると、好景気を背景に、農村共同体のなかにも、独立する富裕な農民が出現した。1860 年代には彼らがリーダーとなり、宗教的な運動のための団体や政治的結社、また農民専用の貯蓄銀行、そして酪農協働組合といったアソシエーショ

4　日本 NPO 学会の見解によると、日本における NPO 法人は、「ボランティア活動をはじめとする市民が行う自由な社会貢献活動としての健全な発展を促進することを目的として、NPO 法に基づき認証を受けた特定非営利活動法人である」（山内直人・田中敬文・奥山直子編 2013: 7）。法人の場合の NPO の範囲には、特定非営利活動法人だけではなく、業界団体、職業団体、労働組合や一般社団法人や公益財団法人に加えて、学校法人、社会福祉法人、更生保護法人、宗教法人が含まれる（山内直人・田中敬文・奥山直子編 2010: 10）。

ンが結成された。ヨーロッパでは遅く、1890年代になって初めて工業化を迎えたデンマークでは、その前の時期に、農村から発達したアソシエーションが、政治的および社会的な力を持つようになっていった。このような農村中心の民主化は、同時に、長い冬期の農閑期に、農民たちが集い学び合う「民衆の啓蒙（*folkeoplysning/* enlightenment）」（N.F.S. グルントヴィ）と呼ばれる独自の教育活動によっても増幅された。歌や話し合いを通して新しい学びを経験する成人教育施設である国民高等学校は、このような時代に発達した（小池 2017; 清水 1993; コースゴー 1993）。

　現在、デンマークは、国民の3人に1人が何らかのボランティア活動に関わっていると言われる「ボランティア大国」である（Ibsen, Boje, Fridberg 2008: 23-24）。他方で 2001 年以降、ヨーロッパの多くの諸国と同様、新自由主義を標榜する政党が政権に参加し、経済的そして政治的な見地からボランタリーセクターに対する関心が高まっている。戦後、長いあいだ政権を担ってきた社会民主党は、人々の平等を追求する福祉国家を形成してきた。けれども経済成長の鈍化や移民の増加などの諸条件の変化が、「国民」となるべき人をセレクションにかけ、福祉サービスの提供を限定された国民のためだけのものにしようとする福祉ショーヴィニズムの考えが台頭してきた。亡命者や移民を人権の観点から受け入れるべきという社会民主主義的価値と、福祉国家が提供する「権利」を「国民」に閉じようとする福祉ショーヴィニズム的価値との葛藤が、引き起こされている。ボランタリーセクターは、この葛藤に対する緩衝材的な役割を果たしてくれるのではないかとの政治的な期待がある（Christensen 2008: 90）。他方で、スウェーデンのように、ボランタリーセクターが経済セクターとして成長してくれるのではないかとの経済的期待も小さくない。

　このような役割期待は、これまでのボランティア研究で示されてきた、「小さな政府」の代替機能という説明と必ずしも一致しない。アメリカのように中央政府の権限を限定的に統制する伝統を持つ社会や、日本のように中程度の福祉国家機能を選択してきた社会にとって、ボランタリーセクターは、ある意味で国家の社会政策を下支えする重要な役割を担っている。そのためボランタリーセクターは、政府機能を補完すると説明されてきた。けれども、

144　第三部　現代デンマーク社会におけるボランタリーセクターの機能

1970年代から育児や介護を社会化し、労働組合を中心に手厚い失業手当や職業訓練、そして労働市場から排除されている人々に対する諸制度を発達させてきた福祉国家デンマークで、ボランタリーセクターが実際に何を担っているのかは明らかではない。たしかに、2000年以降、その役割期待は鮮明になってきた。政治的には緩衝材として、また経済的には雇用や成長を担うセクターとして、ボランタリーセクターをどのように「活用」しようとしているのかは、イギリスやスウェーデンの例から推測できる。ただし、デンマークのボランタリーセクターが、現在、どのような役割を担っており、それがどのような社会的背景によるものなのかについては、デンマークでの研究からだけでは明らかではない[5]。

　本章はこのような関心のもと、現代デンマーク社会におけるアソシエーションの意味を理解することを目的とする。

　本章の構成は次のとおりである。まず、調査の枠組みを解説する。上のような問題関心に至った経緯と、半構造化インタビューに向けて設定した質問について記述する。次に、2009年9月に筆者が実施したデンマークでのインタビュー調査の記録を概観する。2009年の調査でアプローチしたのはデンマークのボランタリーセクターについての調査研究に関わっている研究者およびソーシャルワーカーで、後述する二つの先行研究の背景を理解するためだった。

　インタビューの対象は次の5名の研究者や専門家である。独立行政法人ボランティアソーシャルワークセンター所長A氏およびコンサルタントのB氏、南デンマーク大学でボランティア研究のプロジェクト統括者を務めている政治学者C氏、また国立社会科学研究所のD氏、デンマークのボランタリーセクター関連の政策立案に関わる政府機関ボランティア審議会所長E氏である。この5名はセンター、大学、研究所、審議会というそれぞれ異なる機関に所属しており、政府との距離やプロジェクトとの関わり方には小さな差異はあ

5　デンマーク国内のボランティア活動についての既存の報告は、国立社会科学研究所が主導する調査を基本としており、デンマーク国内のボランティア活動をどのように活発することができるのか、従来の文化スポーツ分野、住宅分野（アパートの管理組合への参加等）を超えて、新しい領域に活動が広がるのかといった、ボランティア活動の促進という側面が強く打ち出されている（Koch-Nielsen, Skov Henriksen, Fridberg, Rosdahl 2005: 147-158）。

第7章　デンマーク・ボランタリーセクターの現在　**145**

るものの、いずれもデンマークでは、ボランタリーセクターに関する研究と
実践に深く関わるトップの研究者や専門家である。最後に、いわばボランタ
リーセクターの領域において種々のアソシエーション全体を見渡す立場にい
る 5 者の見解をまとめ、デンマークのボランタリーセクターの特徴を把握す
る。

第 2 節　デンマーク・ボランタリーセクターの特徴
2－1　先行研究の検討

　本調査を構想した背景には、デンマークのボランタリーセクターについて
の大規模な二つの研究があった[6]。一つは 2006 年に刊行された調査研究であ
る（Boje, Fridberg, Ibsen 2006）。これは、ジョンズホプキンス大学が主催す
る約 50 か国にわたる調査研究の一環として、デンマークでも実施された国
際調査である。とりわけ、ボランタリーセクターの規模を捕捉し比較する目
的で設計された調査であり、デンマークでも調査結果が社会科学研究所から
出版されている。この調査研究からは、いくつかの特徴が明らかになった。
第一に、デンマーク人の 3 人に 1 人が何らかの活動に関わっており、その大
半がスポーツ関係であるということ。第二に、フルタイムの仕事を持つ子育
て世代こそがボランティア活動に関わっているということ。とりわけ 30 歳
から 49 歳の子を持つ男性が、もっともボランティア活動に関わっていると
いう結果が明らかになった。第三に、活動に関わるきっかけは知人や友人と
のつながりであること、第四に、「文化および余暇」活動を支援する団体がもっ
とも多いことも明らかになった。さらに第五点目として、デンマークのボラ
ンタリーセクターは 1975 年、1990 年と比較し増大傾向にあること、第六に、
全国にあるアソシエーションのうち 80％がボランティア活動によって支え
られていること、第七に、ボランタリーセクターの経済規模は GDP の 9.6％
に当たること（2004 年）、他の北欧諸国と異なり、有給スタッフを増加させ

6　2004 年以降に着手されたデンマークにおけるボランタリーセクター研究の成果は、全部で
四つ報告されている（Koch-Nielsen, Skov Henriksen, Fridberg, Rosdahl 2005; Boje, Ibsen eds.
2006; Boje, Friedberg, Ibsen eds. 2008; Ibsen, Boje, Friedberg eds. 2008）。本章ではそのうち、よ
りまとまっている書籍の二つを先行研究として参照した。

ようとする傾向があること、そして 2004 年におけるボランタリーセクターの雇用規模は 25 万人に上ることが判明した（Boje, Fridberg, Ibsen 2006: 9-14）[7]。

　ボランタリー社会活動はデンマーク社会では人々の生活に浸透しており、なかでもスポーツ活動によって人々が所属するアソシエーションはもっとも身近な存在である。放課後のクラブ活動に該当するような活動が地域のアソシエーションによって運営されており、幼児から大人まで参加できるような、サッカー、バドミントン、ハンドボール、バレーボールのチームが存在する。これらのチームの指導者も、また管理運営する団体も、子どもたちの親やチームに参加する大人である。他にも、社会福祉領域のボランティア団体も数多く、たとえば、ひとり親家庭に時折訪問し、こどもの相談相手をする団体（*Børns Voksenvenner*/ Big Brothers, Big Sisters）や、一人暮らしの高齢者を訪問しお茶の時間をともにするボランティア（*Besøgsven*/ visiting friends）などは、よく知られた活動である。ボランティアベースで運営され、多くの子どもたちも参加する放課後のクラブ活動でデンマーク社会の子どもたちはデモクラシーを学ぶと指摘される（Anderson 2008）。

　2008 年には、この国際調査とは別に、デンマークの研究者による新たな考察が加えられた研究が発表された（Ibsen, Boje, Fridberg 2008）。ここでは、近年のデンマークにおけるボランティアセクターと市民社会論との関係について論述したアカデミックな考察から、北欧における非営利セクターと他のヨーロッパ諸国とを比較する論考、また移民や移民背景を持つ第二世代の人たちがどのくらいアソシエーション活動に参加しているのかなど、ヨーロッパにおける喫緊の課題である福祉国家の再編問題および移民背景を持つ市民の社会統合問題まで論じられている。最後の点についてはたとえば、デンマークにおいて、移民背景を持たない人々の約 40％がボランティア活動に関わっ

7　日本との比較は簡単ではないが、デンマークのボランティア団体数は、2005 年 10 月の時点で 8 万 3,000 の地域団体、6,200 の財団、8,000 の独立団体、3,000 の全国組織があるのに対し、日本の NPO 法人数は、2022 年 7 月の時点で、5 万 586 団体、認定 NPO 法人数は 1,247 である。日本には他にも町内会や財団法人などの組織に加え、市区町村に登録されている社会教育団体をはじめとする草の根の自発的集団は数多いため、単純に比較することはできない。また、ボランティア活動に参加する人々の割合に関しては、デンマークが 3 人に 1 人（OECD 2005）と言われているのに対し、日本は約 4 人に 1 人、26％であるといわれている（総務省 2016）。

ているのに対し、移民背景を持つ人々のうちボランティア活動に関わっているのは23％にとどまっていること（2006年）、また、ボランティア活動への参加希望を持つ者も、移民背景を持たない人々の約50％であるのに対し、移民背景を持つ人々のうち参加希望を持つ人々は約35％であることが報告されている（Ibsen, Boje, Fridberg 2008: 77-92）。19世紀以来のアソシエーションの歴史を共有せず、また組織運営の原理についても、民主主義の手続きを重視するデンマーク社会と、それぞれ異なる文化に根ざした原理を知る人々とでは、ボランタリーセクターを活用しての社会統合は簡単ではないことが推察できる。しかし右派の影響力が増す政権運営のもと、2010年にはビザの延長や永住権申請のためにデンマーク社会におけるボランティア活動の有無を問う基準が導入された[8]。ホスト国のライフスタイルに同化することが、市民権の事実上の条件とされ、その基準として非政府の組織であるはずのボランタリーセクターが活用される、というロジックがここに生じている。この点についても社会統合という観点からデンマーク社会での文脈に沿って理解できるよう、研究者を対象にインタビュー調査を行うことにした。

2－2　質問と仮説

　2009年に行ったのは、以上のような先行研究を踏まえ、今回、ボランタリーセクターのいわば「傘」の「上」において、上の二つの調査研究の枠組み決定に携わった研究者に対し、デンマークのボランタリー社会活動の意味を理解しようとする調査である。インタビュー調査の対象者に対しては、事前に作成した共通の質問事項を送付し45分から60分程度の時間で回答してもらった。インタビューは原則として英語で行われ、筆者が質問を担当した。ただし、独立行政法人ボランティアソーシャルワークセンターの所長である

8　実際に、永住権取得の際に1年間の「ボランティア活動」への参加が、2010年3月から政府により導入された。100ポイント以上となることが求められ、追加ポイントの項目の一つとして、次のような条項が加わった。「デンマークのクラブ・アソシエーション・委員会等に1年以上所属することで15ポイント。例としてデンマーク人と交わることができる社会的なグループ、ボランティア、PTA、地域活動、老人クラブ、子どもへのスポーツ指導、NPO法人への参加等」である（http://www.nyidanmark.dk/NR/rdonlyres/EBBC0146-A034-4573-A3FF-43FE2C601C4A/0/aftale_serviceeftersyn.pdf, 2024/9/8参照）。

A氏に対しては、本調査研究の研究協力者がデンマーク語で質問し、デンマーク語で回答してもらった。また、英語でのインタビューに関しても、鍵概念となる言葉については、適宜デンマーク語での説明を求めることもあった。したがって、インタビューデータには原則としてデンマーク語を補っている。質問事項に関しては半構造化インタビューとし、インタビュイーの回答によって、適宜、新たな質問を差し挟んだ[9]。

　質問事項は次の二つの質問と仮説からなる。第一の質問は、社会福祉制度の発達した社会において、ボランタリーセクターが担っている役割とは何か、である（質問1）。これに対し仮説として第一に、社会福祉制度の整っている社会においては、ボランタリーセクターが担っている役割は、社会的に排除されている人たちに対する一次的な活動に限定されているのではないか、そしてそれは、パブリックセクターとの連携のうえに成立しているのではないか（Ex. 外国人移民に対する支援、ホームレスに対する支援）と想定した。第二に、パブリックセクターがまだ着手していない社会問題を発見する、ニーズの掘り起こしを行っているのではないか（Ex. フェアトレードの推進、社会的企業の支援など）と想定した。第三に、パブリックセクターやプライベートセクターが行わないほうがいいと判断される活動を行っているのではないか（Ex. 訪問ボランティア、Børns Voksenvenner）と想定した。

　第二の質問は、NPO（ソーシャルワークの領域／スポーツ・文化の領域）が行政や企業の下請け（subcontractor）となり、事実上安い労働力として利用されることはあるのか、あるとしたらどのようにして回避しているのか、というものである（質問2）[10]。これに対し仮説として第一に、行政や企業側が

9　本章におけるインタビュー調査は2009年度明治学院大学社会学部付属研究所一般研究プロジェクト「デンマークにおけるアソシエーショナリズムの展開と実際」の成果である。インタビュー・データは筆者のフィールドノートに基づいており、文責はすべて筆者にある。

10　第7章と第8章で言及している「下請け化問題」とは、社会学者の仁平典宏（2002; 2004; 2005）が提起し、田中弥生（2006）も警戒する、ボランティア動員論の問題に連なる概念である（坂口 2003）。報酬を伴う労働とは区別されるボランティア活動の領域で、労働力を必要とする側が、労働力を提供する側の自律性を認めず、断ったり交渉したりする余地のない垂直的な権力関係のもとに「安い」労働力として調達されることを指す。仁平によると、福祉国家の再編が進むなかで、ボランタリーセクターが、国家および市場と並ぶ領域として認知されるようになり、ボランティア活動は、「民主主義的準拠性」および「ケア倫理準拠性」によって「価

労働法に基づいた人件費を計上した予算を確保しているのではないか、と想定した。第二に、NPOと企業の両者を区別せずに入札によって事業者を選定するといったスキームがあるのではないか、と想定した。

第3節　インタビュー調査に対する五名の回答

　本節ではインタビュー調査に対する5名の回答を記述する。回答者の属性は各項目のとおりであるが、いずれも前述のとおり、デンマーク国内ではボランタリーセクター研究の中心的役割を担っている研究者および専門家である。

3－1　独立行政法人 CHSA 所長 A 氏の回答

　独立行政法人ボランティアソーシャルワークセンター（*Center for Frivilligt Socialt Arbejde/* The center for voluntary social activities: 以下、CFSA）の所長A氏に対するインタビューは、オーデンセ市にある CFSA のオフィスにおいて 2009 年 9 月に実施された。

　CFSA はデンマーク第三の都市オーデンセに位置する、デンマーク政府社会省の管轄下にあるセンターである。1992 年に試験的に設立され、1995 年以降、国の予算案に基づいて分配される公金を運営資金として受け取り、正

値的に根拠付けられてきた」（仁平 2005: 56-57）。民主主義的準拠性とは、官僚制や専門家による非効率な事業運営や政策立案に市民や「NPO が参画することで民主主義が深ま」る、とする考え方である。また、ケア倫理準拠性とは、ボランティア活動は、「共に人間であるという点で平等な地平にあるボランティアと被援助者」がニーズに基づき対応できるものであるとする考え方である（仁平 2005: 57）。たしかに、国家や市場に対する異議申し立てを主とする対抗型の社会運動ではない、ボランティア活動の可能性はある。けれども、そこには、本来国家が果たすべき役割を、専門家ではない個人や団体に割り当てる、「行政の補完・下請」となるばかりか、「共感可能な他者との関係性」を重視したり（ケア倫理準拠性）、「ラディカルな政治性を回避」したり（民主主義準拠性）ことが、「誰の声に応え、誰の声を排除しながら成り立っているのか」を見えなくする問題も存在する。これをどのように乗り越えるのかが、実は曖昧なまま、ボランティア活動が称揚されているのではないか、という問題提起がある。国家や市場に「都合の良い」ボランティア活動が、デンマークでも、国家主導で進められているとしたら、それはボランタリーセクター研究上でも課題とすべき論点であると考え、このような質問を追加した経緯がある。

150　第三部　現代デンマーク社会におけるボランタリーセクターの機能

表4　第7章インタビュー対象者※

所属	仮名	推測される性別	推測される年齢
独立行政法人 CFSA 所長	A 氏	男性	60 代
独立行政法人 CFSA コンサルタント	B 氏	女性	30 代
南デンマーク大学教授	C 氏	男性	40 代
国立社会科学研究所上級研究員	D 氏	男性	60 代
デンマーク・ボランティア審議会所長	E 氏	男性	60 代

※所属および職位等は 2009 年 9 月当時による。

式に運営されている。センターの目的はデンマーク国民のボランティア活動を支援することであり、各地のセンターを統括する役目も担っている。ボランティア活動のなかでも「ソーシャルワーク」に関わる内容に特化しており、文化や余暇、あるいはスポーツに関する活動を支援するというよりも、広義の社会福祉に関するに関するコンサルティング、図書館機能の提供、有料・無料コースの提供、無料電話相談を実施している[11]。

　A氏によると、1933 年、デンマークは大きな社会福祉改革を行い、福祉の課題を公のものとする原則を承認した。しかし1976年の「社会福祉支援法」が成立するまで、その原則が実際に実現したわけではなかった。ソーシャルワークが盛んになり、普遍主義的な福祉国家の体裁が整ってきたのは 1980年代になってからである。オルボー大学のヘグラントは福祉国家の危機を次のように説明する。第一に経済的な危機であり、福祉を必要とする人々の数に比して財源には限りがあるということ。第二に機能的な危機であり、支援を必要とするすべての人に手をさしのべるのは困難であること。第三に正統性の危機で、国民のあいだで国家が行うことが正当に理解されないということである（Hegland 1996）。A氏は、今日、私たちは福祉「社会」については議論するものの、福祉「国家」について議論することはないと指摘する。もはやすべての福祉サービスや貢献を分配するのが国家だけの役割ではないからである。「福祉ミックス（*velfærdsmix*/ welfare mix）」という考え方の台頭

11　CFSA の HP による（https://frivillighed.dk/om-center-for-frivilligt-socialt-arbejde, 2018/4/20 参照）。

第 7 章　デンマーク・ボランタリーセクターの現在　*151*

である。現在の政府を含めて、世の中は経済的な事情ですべて動いているように見える場合もあるが、それだけではないとA氏は話す。アクティブ・シティズンシップが重要であり、消費者（forbruge/ consumer）なのか、熱心な市民（borger/ citizen）なのかということが世の中を動かす基軸になると考えているという。質問にあったように、政府が安価なものを選ぶ手段となるという経済的な側面があることにも同意しないわけではないが、それでも市民社会は、国家の提供する普遍主義に対立項となり、多様化したものを与えることができるのではないかという。

　質問事項に関しては、まず、福祉領域でのボランタリーセクターへの期待は、政府の「仕事」を民間の「弱い」団体に肩代わりさせること、すなわち「下請け」になるのではないかという質問（質問2）については、次のように回答した。すなわち、現行政府がそのほうが安くつくだろうと考えて、市民社会に現在ある問題を解決してほしいと期待したとしても、市民社会側がその仕事を請けるかどうかは確かではないはずだという前提のもと、まず、デンマークでは政府が市民社会側の団体に彼らが何をすべきかを決めることはできないことになっている。市民社会の側にいるボランティア団体は、ミッション、課題、組織、リーダーシップ、職業意識などすべてにおいて政府から提案された仕事内容と合致する場合のみ、それを引き受けることになる。もしも、政府が市民社会側の団体に訪問サービスをしてほしいと望むなら、常設スタッフや開館時間などといったことを考えなくて済む組織度の低いものがふさわしく、逆に市民社会側の団体に大きな福祉課題を解決してほしいと望むなら、組織度の低いものでは不十分となる。この意味で「組織度」の合致が非常に重要になる、とA氏は指摘する。もし政府や一般市民であるわれわれが市民社会により大きな福祉課題に取り組むように期待するならば、市民社会側のボランティア団体はソーシャル・エコノミー企業として改組する必要があるのではないかという。下請け問題が生じるとしたら、それに見合った仕事量を担える組織ではないということであって、福祉ミックスといった思想の問題ではない、ということである。下請け問題が生じるのは、民間企業同士でも、政府機関同士でもありうる、とA氏は指摘する。

　次に、福祉国家のなかのランタリーセクターの役割について（質問1）は、

A氏は次のように回答した。すなわち、福祉制度のなかで問題となるのは、むしろ普遍主義的な制度のみを維持することであって、具体的には高齢者施設で移民背景を持つ高齢者をどのように受け入れるのがいいのかという点が現実の問題となっている。すなわち、イスラム教の信者にデンマークではそうだからとの理由で豚肉を中心とした食事しか提供しない、日本で長く生活していた人に黒パンの食事しか提供しないでいて、それをデンマークのライフスタイルに合わせるべきと強要するのは間違っている。人によって、信教の自由が尊重されるべきだし、毎日、米を食べたいと希望する日本人の高齢者の自由も尊重されるべきである。ただしその場でハラルフードや米を食べたいと希望だけするのは「消費者」にすぎない。A氏によると、デンマークで求められるのは、「市民が持つ共同責任（*medansvar*/ co-responsibility）」だという。どのような制度変更をすればハラルフードが提供されるようになり、毎日米が食べられる状況を実現できるのか、その人もその周囲の人もともに考えなければならない。

　以上のように、デンマーク国内の福祉領域におけるボランティア団体の活動を長年近くで支えてきたA氏は、たしかに2000年代以降、福祉国家の再解釈が進み、領域によって、個別化、関与、共同に与え合う影響、民主化、ソーシャルキャピタルが大きな意味をもっているため、それらの点では、普遍主義をとる国家よりも市民社会が役割を果たすのは自明であると話す。そしてセクター同士が競合するよりも、ソーシャルワークの中身について議論されるべきなのではないかと指摘する。

　A氏の説明のなかで、市民には「共同責任」が伴うという言葉が選ばれている点が特筆に値する。ボランタリー社会活動への参加は、単なるライフスタイルではなく、市民としての責任に関連する。「消費者」と「市民」の違いは、この介護サービスを例にした短いエピソードが端的に示している。

3－2　独立行政法人 CFSA コンサルタント B 氏の回答

　B氏は、このセンターが正式に設置された1995年以来、15年間、おもにコースの企画運営や研究調査を担当するコンサルタントとして働く、中核的なスタッフである。

第7章　デンマーク・ボランタリーセクターの現在　*153*

B氏は、自分の業務は「架橋すること」と話す。情報や助成、運営手法の
ヒントなどを求めている団体が、どこにアクセスすれば一番いいのかの相談
にのる中間支援の業務を担っている。

　B氏によると、まず誤解しないでほしいのは、デンマークではボランタリー
セクターが福祉領域の社会的サービス（育児、養育、介護等）を提供する際
の主体となることはないという点であるという。福祉領域の社会的サービス
は国家が一義的な責任を負っている。その意味では、ボランタリーセクター
は、サービスの提供者としてはマイナーな存在である。しかしアソシエーショ
ンには三つの異なる種類があるという。第一に、会員を持つアソシエーショ
ンであり、これは、会員の利益の最大化を図ることを目的としている団体で
各種の労働組合がそれに該当する。第二に、保健や移民との統合問題などを
扱う、公的な課題を掲げるアソシエーションであり、これらは規模は小さく
ても先駆的な課題に取り組んでいる。第三に、非営利組織であり、修道会や
赤十字などの大きな非営利団体のなかには福祉施設を運営しているものもあ
り、事実上、政府と同じ役割を果たしているところもある。現在、第三のア
ソシエーションに対する要求が高まっており、新たな法整備やフレームワー
クの見直しが行われている。すなわち、国家が用意する福祉サービスの提供
だけでは不十分な領域で、自治体が非営利組織の運営する施設と契約し、新
たなサービス提供者となってもらう試みである。ただしB氏は個人的には、
ボランタリーセクターが、国家や市場との競争にさらされるのは合理的では
ないと考えていると話す。

　質問事項に関しては、まず、福祉領域でのボランタリーセクターへの期待
は、政府の「仕事」を民間の「弱い」団体に肩代わりさせること、すなわち
「下請け」になるのではないかという質問（質問2）については、次のよう
に回答した。すなわち、たしかにボランタリーセクターは政府（国家）の「リ
ソース」として注目されている。そのため、「下請け化」も起こりうると懸
念している。政治家たちは、どのアクターが何を生産しているのかを見よう
とし、その費用対効果をはかろうとする。けれどもそれには反対したい。な
ぜなら、アソシエーションは生産や雇用のリソースではなく、「生活の質」
そのものであるからだ。下請け化の問題も、現在、起こっているという意味

ではないが、これからおこりうる点を懸念しているという。B氏は、訪問調査時に2年かけて作成したボランタリーマネジメントに関するハンドブックの作成を終えたばかりであるが、その作業を通して分かったのは、ボランタリーセクターのなかのアソシエーションの多くが、ボランティアによって支えられているということである。雇用しているスタッフがいるわけではなく、そのため、政府やその他の財団が要求する書類を作成する仕事だけでも、ボランティアスタッフが持ち帰り、週末の時間を削って行っている。ハンドブックの作成に団体が協力してくれたのは、ボランタリーセクターの置かれている社会的背景や理論的背景に関心があるという団体だった。自分たちの団体や活動を客観的に見て議論する機会になり、それが一般的に言って生活の質の向上につながるからと引き受けてくれた、と話す。

B氏は、自分の仕事は、アソシエーションと企業、アソシエーションと社会省、あるいはアソシエーション同士を架橋することであり、なかでも助成金の情報を集めて与えることが重要だと考えている。ただし「われわれの役割は、アソシエーションの需要をくみ取ること」であって、「政府のために働くアソシエーションを見つけることではない」とB氏は明確に発言していた。

B氏は、ボランタリーセクターが政府のリソースになりうる可能性を認め、下請け化の懸念も質問者（筆者）と共有していた。そして、CFSAのコンサルタントとして中間支援に当たる際に、社会省の管轄下にある組織とはいえ、アソシエーションは生産や雇用のためのリソースではなく、「生活の質」に関わる存在だと話し、ボランタリーセクターと国家セクターとの力の違いを明確に意識していることが分かった。

3－3　南デンマーク大学教授C氏の回答

C氏は、デンマークのボランタリーセクター研究をリードする政治学者である。C氏は南デンマーク大学スポーツ、健康、市民組織に関する研究センター（*Center for Forskning i Idraet, Sundhed og Civilsamfund , Syddansk Universitet/* The center for social affairs, health and civil society, University of Sothern Denmark）に所属している。C氏に対するインタビューは、オーデンセ市にある南デン

マーク大学スポーツ、健康、市民組織に関する研究センターにおいて 2009 年 9 月に実施された。

　C 氏によると、このセンターの名称が、デンマーク国内で流通しているアソシエーションのイメージを反映している。すなわち、アソシエーションとは第一に市民がスポーツを行う母体であり、第二に健康な生活を送るサポートを行う場であり、第三に市民による市民のための活動を行う場である、というイメージである。C 氏は、ジョンズホプキンス大学の国際比較調査にデンマークの担当者のひとりとして参加している。

　質問事項に関しては、まず、デンマークのように高度に発達した福祉国家においてボランタリーセクターが担っている役割は何かという質問（質問 1）について、C 氏は次のように回答した。すなわち、福祉国家においてボランタリーセクターが活発であることを矛盾とみなすことが間違っている。ボランタリーセクターと福祉国家は両立し、ともに発展しうる。アソシエーションは、それを発足させる動機の一つとして、より公的な役割を担いたいという動機があり、他方で福祉国家もまた、ボランタリーセクターのような働きとともにその機能を強めることができる。たしかに、両者が依存しあう構造は新自由主義的な結合と言えるかもしれない。しかし、ボランタリーセクターにとっても、また福祉国家にとっても、両者の存在がそれぞれ前提条件になっていると C 氏は言う。

　次に、デンマーク社会のボランタリーセクターの役割に関する質問（質問 2）について、次のように説明する。すなわち、デンマークではアソシエーションの数自体は増加傾向にある。しかしそれは、福祉国家の果たす役割のシェアが下がっているというわけではなく、福祉国家の果たす役割、提供するサービスの質や量が向上しているためである。アソシエーションといっても大きく分けて二つの形式があり、一つは会員ベースの、会員の利益のために働くアソシエーションであり、もう一つは、自治的な組織として機能している非営利組織である。国家セクターがボランタリーセクターの「下請け」と化す可能性については、そのような問題は起こりえないと指摘する。なぜなら、ボランタリーセクターは、自律性を持っており、国家セクターのなかに組み込まれることはありえないからである。政府は確かにボランタリー社

会活動を支援はするものの、活動の内容を指示できるわけではない。社会福祉領域については、「社会サービス法（*Serviceloven*/ law of service）」第18条にあるように、政府はアソシエーションと「協力・協働（*samarbejde*/ co-work）」しなければならない。

　§18. 地方自治体は、ボランタリーアソシエーション（*frivillige sociale organisationer og foreninger*/ voluntary organisations and associations）と協働（*samarbejde*/ co-work）しなければならない。
　2. 自治体は、自発的な社会事業を支援するために毎年金額を割り当てるものとする。
　3. 協力の枠組みは個々の市議会によって決定される[12]。

　このような「協力」の関係がフレームのすべてではあるが、だからといって政府がアソシエーションに何かを要求するわけではないとC氏は指摘する。他方で、ボランタリーセクターのアソシエーションの側も「生涯学習法（*Folkeoplysningloves*/ law of lifelong learning）」第4条で規定されている。

　§4. 生涯学習に関わるアソシエーション（*en folkeoplysende forening*/ a lifelong learning association）とは
　１）成人教育を提供する団体、第4章参照
　２）ボランタリー社会活動に関わる団体（*frivilligt folkeoplysende foreningsarbejde*/ voluntary lifelong learning associations）、第5章参照
　であり、次の要件に当てはまるもの。
　1. アソシエーションとしての組織化されているもの
　2. 本法律が定める公共的な生涯学習サービスを提供しているもの
　3. 少なくとも5名以上の理事から成り、会員または会員となる諸団体の同意を得ているもの
　4. 一般の参加者が理事の席につく可能性を担保しているもの

───────────────

12　デンマーク社会サービス法第18条（1）-（3）。

第7章　デンマーク・ボランタリーセクターの現在　*157*

5. すべての人に開かれた生涯学習・成人教育機会を提供しているもの、第7章第4節参照
6. 補助金を得る場合はその自治体に住所があるもの
7. 公共的で継続性を持つ団体であるもの [13]

　このように、アソシエーションの側も組織化されていることや、公共的であることが求められている。

　C氏によると、デンマーク社会にボランタリー社会活動が根付いている一番の理由は、子ども時代の経験にある。デンマークの社会では子の親になると、ボランティア活動に参加することが親としての務めの一部であることに気づかされる。スポーツクラブの運営から、学校の理事会まで、親の出番が用意されており、子どものために、時間のある親が順番に手をあげて動かざるを得ない。この経験が別の経験へとつながっていく。ボランティア活動になぜ人々が参加するのか、という動機に関する研究がたくさんあるのは知っているが、C氏自身はあまり動機を重視していない。なぜなら、デンマークの場合、単に生活の一部だと考えるからであるという。

　C氏がてがけた2008年の調査でも、ボランティア活動への参加に関心がないという人は30％以下の数値だった（Ibsen, Boje, Fridberg 2008: 39-63）。これはノルウェーやスウェーデンの社会よりも少ない。この意味で、移民背景を持つ若者たちにとっても、スポーツクラブに参加するのが、学校に次いで民主主義を身近に学ぶことのできる場として有益だとC氏は強調する。残念ながらデンマークでは人気の高いハンドボールに移民背景を持つ若者たちが集まることはあまりないそうだが、サッカーやバスケットボールには多くの移民背景を持つ若者が参加しており、これは社会統合のためにプラスの効果を発揮しているという。

　移民背景を持つ若者について研究しているデンマークの社会学者のピーター・グンデラックもまた、アソシエーションが民主主義ルールを学ぶ場となっていると指摘する（Gundelach 2006; 2007）。それは、多数派が少数派に

13　デンマーク生涯学習法第4条（1）-（2）付則1）-7）。

耳を傾けるという訓練である。民主主義とは、相互に闘争し合う関係性から脱却し、交渉すること、話し合うこと、対話によって解決することを学ぶプロセスであるとの考えである。Ｃ氏によると、このような民主主義の経験を重ねるデンマーク社会の構成員は、政府や国家セクターを、何かを任せる権威ある存在としてではなく、一般の立場にある自分たちが交渉したり統制したりできる何かだと理解する。

　たしかに、ボランタリー社会活動というのは、そもそも、命令したり要求したりして人を動かすことのできない組織であり、そこでは常に人々に耳を傾けなければならない。そのような態度でいないと、人々はボランティアとして活動しようとは思わない。デンマークの民主主義はこのような組織のなかでの経験を経て培われるものなのだろう。

3－4　国立社会科学研究所上級研究員Ｄ氏の回答

　国立社会科学研究所（*Social Forsknings Institut/* National research center for social science）の上級研究員Ｄ氏もまた、デンマークのボランタリーセクター研究の第一人者として知られている。ジョンズホプキンス大学の国際比較調査を実施するにあたり、2006 年に 50 か国で実施された調査のデンマークの担当者として、南デンマーク大学教授のＣ氏とともに参加した。その成果は国立社会科学研究所から一冊の本として刊行されており、Ｄ氏が結論を執筆している。

　質問事項に関しては、まず、デンマークのように高度に発達した福祉国家においてボランタリークセターが担っている役割は何かという質問（質問１）について、Ｄ氏は次のように回答した。すなわち、政府のセクターとボランタリーセクターはもともとその役割を異にしている。政府はボランタリーセクターに命令も要求もできない。その意味では、政府はボランタリーセクターに依存することもできない。依存することを前提に事業を設計することは間違っている、とＤ氏は指摘する。福祉国家において社会的サービスを提供する責任者は地方自治体である。専門職を雇用し、ニーズに応え、調整するのは、何よりも政府・国家セクターの仕事であるという。Ｄ氏によると、いわ

第 7 章　デンマーク・ボランタリーセクターの現在　*159*

ゆる「ハードワーク」[14] に関しては、政府セクターが面倒を見るべき分野である。それをボランタリーセクターに担わせることは、任務が過剰になればなるほど困難となり、そのために社会が機能しなくなる可能性が高くなり、効率的ではないからである。D氏は、政府の責任において、コストのかかる業務に関しては、資金も人材も調達しなければならないとし、ボランタリーセクターが担えるのは、その上で残る課題だろうと指摘する。とりわけ、個別対応を伴うパーソナルな領域の業務は、普遍主義的な官僚制によっては調達できない分野だという。

　次に、ボランタリーセクターが「下請け化」する問題（質問2）について、D氏は次のように回答する。すなわち、デンマーク社会で両者の役割をコントロールしているのは法律であるとし、C氏と同様、国家がボランタリーセクターと協働する（*medarbejde/* cooperate）ことは社会サービス法第18条によって規定され、またボランタリーセクターのアソシエーションも組織化された公共の活動を伴う団体であることが生涯学習法第4条によって規定されると指摘する。ただし、歴史的な経緯を振り返りながら、D氏は、福祉国家がすべてではなく、ボランタリーセクターによる補完が必要であるとの見方が徐々に顕在化してきたと説明する。すなわち、2000年以降、福祉の領域で、ボランタリーセクターや企業等、民間の活力を導入しようとする政治的な動きがあり、例えばボランタリーセクター同士で病院の経営権を争うなどの競争が生じている。ただしD氏によるとデンマークのこの動きは、必ずしも「新自由主義」のもとに選択されているというだけではない。というのも、1970年代以降、福祉国家の完成にむけて多くの資金を費やしてきたが、その頃に一度議論された「福祉国家の危機」は、政府がすべてを調達してくれるはずという幻想からの目覚めだった。政府はシステムと施設を調達してはくれるかもしれないが、とりわけ人間同士の関わりや生活の質に関わること、さらに個別の対応をしてくれるわけではないことが分かってきた。官僚制の限界に、ボランタリーセクターの必要性が生じ、今日のような大きなプレゼンスにつながったのではないか、と指摘する。

14　分配的正議論の際に言及される、付加価値を生みにくくコストがかかるとされる仕事のこと（ウォルツァー 1999）。

D氏もまた、デンマーク社会ではアソシエーションへの参加が民主主義という観点から重要であること、それがとりわけ移民背景を持つ人々にとっても意味があるものであり、社会統合という観点から重要であるとの意見を持っていた。できれば、自分たちのニーズに合ったアソシエーションを立ち上げる必要があるだろうが、その前にスポーツクラブのようなアソシエーションに参加することで、アソシエーションの運営の仕方を経験することが望ましいと話す。そしてそれが実際に、労働市場をはじめとする社会参加の第一歩になるとD氏は考えていた。

　最後に、近年の傾向として加えてくれたのが、とりわけ若い女性が福祉の領域でのボランティア活動に関心を強めており、より多くの人々が参加するという点である。デンマーク社会でボランティア活動に熱心な層というのは、2006年および2008年の調査から明らかなように、典型的な説明では、「30歳から49歳の男性」で、「子ども」を持ち、「フルタイムの仕事」に従事している、「教育を受けた期間が長い人」である（Boje, Fridberg, Ibsen 2006; Ibsen, Boje, Fridberg 2008）。伝統的にも、ボーイスカウトのリーダーや、スポーツクラブのコーチといった役割が数多くつねに求められてきたため、ボランティア活動の大半は男性によって担われてきた。けれども2000年代の2回の調査により明らかになった、若い女性がボランティア活動への従事する傾向について、現在どのように解釈できるのかが問われている。D氏によると、仮説的な見解ながらも二つの理由が考えられるという。第一に、女性が長く高い教育を受ける傾向がある点である。デンマークでは、近年、男性よりも女性のほうが長い期間、教育を受ける傾向が強くなっており、それに応じて、ボランティア活動に関わる際の技能を身につけている可能性が高いという。第二に、理想主義的な考え方が一般的に受け入れられつつあるという傾向があるのではないかという点である。社会にとって何か意味のあることをしたい、そのことによって大きな満足を得られる、というような考え方が、若い女性のあいだに定着しているようで、それがこの結果につながっている可能性があるのではないかと説明している[15]。

15　D氏は論文ではこの二つの仮説的な見解を明記していないが、移民背景を持つ若者も含めた、若い世代のボランティア活動への関心の上昇については指摘している（Ibsen, Boje,

3 - 5　デンマーク・ボランティア審議会所長 E 氏の回答

　デンマーク・ボランティア審議会（*Frivilligraadet*/ the council for voluntary activities）は、子ども・社会省（*Børne- og Socialministeriet*/ minister for children and social affairs）によって 2008 年 1 月に設立された独立行政法人の一つで、国内のボランタリーセクターと政府セクター、および市場セクターとの協働を提案する政府系シンクタンクである。この審議会は 12 名の審議官から成っており、都市開発や学校システム、スポーツ、地方行政などの専門家とともに、ボランタリーセクターの役割を戦略的に位置付ける仕事を担っている。もとの母体は 1983 年、保守党の政治家パレ・シモンセン（Palle Simonsen）が設立したシンクタンクであり、二度の改組を経て現在の形になった[16]。2009 年当時所長だった E 氏に対するインタビュー調査は、コペンハーゲン市におけるボランティア審議会において 2009 年 9 月に行われた。

　E 氏によると、2009 年現在、政府が積極的に取り組んでいる課題の一つは社会統合である。ボランタリーセクターに対する移民背景を持つ人々のデンマーク社会への統合という観点だけではなく、そのような人々の潜在的な能力開発という観点から、大きな期待を寄せられているという。E 氏によると、ボランタリーセクターとして有利に機能しそうな分野は、社会統合に関する個人的なプロセスの支援である。

　E 氏の説明によると、デンマーク社会では社会的結束が、人々の社会的流動性を高めると考えられている。ニューカマーの人やマイノリティの集団を、マジョリティの集団に接続することが社会的結束だと理解されることもあるが、E 氏によると、ゲスト側とホスト側の両方の交流が社会的結束につながり、それが固定した階層から別の階層への移動につながるという。具体的に話すと、移民背景を持つ人々が、教育や訓練を受けることができれば、より多くの人が労働市場に統合されるというシナリオを実現しやすくなると説明する。E 氏によると、しかしそのためには職業訓練の機会があるだけでは不

Fridberg 2008: 90-91）。

16　その後 2017 年 12 月に、新しい子ども・社会省大臣で保守民主党（Konsevative Folkeparti）選出のマイ・メルカド（Mai Mercado）により、前出の独立行政法人ボランティアソーシャルワークセンター（CFSA）と統合された。

十分で、いかにしてマイノリティにアソシエーションに参加してもらえるのか、一度発足したマイノリティによるアソシエーションをいかにして支援するのかが、課題となっている。もちろん、ネットワークがあればそれは、雇用の面でも有利になる。どのようにして自治の、個別のニーズに応えるアソシエーションを組織してもらえるのかが、E氏の考える課題だと話す。

　質問事項に関しては、政府セクターがボランタリーセクターを「下請け」として利用する可能性があるかどうか（質問2）について、E氏は次のように回答した。すなわち、デンマークでは、そのような「下請け化問題」はほとんどなく、市場セクターが社会的サービスを提供する側に進出することすら、ほとんどない。なぜなら利益を追求する市場セクターが、安定的なサービスを必要とする領域を担うのは、あまりに危険だと考えられているからだという。ただし、伝統的には教会や修道会といった資金力と人材力のある非営利組織がサービスの提供者であるという場合がある。そして現在、とりわけ病院などの医療分野において、非営利組織の参画を可能にし、政府セクターだけではまかなえない医療サービスを提供するような、「福祉ミックス」を徐々に取り入れようという動きはあるという点は、CFSAのA氏およびB氏の指摘と同様だった。

　ボランタリーセクターの役割として、E氏が注目しているのはその革新的な力だという。政府セクターは規制や法律によってすでにしばられていて、自由な働きをするのが難しい場合があるのに対し、ボランタリーセクターは、とりわけ、小さなアソシエーションは、機動力を持っている場合もある。事例として、「2008年コペンハーゲン市ボランティア賞」を受賞した「ムハベット（Café Muhabet）」というコミュニティカフェの例を挙げて、説明してくれた[17]。

　「ムハベット」は、移民や難民としてデンマークに移住してきたものの、環境の変化によるストレスなどで精神的な病を負った人々の居場所を提供するカフェである。コペンハーゲン市のヴェスタブロの目抜き通りに位置し、

17　カフェ「ムハベット」は現在、コペンハーゲン市ノアブロ地区に移転している。2014年には伝説的なソーシャルワーカーの名前を冠した「ティナ・ブリュト（Tine Bryld）賞」も受賞している。カフェ「ムハベット」HPを参照（https://www.muhabet.dk/, 2024/6/27accessed.）。

第7章　デンマーク・ボランタリーセクターの現在　*163*

20年前にデンマークに中東から移住してきた元ソーシャルワーカーの男性が2003年に設立した。移民であることに加え、精神的な病を持っているということが、どれだけホスト国での暮らしを困難にしているのかは、当事者以外の者には分かりにくい。高度に発達した福祉国家であると自負していても、そのような困難な状況にある人々の存在自体が目に見えないと、ソーシャルワーカーのアウトリーチにも引っかかりにくい。その点で、この「ムハベット」というカフェは、困難な状況を可視化し、居場所を提供し、この社会で快適でかつ安全だと思える場所を提供しているという点で、たいへん革新的だとアナセン氏は高く評価する。このような事例にみられるように、ボランタリーセクターの特権的な役割は「現在に束縛されず、未来を構築できること」だと説明してくれた[18]。

　最後に、E氏はデンマークの問題点として、ボランタリーセクターと国家セクターとの協働は進んでいるものの、市場セクターとの協働がすすまない点を指摘した。すなわち、デンマークで問題なのは、ボランタリーセクターが社会福祉領域で活動しようとしたときに、その財源やリソースを、国家セクター以外に見つけるのが難しい点である。国家セクターは、不十分かもしれないが資金援助を行っているし、オーデンセのセンターCFSAや、このボランティア審議会でも、講座を開催し、人材育成に努めている。しかし、民間企業の関わりはほとんど見られない。「企業の社会的責任」が、環境分野に偏っており、そのため、協力関係を持ちたいと思っても、必要な関係が結べない。たとえば、企業は社員が社員としてできるボランティア活動を支援するなど、資金援助を必ずしも伴わないものの、知識的・技術的リソースを提供することができるはずである。このような協働関係を切り結ぶような環境を整備を進めるのも審議会の役割だとE氏は説明してくれた。

18　デンマークには、ムスリムは人口の約5%とされており、そのうちの4人に1人がモスクに所属しており、そのようなモスクは170（2017）あるとされる。またムスリムのコミュニティは少なくとも22あると言われている（Minority Rights Group, https://minorityrights.org/communities/muslims-4/, 2024/6/27 accessed.）。また、デンマークの歴史ある私立学校（フリースコーレ）制度を活用し、ムスリムコミュニティが設立する小中学校が複数ある（欧州委員会ホームページ参照（https://ec.europa.eu/migrant-integration/news/denmark-muslim-private-schools-found-better-promote-child-integration-public-schools_en, 2024/6/27 accessed.）。

第4節　調査の結果

　今回、四つの機関に所属する5名の研究者や専門家にインタビューをおこなった。質問1の主眼は、ボランタリーセクターが実際には、移民や移民背景を持つ人々との協働においてどのような役割を担っているのかにあった。また、質問2の主眼は「下請け化問題」、すなわちボランティアの活力を国家セクターが「安い労働力」として「利用」するような事実があるのかどうか、という点にあった。

　質問1については、スポーツ、健康、市民組織に関する研究センター教授C氏、国立社会科学研究所D氏、ボランティア審議会E氏の3名が、とりわけ社会統合の観点から、デンマークのボランタリーセクターに対する期待が高いことをそろって指摘している。また質問2については、5名すべての研究者や専門家が一致していた点は特筆に値する。すなわち、下請け問題は発生しない、という回答である。なぜならボランタリーセクターのアソシエーションも、また国家セクターもともに法律によって規定されているから、というのがその回答だった。

　今回この二つの質問は、日本のボランタリーセクターに関する実態を反映させたものだった。1995年の「ボランティア年」以降、日本でもボランタリーセクターに対する関心と期待が高まっている。1998年に「特定非営利活動促進法」が成立し、内閣府の2008年の調査では、市民活動団体（NPO法人と任意団体）は全国に7万団体あるとされ、NPO法人の数は、2024年7月で約5万団体である[19]。しかし、日本でNPO法人としての活動を存続するには、地方自治体をはじめとする国家セクターからの助成金がないと成り立たない団体が半数以上を占め、国家セクターの、行政としての業務を半ば引き継ぐために法人化する、などの方法で生き残る団体が少なくない。2009年、日本でも民主党政権により「新しい公共」の概念が政策用語として登場し、それ以降、ボランタリーセクターに対する期待が高まる一方で、雇用数や予算

───────────

19　内閣府ホームページを参照（https://www.npo-homepage.go.jp/about/toukei-info/ninshou-seni, 2024/6/27/ 参照）。

の規模を誇る大きな団体は、依然として、宗教団体や皇族、財界人の財産を
もとに設立・運営される「財団法人」であったり、世界規模で寄付のための
ネットワークを持つNGOの日本支社であり[20]、福祉の領域であろうと社会教
育の領域であろうと、実際は零細な団体がわずかな補助金を得てボランティ
アベースで運営されているところがほとんどである。

　第一節で確認したとおり、これまでのボランティア研究では、ボランタリー
セクターは「小さな政府」をとる社会に不足する機能を代替するという説明
は、アメリカ社会や特に福祉領域における日本社会の政策の方向性を説明す
るものの、デンマーク社会には当てはまらないことが分かった。デンマーク
社会でのボランタリーセクターとは、結社の自由という権利の表現である一
方、人々が生活のなかで伝統的に継承してきた日常である。

　CFSA所長のA氏によると、もし国家によるアソシエーションの「下請け
化」が起こるとしたら、それは国家セクターの戦略的な過ちである。国家セ
クターは必要な事業にふさわしい組織を選択すべきであって、例えば24時
間開館する施設を維持したり、全国でのサービス提供が必須となる事業の契
約は、社会的企業のように「組織度の高い」団体でなければならないと言う。
また、いくら一般社会にニーズがあるといっても、ニーズがあると指摘する
だけの個人は消費者であって市民ではない。社会的サービスにおいても、ニー
ズがあることが分かったからには、それに対応しなければならないし、その
過程には市民も国家も同じように責任を持つ。これを「共同責任」だとA
氏は説明する。

　またCFSAのB氏は、「下請け化」の現象は今のところ見られないが、こ
れからもないとは言い切れないという懸念を強く示していた。そしてボラン
タリーセクターが国家にとって雇用や生産のリソースのように扱われたり、
ボランタリーセクターが市場セクターとの競争にさらされることは、個人的
に反対だと強調していた。なぜなら、B氏の理解によると、ボランタリーセ

20　ジョンズホプキンス大学の国際比較調査が計画された時期の調査である1996年の国際協
力NGOセンター調査によると、会員数および予算規模がもっとも大きいのは、「財団法人日本
フォスター・プラン協会」であり、雇用数がもっとも多く、またおよび予算規模が上に続いて
二位だったのは、新興宗教団体三五教を母体に設立された「財団法人オイスカ」だったという
（Pekkanen 2006: 27-46）。

クターのアソシエーションがアソシエーションとして活動しているのは、社会のリソースでありたいという動機ではなく、一般的な「生活の質」の向上にかかわるからである。

この「共同責任」および「生活の質」という視点は、日本とデンマークのボランタリーセクターの異同を考える上で重要である。というのもここには、アソシエーションに対する考え方の違いが端的に表れているからである。

日本の「特定非営利活動促進法」には、第一章総則第二条に NPO の「定義」が次のように記されている。「この法律において『特定非営利活動』とは、別表に掲げる活動に該当する活動であって、不特定かつ多数のものの利益の増進に寄与することを目的とするものをいう」（強調引用者）。これは「公益性条項」と呼ばれ、NPO を設立しようとする人たちに、厄介なものとして知られている条件の一つである。なぜなら、会員を限定し、会費を徴収して運営する団体が、この条項のために「公益」に反していると判断され、その結果、NPO としての認証を受けることができない場合があるからである。

これに対し、デンマークのアソシエーションを拘束する法律は憲法で保障される「結社の自由」であり[21]、アソシエーションを登録する市区町村から要求されるのは、名称や会費、役員、年一回以上の総会開催といった条件のみである（Hasselbach 2001）。そのうえで、C 氏が説明するように、「社会サービス法」第18条には、政府とアソシエーションとは「協働」することが記され、「生涯学習法」第4条には組織化された公共的活動をする団体であれば良いとされている。アソシエーションを組織する段階で、「不特定多数の利益の増進」につながるかどうかどうかをあらかじめ自己証明するとの考え方に立つのか、あるいは、憲法にある自由を優先し協働を前提として団体を承認するのか。前者はおもに団体を認証する側の考えが、後者はおもに活用する側の考えが優先されている。認証する側の考えが優先される社会では、結社の自由も、そして、コミュニティカフェ「ムハベット」のような「困難な状況を可視化」する革新的な活動も生まれにくいことが想像できる。活用する側の考えが優先される社会では、CFSA の B 氏の懸念が現実にならない

21　デンマーク憲法第78条第一項「市民は正統な目的のために許可を請うことなくアソシエーション（foreninger）を結成する権利を持つ」。

第7章　デンマーク・ボランタリーセクターの現在　*167*

よう、国家も市民社会も対等であり共同責任を持つとの共通理解が重要になる。

　福祉国家の再編期問題を抱えるデンマークでも、両者のバランスについては、研究者や専門家が警戒しながら議論の枠組みを組み立てている[22]。

22　本章は、2004 年以降にデンマークで実施されたボランタリーセクターに関する国際比較調査と国内調査の結果を、どのような社会的背景のもとで理解できるのかを明らかにするものことを目的としていた。また本章で用いられたのは、文献調査とインタビュー調査であり、必ずしも客観的データに基づくものではない。ここに導き出された本章の結論も、関係者へのインタビューの知見に基づくものであり、調査者の解釈が大きく反映されている。

第8章 デンマーク・ボランタリーセクターの個人
──フレデリクスベア市におけるボランティア活動の実際

　第8章では、ボランタリー社会活動が、ボランティア活動に関わる個人にとってどのような意味理解のもとに実施されているのかを確認する[1]。本章で扱うアソシエーションは、必ずしも生涯学習実践に関わっているわけではないものの、第10章や第11章で後述するノンフォーマル教育機関やNGOとともに、デンマークのボランタリー社会活動を成立させている重要な領域である。国家や行政とボランタリーセクターとの協働は、福祉国家の再編を余儀なくされる社会にとって必要となる方法の一つであるが、実際には、安い労働力の源泉としてボランタリーセクターを「下請け化」させる圧力も大きい。デンマークのボランタリーセクターに関連する機関に所属する専門家たちは、下請け化問題については一様に否定した（第7章）。しかし、実際に活動に関わる個人には、どのように認識されているのか。

　本章では、デンマークのコペンハーゲンに隣接する人口約10万人の自治体であるフレデリクスベア市で活動する4つの団体を訪問し[2]、そのうちの3

表5　第8章インタビュー対象者[※]

所属	仮名	推測される性別	推測される年齢
居場所活動（Aktivit Samvær）主宰	F氏	女性	20代
マザーヘルプ（Mødrehælpen）フレデリクスベア支部長	G氏	女性	70代
夜梟（Natte Ravnene）フレデリクスベア支部長	H氏	男性	40代
フレデリクスベア市役所ボランティアコンサルタント	I氏	女性	50代

※所属および職位等は2010年9月当時による。文中の金額は、当時のレートを参照し1クローネ15円として計算した。

1　第8章は、坂口緑 , 2012c,「福祉国家の中のボランティア：デンマーク・フレデリクスベア市の取り組み」明治学院大学社会学部付属研究所『研究所年報』第42号（59-74頁）に加筆・修正したものである。
2　インタビュー調査をした1団体からは、インタビュー実施後に論文での公表は控えてほしいとの希望があったため、本章でもインタビューデータの詳細は参照していない。

団体と1名のインタビュー調査の結果を取り上げる。アソシエーションを立ち上げ、社会的領域においてボランタリー社会活動に実際に携わる人たちが、どのような経験をしているのかを理解するためである。

第1節　下請け化問題とは何か

　本章は、20世紀を通していち早く高水準の福祉国家政策を実現してきた国として知られるデンマークにおいて、ボランタリーセクターを構成するアソシエーションを率いる個人がどのような役割を果たしていると認識しているのかを明らかにすることを目的とする。デンマークは、3人に1人が何らかボランティア活動に取り組み、ボランタリーセクターを構成するアソシエーションが大小合わせて約10万団体あるといわれる社会である（Levinsen, Thøgersen, Ibsen 2011）。近年は、社会的経済、サードセクターあるいは「社会的企業」を支援する欧州連合の政策に合わせ、デンマーク政府でも非営利団体に対する関心が高まり、全国調査や分野別の支援が行われてきた（Boje, Friedberg, Ibsen 2006; Boje, Freidberg, Ibsen 2008）。その結果分かったのは、デンマークでもっとも盛んなボランティア活動は、会費を集めて運営される会員制アソシエーションによる活動であり、その大部分がスポーツを中心とする余暇活動だという点だった（Boje, Freidberg, Ibsen 2008）。子ども時代を通して、何らかのアソシエーションに属し、サッカーやハンドボールを経験することは、デンマークにおける市民生活のごく普通の経験となっている（Anderson 2008）。それは、学校の次に「デモクラシーを学ぶ場」と認識されており、そのため、移民背景を持つ人々のアソシエーションへの参加が、政府にとって「統合」を果たす手立てとなるのではないかと期待されている（第7章）。

　このようなボランタリーセクターの役割については、デンマーク社会の特徴としてしばしば言及されてきた（小池 1999; 小池・西 2007）。余暇活動や文化活動におけるボランティア社会活動は、福祉国家制度以前から続く伝統であり、アソシエーションのなかには19世後半に創設され、150年以上の歴史を持つ団体も少なくない。他方で、必要に合わせて人々が自発的に立ち上

170　第三部　現代デンマーク社会におけるボランタリーセクターの機能

げる、新規のアソシエーションも見られる。それは社会的必要性から立ち上げられるもので、デンマークでは特に国際援助、環境、および福祉領域における新規の活動の活発さが報告されている（Boje, Freidberg, Ibsen 2008: 33-38）。

　日本では、しばしば、NPOやボランティア活動を担う個人が「安い労働力」として活用される「下請け化問題」が指摘されてきた（田中・栗田・粉川 2008: 33-4; 後房 2009; 村上 2013: 42-43）[3]。なかでも問題とされるのが、社会福祉領域の活動である。1970年代、日本が社会福祉制度を整備するなか、デンマークの活動家バンク・ミケルセンが提唱したノーマライゼーションの思想が持ち込まれ、「施設から地域へ」の掛け声のもと、地域福祉の担い手として介護や介助に主婦と学生といった個人がボランティア活動の担い手として活用された[4]。それは、日本社会に自治会や町内会といった住民自治組織とは異なる、ボランタリセクターへの関わり方を可能にした反面、ボランティアの名を借りた「動員」につながると大きな批判を浴びてきた（中野 2001; 仁平 2011a: 4-7）。日本社会では、1995年の阪神淡路大震災を機に興隆した災害ボランティア活動や、1997年に施行された特定非営利活動促進法によりボランティア活動そのものも活発になり、1990年代後半以降、参加型ボランティア論が一定の支持を集めている。そのなかには、ボランティア活動に教育的意義があることが強調され、とりわけ教育とボランティア活動の関連（サービスラーニング）、生涯学習とボランティア活動は切っても切れない関係にあることが確認されてきた（仁平 2011a: 292-300）。自己を成長させるという言説のもと（＝自己準拠化された〈教育〉のレトリック）、ボランティア活動に参加することが肯定され、その結果「安い労働力」として「動員」されるという主張は、一定の議論を喚起した（中野 2001）[5]。

3　第7章注9を参照。
4　日本社会におけるボランティア活動の推進を担ってきた社会福祉協議会は、地域で介助や介護の担い手になることに対し、1959年全国社会福祉協議会発行「社会福祉のボランティア育成と活動推進のために」というパンフレットによって担い手を「ボランティア」と名付けた団体でもある（仁平 2011: 161）。
5　ボランティアという言説の生成について知識社会学の手法で論じた社会学者の仁平典宏は、ボランティア活動を生涯学習や教育に接続するタイプの言説は、自己疎外論を共有しておりその乗り越えのために生きがい概念が持ち込まれると指摘する（仁平 2011: 295）。しかし、ボラ

デンマークでもボランタリーセクターに対する期待が高まる状況にあって、同型の問題が生じているのではないか。このような問題関心を持って、2009年に調査研究に関わる専門家5名に対するインタビュー調査を行った。

　ところが、このときの調査では、デンマークではアソシエーションが行政セクターの下請けとなることはない、という回答しか得られなかった。その理由は社会サービス法と生涯学習法で規定されているからだ、という（第7章）。たしかに、社会サービス法には「地方自治体は、ボランタリーアソシエーションと協働（samarbejde/cooperate）しなければならない」（社会サービス法第18条1）と示され、それぞれのアソシエーションは、「組織化」され「公共的で継続性をもつ団体」であること（生涯学習法第4条2の7）と定められている。けれどもこのような認識は、活動に携わる個人にも共有されているのだろうか。第7章で詳述した調査には、ジョンズホプキンス大学が主導するボランタリーセクターに関する国際比較調査にも関係する団体が含まれ、欧州連合の政策に合わせて社会経済セクターの拡大を目指す立場にある関係者を対象とした。そこで本章の調査では、本当に「下請け化問題」が生じていないのか、デンマークでボランティア活動をしている個人を対象にすることとした。

　本章での調査はしたがって、次の条件に当てはまる個人を選定することから始めた。第一に、長い伝統を持つ既存のアソシエーションに所属しているのではなく、新たに活動を立ち上げた経験を持つ個人で、第二に、国際援助や環境ではなく下請け化がおこりやすいと思われる社会領域で活動している人である。活動自体の社会的な意味が国家や行政セクターに「賞揚」されることで、「生きがい」が「やりがいの搾取」（本田 2008）に転じていないか、そして結果的に安い労働力を提供することになっていないかどうかを確認するためである。

　本章の構成は次のとおりである。まず、調査の枠組みを解説する。調査の

ンティア活動は生きがいというよりも、集団における個人の役割取得とその限界に対する認知をもたらすという意味で教育的意義を持つとする議論もある（鈴木 2004）。仁平の議論はモデル化のために教育的意義を「生きがい」に見るタイプの主張のみを1960年代から70年代の言説の転換期に探し出している点で、歴史的叙述に限定された議論だと言える。

目的および半構造化インタビューに向けて設定した質問について記述する。次に、2010 年 8 月から 9 月にかけて実施したデンマークでのインタビュー調査の記録を概観する。2010 年の調査でコンタクトをとったのは、首都コペンハーゲン市に隣接するフレデリクスベア市で活動する三つのアソシエーションの代表者およびフレデリクスベア市担当職員の 4 名である。三つのアソシエーションのうち 1 団体は 2009 年フレデリクスベア市ボランティア賞を受賞しており、2 団体はそれ以前の受賞者で、フレデリクスベア市のボランティアフォーラムのメンバーでもある。フレデリクスベア市担当職員は、前述のボランティア賞およびボランティアフォーラムを担当していた 1 名の責任者である。以上 4 名に対するインタビューを通して、福祉国家のボランタリーセクターにおいて、実際にボランティア活動を担う個人が行政や社会とどのような関係にあると理解しているのかを確認する。

第 2 節　質問と仮説

　2010 年 8 月から 9 月、筆者はフレデリクスベア市を拠点に活動する三つ団体の代表者と市役所の担当職員、合わせて 4 名 に対するインタビュー調査を実施した。デンマーク国内のボランティア活動の大半を占める余暇活動分野の会員制アソシエーションではない団体を選定するために、調査対象者はフレデリクスベア市ボランティア賞の受賞団体から、スポーツおよび文化等の余暇活動分野を取り除き、承諾を得られた 3 団体を取り上げた。

　三つの団体はそれぞれ次のとおりである。第一に、高齢者福祉に関連する「居場所活動（Aktivit Samvær）」を主宰する F 氏である。第二に、児童福祉に関連する「マザーヘルプ（Mødrehælpen）」フレデリクスベア支部長の G 氏である。第三に、青少年育成に関連する「夜梟（Natte Ravnene）」フレデリクスベア支部長の H 氏である。また市役所担当職員は、フレデリクスベア市ボランティアコンサルタントの I 氏と連絡をとることができた。

　インタビュー調査の対象者に対しては、事前に作成した共通の質問事項を送付し 45 分から 60 分程度の時間で回答してもらった。インタビューは原則として英語で行われ、筆者が質問を担当した。ただし、マザーヘルプのフレ

第 8 章　デンマーク・ボランタリーセクターの個人　*173*

デリクスベア支部長G氏およびフレデリクスベア市担当職員I氏に対しては、回答がデンマーク語でなされる場合があった。その場合は、本調査研究の研究協力者が通訳をした。英語でのインタビューに関しても、鍵概念となる言葉については、適宜デンマーク語での説明を求めることもあった。したがって、インタビューデータには原則としてデンマーク語を補っている。質問事項に関しては半構造化インタビューとし、インタビュイーの回答によって、適宜、新たな質問を差し挟んだ。

　共通の質問事項は次のように、4つの質問と仮説からなる。第一に、インタビュイーが代表（支部長）を務めるアソシエーションが設立された経緯について（質問1）、第二に、そのアソシエーションの活動内容について（質問2）、第三に、そのアソシエーションと国家や行政との関係について（質問3）質問した。第三については、仮説として、国家や行政は自分たちの活動を十分に支援してくれるのか、あるいは自分たちの活動のために必要な支援が不足しているのか、または自分たちの活動に介入してくるのかどうかを質問した。最後に、ボランタリーセクターが国家や行政セクターの「下請け」として何らかの業務を負わされることはあるか、あるいはそのような事例を知っているかどうか（質問4）を尋ねた。

第3節　インタビュー調査に対する4名の回答

　本節では三団体3名と、フレデリクスベア市でボランティア活動を統括する地位にある市職員1名に対するインタビュー調査の結果を記述する。三団体3名はいずれも、新たにアソシエーションを立ち上げた責任者である。

3－1 「居場所活動」F氏の回答

　「居場所活動（Aktivit Samvær）」を主宰するF氏に対するインタビューは、フレデリクスベア市内のカフェにおいて2010年8月に実施された。

　F氏は26歳の女性で、インタビュー当時はコペンハーゲン大学で社会経済学を専攻する学生だった。インタビューの3週間前に出産したばかりで育児のため大学を一年間休学している。F氏が主宰するのは、会員30名、スタッ

フ8名の小さなアソシエーションで、2008年に設立され活動して2年間の団体で、高齢者と若い世代が交流するための地域に根ざした団体である。年100クローネ（約1,500円）の会費によって運営されるボランティアベースの団体である。若い世代が高齢者と交流するという点、とりわけ、支援としてではなく友達として集っている点が評価され、2009年フレデリクスベア市の「ボランティア賞」を受賞した。同年、主催者のF氏は、「ボランティアフォーラム」の理事のひとりに選出されている。

　F氏によると、設立を思い立ったのは2007年のことで、その後一年間かけて講座に通いアソシエーションを設立する際に必要な知識を得ている。特に非営利組織の経理については新しい知識が必要となり、フレデリクスベア市の開催する講座に通ったという。2008年にアソシエーションとして登録し、活動を開始する。設立当初の集まったメンバーは21歳から28歳の女性ばかりで、学生、看護師、会社員だった。

　F氏がアソシエーションの設立を思い立ったのは二つの理由があるという。一つは、社会経済学を学ぶなかでソーシャル・キャピタルの概念を知り、コミュニティの重要さを学問を通じて学んだこと、もう一つは、自分の身の回りでは孤立化がすすみ、特に都市生活では世代間の分裂が大きくなっていると気づいたことである。F氏はデンマークに顕著に見られる都市の問題として、高齢者の孤立を挙げる。高齢者が単身で暮らすことについて、介護、通院、買い物の付き添いなど、たしかにデンマークでは必要とされることであれば、種々の福祉サービスを受ける権利を持つ。それが単身高齢者の暮らしを可能にしている。しかし、ある程度健康で、自力で生活を営める高齢者はそのまま自力で暮らすことが求められ、独力で人間関係を維持し、形成することを強いられる。家族や友人が減少する高齢期にあって、孤立が深まる都市居住の高齢者に対し、若い世代が何かできるのではないかと思ったのがきっかけだという。ただしF氏は友人たちとアソシエーション設立の構想を練るうちに、次のように考えるようになった。すなわち、「孤独な老人を助けよう」ではなく若者が高齢者といっしょに楽しむ機会を作りたいと伝えるべきだと気づいたという。そこで、地元新聞に記事を掲載してもらうときには、次のように書いてもらった。すなわち、「意味を少し『ツイスト』して『私

第8章　デンマーク・ボランタリーセクターの個人　*175*

たち若者が高齢者と一緒にいる機会をつくりたい。お年寄りの人たち、私たちを手助けしてくれませんか』と書いてもらいました」[6]。若者ひとりひとりが、それぞれに面白い高齢者と出会う場所であることが重要だからだとF氏は話す。この方法がうまくいき、地元新聞と地元のスーパーマーケットの入り口にある掲示板での告知という二つの方法による広報のみで、十分な人数の高齢者が「オープンデー」に集まった。オープンデーから半年で、目標としていた会員数30名に達し、2010年8月当時は5名の入会希望者が待機していた。会員内訳は男性が3名、女性が27名である。最高齢者は94歳で、中心は60代の高齢者である。若者は、外国からの留学生を含め8名おり、会費を支払いボランティア活動として参加してもらっている。

　活動の内容は、週1回開催する「月曜クラブ」で、フレデリクスベア市の「文化の家」通称「黄色い家（*Det Gule Villa*/ The Yellow Villa）」[7]での会合である。ボランティアが自家製ケーキを焼きコーヒーを用意する。年間予算は3,000クローネ（4万5,000円）だが、支出はコーヒーとケーキの材料費のみである。このほかに月に1回程度、日本料理を食べに行く会、映画の会などを行っているが、その際の費用と保険代は実費負担にしている。

　活動のポリシーは、第一に、誰でも参加できること。新しい人に出会いたいという思いを持っている高齢者であれば、誰でも歓迎する。第二に、歩くのは500メートル以内、ということ。食事や映画に出かける際には、ボランティアスタッフが事前にコースを検討し、歩く距離が長くならないよう配慮している。第三に、ローカルであること。日常生活を送るなかで、挨拶をしあう関係、家に呼んだり呼ばれたりしてコーヒーを一緒に飲むことができる関係づくりを目指しているので、ボランティアスタッフも、会員の高齢者も、できるだけフレデリクスベア市や近郊のコペンハーゲン市に在住していることが望ましいとしている。

　質問3と質問4について、F氏は次のように回答した。すなわち、F氏の会のように小さなアソシエーションにとってはまったく関係のないことで、

6　2010年8月23日F氏へのインタビュー調査による。
7　「黄色い家（*Det Gule Villa*/ the yellow villa）」はフレデリクスベア市のコミュニティセンターで、無料で市民に貸し出されている。

フレデリクスベア市には十分に支援してもらっている。F氏によれば、行政がボランティア団体にすべきことは「枠組みを与えること」である。「黄色い家」がなければF氏の活動も継続できない。当初は市の紹介で学校の教室を夕方借りていたものの、学校行事によって使用できなくなることもあった。地元の市議会議員に相談をすると文化活動をする団体として推薦してもらえたため、「黄色い家」を使用できるようになり、活動が安定した。ボランティアフォーラムの理事としては、そのような枠組みが維持されることを第一に考えていると話してくれた。

3－2「マザーヘルプ」G氏の回答

「マザーヘルプ」フレデリクスベア支部長G氏に対するインタビューは、フレデリクスベア市内で2010年8月に実施された。

「マザーヘルプ」は、困難な状況にある妊婦や家族を支援する人道主義に立つボランティア団体で、北欧各国にそれぞれの支部を持つ全国組織である。多様な母子支援を行っており、とりわけシングルマザーに対する支援、若い母親の就学や就労支援などを行っている。一般には子ども服専門の古着店を経営する団体として知られている。フレデリクスベア支部は2004年に設立されたが、設立者のひとりがG氏で、2010年当時フレデリクスベア市ボランティアフォーラムの理事を務めていた。G氏は70歳代の年金生活者で、以前は英語の教師だった。2004年の支部設立時より支部長を務めてきた。「マザーヘルプ」フレデリクスベア支部ではおもに三つの活動を行っている。第一に、古着店の経営である。地元の人々から持ち込まれる洋服やおもちゃを仕分けし、クリーニングし、陳列している。古着店のディスプレイは、地元の商業学校の学生たちが実習として担当してくれている。地下鉄フォーラム駅から徒歩3分の場所にあるこの古着店は、開店前から人が並ぶこともある人気の店で、団体にとっても大きな収入源となっている。第二に、支援を必要としている母親たちの窓口となることである。支援を必要としている母親にどのように出会うかという点については、まずパンフレットを病院、家庭医、保育園、児童施設においてもらい、団体の存在を知ってもらうことに務めている。古着店があることで母親にも認知してもらっているため、店を通

第8章　デンマーク・ボランタリーセクターの個人　**177**

して相談にやってくる人が多い。G氏によると、ボランティアとして店頭で古着を扱う人たちは有資格者ではないため、その場で助言を与えることはない。店頭に持ちこまれた相談は、市の担当者、ソーシャルワーカー、マザーヘルプの上位組織等に橋渡しをすることになっている。洗練された色調のパンフレットや分かりやすいウェブサイトを持っていることもこの支部の特徴であるが、それは王立建築デザインアカデミーの学生たちがデザインを担当してくれている。第三に、支援を必要とする母親や子どもたちの日常的な支えとなることである。フレデリクスベア支部で力を入れているのは、クリスマスや夏休みのイベントを開催することである。

　古着店にはボランティアスタッフが14名かかわっている。毎月、段ボール箱数十箱にのぼる子ども服が持ち込まれるが、それを仕分けるのがおもな業務となる。理事はそのうち5名で、誰かがいつも出勤している。G氏は店頭での仕事のほかに、自分が担当している4家族を順番に訪問している。店に持ち込まれる古着のうち、店頭に並んで3か月経っても買い手のつかない商品は、ルーマニアの児童施設に送付している。古着店は、インタビュー当時、ボランティアが不足しており、週5日の営業日のうち半分ほどしか開店できない状況だったというが、それでもかなりの資金を調達できている。「マザーヘルプ」に所属する各支部の古着店は、売上げの30％を本部に納める仕組みになっているそうだが、それとは別に昨年度、30万クローネ（約450万円）を本部に寄付をしたほど、フレデリクスベア支部は大きな売上げを出している。

　G氏によると、支部として支援している母親たちは、おもにシングルマザーで、かつ移民背景を持つ外国人も多い。すべての人の社会的背景を把握しているわけではないが、たいていは「胸のつぶれるような話」が隠されている。たとえば、デンマーク人男性と外国人女性のカップルが7年間の結婚生活で自分たちの子に恵まれず、外国から養子を迎えたけれども、その後、男性はその子を自分の子とは思えないと言い女性と離婚する。家族の支えも得られないこの土地に養子と二人残されたこの母親は、一時期ある国の大使館で働いていたこともある聡明な女性ではあるが、その部署も閉鎖され失業中である。すると心身ともに滅入ってしまうので、G氏たちの団体がときどき訪問

178　第三部　現代デンマーク社会におけるボランタリーセクターの機能

し、自立した生活ができているかどうかを確認している。

　G氏によると、自分たちの子ども時代と比べて、現代社会に育つ子どもたちはより困難な状況に置かれているという。両親ともに長時間働くようになり、周囲のサポートがなければ子どもたちはすぐにネグレクト状態に置かれがちであるという点、物質的な条件が整っているためほんの少しの欠乏が「貧困」に見えてしまう状況がある点がある。フレデリクスベア支部でイベントに力を入れる理由は、日々の暮らしに追われる家族にとって、デンマーク社会で重視されるイベントの数々、すなわち誕生日会、クリスマスパーティ、夏の旅行にまで手が回らない家族に、あえてこれらの「贅沢」を提供したいとからだという。福祉サービスでは後回しにされるようなイベントこそ、アソシエーションが提供できる、とG氏は述べる。G氏は、大手スーパーマーケットFøtexFøtexと契約を結び、支部の備品や文房具をすべてこの系列店で購入することと引き替えに、誕生日を迎える子どもを持つ母親に対して、合計150クローネ（約2,250円）のギフト券を毎月、無料で提供してもらうよう手配した。ギフト券があれば、母親は自分の子にプレゼントやケーキを買ってあげることができる。さらに、クリスマスにも500クローネ（約7,500円）のギフト券を配布する。クリスマスのギフト券は支部が後払いしているが、誕生日のギフト券はFøtexFøtexによる社会貢献活動である。また、2010年の夏には、ノルウェーへの2泊3日の船旅を実現させた。これも、DFDSフェリー社の社会貢献活動として、ほとんど支部の資金を持ち出さなくとも実現できたという。G氏は次のように説明する。

　　「夏休みにオスロへの2泊3日の旅行をしてきました。大人が23名、子どもが44名でした。プールやカジノや映画館もある豪華な大型客船、バイキング料理、そして宿泊を含むすべての料金が、無料だったんです。私たちはただ、港までの交通費と、オスロでの2台の観光バスを手配しただけでした。もともとは、別の用事でフェリー会社に訪問したときに、思い立って、マザーヘルプのために特別割引をしてもらえないかどうか尋ねたのがきっかけでした。私たちは古着店から収益を得ているので、自分たちのお金でできる国内でのキャンプにしようかと思っていたとこ

ろだったのです。けれども、何でも言ってみるものですね。割引をお願いしたら、全部が無料になるなんて。おかげでとてもいい旅が実現できました」[8]。

　経済的に豊かなデンマークの国で「人並み」の生活を送るには、このような「贅沢」な支出が必要になる。マザーヘルプは、福祉サービスでは提供されないこのような支援をできるだけ実現しようとしていた。

　質問３について、Ｇ氏は市のボランティアフォーラムに参加することの利点として、他団体とのネットワークができることと回答した。フォーラムを通じてあるクラシックカー愛好団体の人と知り合い、毎年、夏の始めに開催されるクラシックカーレースの特別席に、入院中の子どもたちをつれて観覧することができているという。また、デンマーク・サンタクロース協会と知り合ったおかげで、昨年のクリスマスパーティには「本物」のサンタクロースが参加する 700 人の パーティを実現できたという。ただし普段はほとんど政府や市と関係を持たないで仕事をしており、「自分たちの仕事に集中したい」ので「あまり手を広げないようにしている」という。質問４については、「まったくない」と回答し、政府や市から参加を求められてもその日に訪問しなければならない家庭があればそちらを優先しており、むしろ市の催し物すべてに参加できていないことを気にしていた。

３－３ 「夜梟の会」Ｈ氏の回答

　「夜梟の会（Natte Ravnene）」フレデリクスベア支部長Ｈ氏に対するインタビューは、フレデリクスベア市内「黄色い家」のなかにある事務所において 2010 年 8 月に実施された。

　「夜梟の会」は、子どもや若者の健全育成を支援する、夜間の見回りをするボランティア団体で、北欧各国にそれぞれの支部を持つ全国組織である。1987 年にスウェーデンで設立され、その後、北欧の各都市に広がった。ノルウェーでは 1995 年に、デンマークでは 1998 年に最初の支部が設立され2

8　2010 年 8 月 24 日Ｇ氏へのインタビュー調査による。

万人の会員を持つ。2000 年にグリーランド、2002 年にフェロー諸島でも設立され、北欧諸国には全部で 253 の支部がある[9]。フレデリクスベア支部は H 氏が 2009 年 1 月に立ち上げた新しい組織である。

H 氏は、2010 年当時 46 歳の男性で、銀行の不動産部門の IT 技術者として勤務している。元市議会議員の配偶者、20 歳になる息子、15 歳の娘の 4 人家族であり、「夜梟の会」には週に 1 回参加している。フレデリクスベア市の「黄色い家」のなかに、特別にこの団体だけに与えられた事務室がある。「夜梟の会」のおもな活動は、週末の夜、街を見回ることである。黄色いそろいのジャケットを着て、3 人がチームとなってそれぞれのコースを巡回する。移民としてデンマークにやってきた第一世代の人たちの参加も多い。チームには必ず 1 名以上の女性が入るよう編成し、威圧感が出ないよう気をつけている。

街を見回る目的は、若者たちが街で夜間、安全に過ごすことができるように見守ることである。黄色いジャケットのポケットには、コミュニケーションツールである飴をいれている。街中で週末の夜を過ごす若者たちは、黄色いジャケットを着用したチームが飴を持っていることをよく知っていて、彼らのほうから話しかけてくる。そして、とりとめのないおしゃべりをして、また別れる。支部によっては、飴に加えてコンドームを配布しているところもある。しかしフレデリクスベア支部では、一緒にボランティアとして働く移民背景を持つ人たちの倫理観を尊重し、安易にコンドームを配布することは控えている。

「夜梟の会」には共通して黄色の 5 か条というのがあり、見回りのチームは、若者同士の争う等に物理的介入せず必要に応じて専門家の助けを求めること、性別も民族的背景も異なる 3 名がチームを組むこと、見回りの対象はパブリックエリアに限られること、若者と話をすることはあるが助言はせず必要な時は専門家の助けを求めること、チームが自宅についていくことはないこと、である[10]。H 氏の活動は、黄色いジャケットをきて、3 人一組となり、週末の街を見回ることだけである。何かもめ事があると、警察が先に知らせて

---

9 「夜梟の会」HP を参照（https://socialtansvar.dk/indsats/natteravnene/, 2024/6/27 参照）。
10 「夜梟の会」HP を参照（https://socialtansvar.dk/indsats/natteravnene/, 2024/6/27 参照）。

くれ、チームがそのエリアに立ち入らないように手配してくれることもあるという。フレデリクスベア支部の場合、地下鉄運営会社と提携しており、黄色いジャケットを着て見回りをする場合は無料で乗車できる。H氏は毎週土曜日、22時から24時のあいだに地下鉄で終点まで行き、1、2時間かけて歩いて戻ってくるコースを担当している。クラブがないこの地区の若者は夜中にコペンハーゲン市街に出かけていくが、地下鉄が24時間運行しているため、真夜中でも行き来が容易である。クリスマスや夏至の日など特別な日は、コペンハーゲン市にある他の五つの支部と共同で、見回りをすることもある。

　H氏が活動を始めようと考えた理由は二つあると話す。一つは、思春期の子どもたちに「責任のある親」として社会のために活動する姿を見せたかったからだという。子どもが育ちスポーツクラブや学校のPTAの役割を担わなくても済むようになったが、社会のために何かしたいと考えたのが大きな理由である。もう一つは、H氏の配偶者が市議会議員になったからである。H氏の配偶者は2009年フレデリクスベア市の補欠選挙に当選し1年間議員活動を経験した。2010年の選挙では落選してしまったが、市議会議員の活動中に仲間によびかけこの支部を立ち上げることになったという。

　2010年は25名のボランティアが関わっており、そのうち5名が理事として6週間に1回の会合を持ち、会計や事務等の係を分担している。年に1回会計報告をする全体会を開催しており、2009年の立ち上げ時のみフレデリクスベア市の助成金を得て、ユニフォームをそろえることができた。現在は、本部からの活動資金と寄付で十分に経済的な余裕があるため、見回り以外の活動をしようとしているところだと話してくれた。

　質問4について、H氏は「下請け化」という言葉は適切ではないと話す。ボランティア活動は政府の「下」という位置関係にはなく、より自由な活動であるうえに、政府の事業よりも継続性が高い。なぜなら選挙で選ばれているわけでもなく、法律で決められているわけでもなく、国や市の予算がついているわけでもない。そのため種々の拘束がなく、自由な活動が可能になる。法律的な見直しや業務の再編が頻繁におこるデンマーク社会では、ボランティア活動のほうが継続性が高いのだとH氏は説明する。デンマークは誰もがどこかのアソシエーションに属しているアソシエーションから成る社会で、

182　第三部　現代デンマーク社会におけるボランタリーセクターの機能

それは社会をくっつける「糊」のような役割を果たし、人的ネットワークを形成している。その意味で政府よりもずっと長続きしている組織なのではないか、とH氏は話す。

3－4　フレデリクスベア市役所I氏の回答

　フレデリクスベア市ボランティアコンサルタントのI氏に対するインタビューは、2010年9月に行われた。インタビューの目的は、フレデリクスベア市がどのように人々のボランティア活動を支援しているのかを明らかにすることである。I氏に対しては、3団体に対する質問項目を事前に知らせた上で、フレデリクスベア市のボランティア賞の概要、ボランティアフォーラムの役割について質問した。また市としてボランティア団体の下請け化問題についてどのように考えるのかを尋ねた。

　フレデリクスベア市では2007年から、市民のボランティア活動を支援することを市議会として決定した。ボランティアコンサルタントというのも、市議会の決定で設置された期限付きの職位で、ボランティアフォーラムやボランティア賞の運営、市内のボランティア活動の支援を管轄していた。「ボランティアフォーラム」の理事改選は4年に1回実施することになっており、2010年5月に新理事となっている。代表選挙については、アソシエーションとして登録されているフレデリクスベア市内のすべての団体に声をかけ、立候補を募り、投票をして代表者10名を選出したという。また、同年11月には、市役所を挙げての「ボランティアデー」が予定されており、その企画も進行中だった。

　I氏によると、2008年まであった「ボランティアセンター」を閉鎖し、アソシエーションを個別に支援するという方向に市の政策が変わった。1999年社会サービス法の施行とともに、市はアソシエーションに対する予算を常に計上すると決定した。以前のように、例えば住宅関連予算から住宅関連の活動をしているアソシエーションに助成する、という硬直化した方法を見直すためだという。I氏によると、フレデリクスベア市も国や他の自治体に倣って構造改革が進んでおり、たとえば福祉、住宅、統合（移民関連）部門が一つの部署に統合された。そのため、従来の方法で予算を使うことができなく

第8章　デンマーク・ボランタリーセクターの個人　*183*

なり、領域をまたがったアソシエーションを支援するとの名目のもと、アソシエーションに対する助成金として年間 430 万クローネ（約 6,450 万円）が計上されている。Ｉ氏のおもな業務はこの支援金の分配である。2010 年度の申請は場合 75 件あり、継続支援を含めて 80 から 85 の団体に対して助成されるという。Ｉ氏は担当者として、申請書の書き方から会計の方法、今後の活動方針など、と全般的な相談業務を担っている。

　フレデリクスベア市の「ボランティア賞」は、2007 年から市議会の決定を受けて設置された賞で、団体と個人に賞金と賞状が贈られる制度である。賞金は団体で 1 万 5,000 クローネ（約 22 万 5,000 円）、個人で 1 万クローネ（約 15 万円）である。自薦・他薦による候補者を受け付け、審査委員会が審査する。2010 年は 50 通の推薦状が集まった。賞の目的は活動の努力を称えることと同時に、シャンパンが振る舞われる華やかなパーティを開いて、団体同士の交流の場を持ってもらうことであるという。また「ボランティアフォーラム」は、市内のアソシエーションのネットワーク化と、ボランティア活動を希望する個人のマッチングをするための窓口を目的に作られた組織である。ボランティアフォーラムの予算は 25 万クローネ（約 375 万円）で交通費や軽食の費用である [11]。

　下請け化問題について、Ｉ氏は次のように回答した。市としても、ボランティア活動をする個人やそれを束ねるアソシエーションが「安い労働力」として利用されることがないよう、厳密に管理しているという。アソシエーションが自分たちで活動の課題を決めることとしており、市からやってほしい課題を提示することはないという。それは社会サービス法第 18 条にあるとおりである、とＩ氏も強調する。アソシエーションが自分たちで活動領域や活動課題を決定することが重要で、市として利用されたと思われないよう留意していると説明する。団体側から市が抱える課題に対するアプローチはあるが、「逆はありえない」という。たしかに、Ｉ氏も、ボランタリーセクターの成長に応じて、誰がその活動を担うのかという観点が曖昧になってきてい

11　ボランティア賞は制度として廃止されたが、2020 年以降は「ボランティアフォーラム」は「ボランティアチーム」という名称で、継続されている（https://frederiksberg.dk, 2024/6/27 accessed）。

184　第三部　現代デンマーク社会におけるボランタリーセクターの機能

ると指摘する。しかし行政による福祉サービスと異なり、「パーソナル・コンタクト」を持てる点で、ボランティア社会活動がどうしても必要だとホフ氏は説明し、次の事例を挙げた。

> 「子ども・若者分野で活動している団体の例で、良い事例がありました。施設に送るほうがいいと思われる子どもがいました。ボランティアスタッフがソーシャルワーカーに連絡をとり、その子どもの世話を福祉事務所に引き継ごうと準備をしていました。けれども、何度か会ううちに、その子はボランティアスタッフとの信頼関係を築いていきました。すると、施設にいかなくても良い状態になったのです。本人がそのように希望する場合は、ソーシャルワーカーはあえて施設に送るという方法をとらない場合もあります。もちろん、緊急の場合は、行政が介入するのですが」[12]。

　I氏はこのように話し、ボランティアスタッフとのパーソナル・コンタクトのほうが、福祉事務所のソーシャルワーカーとの絆よりも、地域に根ざしている分、継続性があると判断する。I氏は、市でボランティアコンサルタントとして勤務する唯一のスタッフであるが、話を伺う限り、市内の1,000近くあるアソシエーションのほぼすべてを把握していた。多数のメーリングリストにも参加しているため、各団体の情報にも通じていた。
　現在、フレデリクスベア市は別の職員がボランティアコーディネーターとして勤務している。文化余暇活動、福祉、子ども若者、環境等と領域別にボランティア活動を希望する個人と団体とのマッチングがウェブサイト通じてできるポータルサイト運用するなど、個人およびアソシエーションへの両方の支援がオンラインでできるような環境整備が進んでいる。

12　2010年9月1日I氏へのインタビュー調査による。

第4節　調査の結果

　今回のインタビュー調査を通して、福祉制度の発達したデンマーク社会で、ボランタリーセクターがどのような役割を担っているのかについて、ボランティア活動を実際に行っている個人の見解を知ることができた。高齢者関連、児童福祉関連、青少年育成関連の三つのアソシエーションを立ち上げた3名は、それぞれの必要性に応じて活動をしている。市との関係はいずれも良好で、活動に介入されたり、課題を提示されたりすることはなかった、と話す。

　第一に、今回の調査のおもな目的であった下請け化問題について、ボランティア活動に関わる個人としてどのように認識しているかという点についても、そのような問題はないという回答だった。「居場所活動」のF氏は、国や市がアソシエーションに対してすべきことは「枠組み」を示すことであるとし、制度や施設の使用ができなくなることがないようボランティアフォーラムの理事として維持したいと発言していた。「マザーヘルプ」のG氏は、その日に優先すべきアソシエーションの仕事があればそちらを当然、優先するため、自分たちの意に反して動員されるということはない、と明言した。むしろ自分たちの活動が豊かになることが分かっているものの、市の催し物すべてに参加できていないことが気になると話していた。「夜梟の会」のH氏は、質問の前提となっている、アソシエーションが国や市の「下」に位置するという考え方自体を否定し、国や市の事業よりも制約の少ないアソシエーションの活動は、自由であると指摘した。いずれも、アソシエーションの自律性を自覚していることを示す回答である。フレデリクスベア市職員のI氏は、アソシエーションが安い労働力として活用されることのないよう厳しく管理していると話した。国家セクターとボランタリーセクターがいかに同等な立場にあるかが分かる回答だった。

　第二に、高度に発達した福祉国家において、ボランタリーセクターがどのような役割を担っているのかという点については、各団体の活動内容から知ることができた。高齢者関連の「居場所活動」は、都市部の高齢者の孤立を軽減するためのコミュニティ機能を代替する活動である。新規性はないが、

地域で求められていた活動で、かつ学生や若手社会人が中心となる特徴が受け入れられた可能性が高い。会員制のアソシエーションとし、定員を設けている点、週1回のみの活動している点、出かけるとしても徒歩500メートル以内としている点など、日常生活を送りながら、会員にとってもまた理事やボランティアにとっても負担が大きくならないようあらかじめ制限が設定されていた。母子支援団体である「マザーヘルプ」は、親組織自体は全国組織で、福祉国家制度以前からの長い伝統を持つアソシエーションであるが、フレデリクスベア市部の古着店を中心とする活動もまた、自分たちの業務範囲を限定していた。ボランティア個人としてできることは限られておりその限界を超えることはない。必要に応じて責任者に橋渡しをすることが自分たちの役割だと心得ていた。青少年育成関連の「夜梟の会」も、親組織自体は全国組織ではあるが、歴史的には1990年代になって各地に広がってきたアソシエーションである。フレデリクスベア支部でも、黄色の5か条に基づき、喧嘩を仲裁したり個人の事情に介入したりすることはなく、見回る、見守るという役割に徹していた。自分たちは警察でもなくソーシャルワーカーでもない、という立場をわきまえていた。

　フレデリクスベア市職員のI氏はこのような点を、「パーソナル・コンタクト」を持てるのがアソシエーションによるボランティア活動の利点と説明した。また、行政による福祉サービスと異なり、人事のローテーションや組織の合理化、予算の凍結といった点から自由である点で、継続性が高い。デンマークのように公的組織や法律が見直される頻度の高い社会では、H氏も説明するとおり、アソシエーションであることのほうが自由だということがありうる。

　さらに社会統合という観点から見ると、ローカルな活動において、それぞれに外国籍住民との交流が含まれていることが分かった。居場所活動においては、8名の若者メンバーのなかには、デンマークにおける高齢社会を理解したいと外国からの留学生も参加していた。また、困難な状況にある母子を支援する活動を展開する「マザーヘルプ」では、個別の事情は明らかにできないということだったが、現実的には、移民背景を持つシングルマザーが典型的な支援先となっていた。さらに、「夜梟の会」でも、ボランティアとし

て参加する大人に、移民背景を持つ仲間が自然と加わっていた。夜回りのために、3人一組となるときも、エスニシティやジェンダーに配慮し、できるだけ威圧感が出ないように気をつけており、また、一緒に働く移民背景を持つ人たちの倫理観を尊重するという行動もとっていた。

　行政サービスや専門家による活動とは異なるからこそ、デンマークにおけるボランティア活動は、年齢やエスニシティによって分断されがちなコミュニティにおいて、人的ネットワークを拡大し、社会をくっつける「糊」のような役割を果たしている[13]。

13　本章は、デンマークで実施されたボランタリーセクターに関する国際比較調査と国内調査の結果を受けて、実際に活動に関わる個人の認識を明らかにすることを目的としている。本章で導き出された結論も、関係者へのインタビューの知見に基づくものであり、調査者の解釈が大きく反映されている。

第9章 現代デンマーク社会における
ボランタリーセクターの機能と役割

　第7章で確認したとおり、ボランタリーセクターに関する研究は、長いあいだ、アメリカがリードしてきた。アメリカでは、伝統的に政府の果たす機能が限定されており、その代わり、多様なボランティア団体が国家の代替機能を果たしてきた。他方で、大陸ヨーロッパや北欧諸国では20世紀を通じて福祉国家を形成してきた。イエスタ・エスピン－アンデルセンの福祉国家レジームによると、労働力の脱商品化を志向せず、市場を介してニーズに見合うサービスに置き換えることを是とする自由主義レジームや保守主義レジームのほうがボランタリーセクターへの依存が高く、他方で労働力の脱商品化を志向し、給付と社会保障によってニーズに応えることを是とする社会民主主義レジームのほうがボランタリセクターへの依存が低いと説明される（エスピン－アンデルセン 1990=2001）。

　しかし、ヨーロッパでは近年、福祉国家の再編問題を背景に、移民背景を持つ人口の増加や経済成長の鈍化に対し、ボランタリーセクターを社会がいかにして活用できるのかという点に関心が集まっている。20世紀に発達した福祉国家は国民国家（nation state）とともに形成されてきた。国民国家がその国の経済に関する権限を独占することで徴税し、分配し、保障する政治的権限を発揮できた。しかし、冷戦構造の終焉、グローバル化の深化そして人口の流動化が、福祉国家の境界をあいまいなものにしている（白鳥編 2000; 宮本編 2002; 新川編 2017）。財政的な負担が増大する大きな国家を見直そうとする傾向は1980年代には見られたが、そのときに議論されたのは福祉多元主義という考え方で、財とサービスの分配をめぐる経済的な論点だった（白鳥編 2000: 17-23）。ただし、1990年代後半以降議論の的になっているのは、だれが財とサービスの受給者としてふさわしいかという政治的な論点である。本章では、発達した福祉国家政策をとるデンマークを例に、21世紀になってボランタリーセクターに新たに与えられるようになった社会統合という役割が、どのように担われているのかを考察する。

第9章の構成は次のとおりである[1]。まず、ボランタリーセクターに関する議論を再度振り返り、福祉国家の再編後の論点を整理する。次に、このような論点により提起される問題をヨーロッパの小国であるデンマークを事例に考えたい。その上で、デンマーク国内の先行研究と第7章、第8章で詳述した調査を元に、ボランタリーセクターが国内で課題とされる社会問題の解決に利用可能かどうかを検討する。最後に、ボランティア活動においても個人化の傾向が見られるデンマーク社会で、ボランタリーセクターがどのような役割を担いうるのかを、社会統合の観点から考察する。

第1節　ボランタリーセクター研究における論点の変遷

　アメリカのジョンズホプキンス大学が主導するボランタリーセクター研究は、アメリカの文脈を色濃く反映してきた。アメリカでは、NPOやボランティア団体が国家や市場に対する対抗的、あるいは補完的な勢力とみなされることが多く、そのためレスター・サラモンの研究グループも「非営利セクター」について経済規模の観点から言及する傾向が強い。この影響を受けた日本の研究も、団体数、雇用者数、寄付や会費収入といった経済規模、あるいは組織論や経営戦略論を得意とする傾向が見られ（サラモン 1999; 山内 1999）、この見地に立つ国際比較調査も数多く進められてきた（Salamon, Sokolowski 2004; United Nations 2003; Salamon, Anheier 1996）。政府セクターと市場セクターの残余カテゴリーとしてボランタリーセクターを同定し、たとえば「内国歳入庁」に「非課税団体」として登録された団体をNPOと同定するというアメリカの条件をほぼ適応することで、数量的な比較が可能になったこれらの調査は意義が大きい。ただし、宗教団体はどこまでが非営利か、税金によって運営されているものの形式上「法人」と名乗る医療機関や学校、共済保険や信用組合、年金組合等はどのように扱えるのかなど、他の社会に応用した際に具体的な線引きが不明確になる場合がある。

1　第9章は、坂口緑 , 2012d,「デンマーク・ボランタリーセクターに対する役割期待：福祉国家の再編がもたらす影響」国際ボランティア学会『ボランティア学研究』第12号（63-75頁）に加筆・修正したものである。

サラモンらがこのような手法を選択する理由は、アメリカ社会におけるボランタリーセクターの役割をより大きな力に見せようとする傾向と無関係ではない。より正確に言うと、圧倒的に力を持つ市場セクターに対して、政府とボランタリーセクターがどのような役割分担をして対抗する力を得られるのかという点に、研究の重点が置かれている（Salamon 1997）。そのため、歴史的文脈よりも現在の規模と経済的価値に換算する方法が熱心に追求される。

　それに対して、ヨーロッパにおけるボランタリーセクターの研究は、各国の歴史的経緯を掘り起こす方法で進められてきた（Evers, Laville 2005; Borzaga, Defourny 2004）。たとえばフランスでは、市民革命の理念である共和主義こそが人々にとっての共通理解になっているとし、必要に応じて「連帯」する組織「アソシアシオン」を非営利セクターの特徴だと位置付ける。「アソシアシオン」は労働組合や職業団体、協働組合などを指すものだったが、現在では広くNPOの総称としても用いられている（コバヤシ 2003: 38）。また、イギリスの場合、1990年代後半の労働党ブレア政権当時に投入された、経済的浮揚策の一種としてリニューアルされた「サードセクター」[2]が特徴的である。イギリスも、職業団体や友愛団体などの市民団体、宗教的背景を持つ組織などが相互扶助活動を主導してきた長い歴史を持つが、サードセクターが政府の戦略的パートナーと位置付けられて以降、NPOが公共サービスの担い手として成長している（塚本・山岸・柳澤編 2007）。

　このような過程をへて1990年代後半から、ヨーロッパのボランタリーセクター研究に新たな局面が見られるようになる。「サードセクター」と市民社会をめぐる議論の活発化である。

　フランスの経済学者ジャック・ドゥフルニは、各国の歴史に基づき発達してきた非営利セクターが、経済的要請により、「社会的企業」のような形態

2　本書では、サードセクターとボランタリセクターを同義で用いている。サードセクターは、イギリスにおいて、国家セクターと市場セクターとの対比される民間非営利部門の総称として用いられる。本書では、日本語の場合、第三セクターという名称が、地方公共団体が出資する地方公営企業という意味があること、また、デンマークの文脈においては、ボランタリー社会活動の主領域であるアソシエーションが重視されることから、ボランタリーセクターという語を採用している。ただし、文脈上、参照先で「サードセクター」もしくは「第三セクター」と記されている場合はそれに従った。

を取り入れざるを得ない状況にある点を強調する。NPO が持つ利潤非分配制約にとらわれない活動が可能になる利点を持つ社会的企業はしかし、他方で、成員内の決議権を重視したり、ボランティアによる労働力を組み込むなど「協働組合の要素と非営利組織の要素を結合」させている。ただし、この特殊なバランスの上で成り立っている組織をどのように活用しうるかは、国家でも市場もなく「市民社会」の関わり次第だと主張する（Borzaga, Defourny 2004: 1-40）。また、ドイツの政治学者アダルベアト・エヴァースは、たしかに社会的企業という選択肢の登場が、1970 年代以降ヨーロッパ社会が直面した「福祉国家の危機」（Andersen 1990）以降、多様なサービス提供主体を生み出してきたと指摘する。しかしサービスを提供する主体が多様化したとしても、多くのサードセクター組織が「公的なルール、公的なプログラム、公的資金に強く依存」している点で公共的な領域を構成しているとし、サードセクターの活動領域が事実上、政府と重複していると指摘する。そして近年、「市民社会」には、個別の組織をコントロールするだけではなく、公共セクターも含めた社会全体をコントロールする責任が課せられていると指摘する（Evers, Laville 2005: 237-255）。

このように、近年のヨーロッパでは、NPO や NGO、ボランティア団体、社会的企業といった多様な集団を公共（国家、政府、欧州連合）セクターや市場セクターに比肩しうるサードセクターとして捉え、これらの諸セクターをいかにして市民社会がコントロールできるのかといった、規範的な課題が提起されている。

第2節　デンマークのボランタリーセクターの歴史的経緯

デンマークにおけるアソシエーションの特徴も、フランスと同様、職業団体を形成する際の、経済的、政治的な民衆運動として興隆した。19 世紀半ば、他のヨーロッパ諸国からやや遅れて絶対王政の崩壊を経験したデンマークでは、農業に従事する農民を中心とする団体が結成され、それが民主化を推進していった（牧野 2006: 21-44; 小池 2017: 91-116）。1849 年、近隣との領地争いが絶えなかった時代を経て、デンマークでも自由憲法が定められた。その後、

数十年間、安定した時代を迎え、イギリスとの農作物の貿易による好景気を背景に、独立する富裕な農民が出現した。1860年代には富裕な農民がリーダーとなって、宗教的な運動のための団体や政治的結社、また農民専用の貯蓄銀行、そして酪農協働組合といったアソシエーションが結成された。隣国ドイツよりも遅い1890年代になって工業化の時代を迎えたデンマークでは、農村で発達したアソシエーションが都市へ伝播し、労働者を中心とする政治的および社会的な力に発展していった。このような農村からの民主化は、同時に、冬の農閑期に、農民たちが集い学び合う「民衆の啓蒙（*folkeoplysning*/people's enlightenment)」と呼ばれる独自の教育活動によっても増幅された。牧師であり社会運動家でもあったN.F.S. グルントヴィが農村に設立した、歌や話し合いを通して、大人が新しい学びを経験する成人教育施設、フォルケホイスコーレ（*Folkehøjskole*/people's college）も、この時代に発達した。当初は政治的あるいは経済的結社として農村中心に発達してきたデンマークのアソシエーションは、安定した時代を経て、農民の生活を支援する場として機能するようになった（橋本1999; コック2007; コースゴー1999）。

　20世紀になり、豊かな農業国となったデンマークは、第二次世界大戦後には本格的に福祉国家への道を歩み始める。第7章と第8章でも触れたとおり、戦後、アソシエーションは、各種スポーツを中心とする余暇活動分野においてその数を増やしていった。とりわけ公園や競技場、体育館が整備されるに従い、各地方に団体数が増加していった。現在も、共働き世帯率が8割を越す社会にとって、各種スポーツ・文化団体は、「青少年を社会で育てる」ための合理的な装置として定着している（Anderson 2008; Boje, Friedberg, Ibsen 2006: 23-24）。

　このような、19世紀半ばから20世紀にかけて市民の生活を支援する機能を提供してきたアソシエーションに対して、21世紀になると異なるコンテクストが読み込まれるようになった。社会問題を解決するという役割である。背後にあるのは、福祉ショーヴィニズム（welfare chauvinism）と呼ばれる、福祉国家と排外主義が結びつく現象である。

　デンマークでは、20世紀のほとんどの時期を通して、社会民主党が政権にかかわる「中道左派」路線を維持してきた。1970年代以降、育児や介護

を社会化し、労働組合を中心に手厚い失業手当や職業訓練、そして労働市場から排除されている人々に対する諸制度を発達させてきた福祉国家デンマークでは、介護やゴミ処理、教育や職業訓練、保育といった代表的な「ハードワーク」を、国家セクターが担ってきた。他方で、人道的理由による亡命者を受け入れ、また1970年代後半の景気低迷期には、中東諸国から「ゲストワーカー」を受け入れた。20世紀を通して、順調な経済発展を遂げてきた社会にとって、福祉国家政策をより充実させるためにも、サービス分野における働き手として活躍する外国人移住者を受け入れることは、当時は、理にかなった選択だった。1976年社会福祉支援法が成立し、普遍主義的な福祉国家制度が1980年代にはひとまず完成する（アナセン 2006: 104-113）。しかし、21世紀になって経済成長の鈍化が明らかになると、急に風向きが変化する。

　2001年、中道右派の政権が誕生し2005年の選挙で信任されると、デンマーク政府は、質の高い福祉国家を維持するとの理由で、「国民」となるべき人をセレクションにかけ、福祉サービスの提供を限定された国民のためだけのものにしようとする、福祉ショーヴィニズム的な政策を議会で審議するようになった。「福祉のただ乗り」が問題視され、移民背景を持つ人々に特に高いと言われる若年失業者に対する手当の条件付き削減、ビザ申請料の引き上げ、高額のデポジットと「市民権テスト」の作成を通して、外国人を配偶者として迎える国際結婚の条件を厳格にするといった方策を実行した。若年失業率の高まりと自文化中心主義の世論を背景に、それまで賛同を得てきた、亡命者や移民を人権の観点から受け入れるべきという社会民主主義的価値が手放しで肯定されるものではなくなり、福祉国家が提供する「権利」を「国民」に閉じようとする福祉ショーヴィニズム的価値が、政治的主張として、表立って主張されるようになったのである（山口・宮本・小川編 2005）。

　ボランタリーセクターに対する視線も、このような状況下で変化した[3]。現在、次のような緊張をはらむ二つの論点が取り上げられている（Gundelach,

---

3　ボランタリーセクターに対する視線の変化は、福祉サービスに対する人々の期待を反映するものでもあるが、デンマークでは次のような政府による一連の政策文書、すなわち、「市民社会戦略」（2010）、「市民社会憲章」（2013）、デンマーク地方自治体連合による「未来のための福祉連合」（2015）、「より強力な市民社会のための戦略」（2017）によって方向付けられた（Grubb, Henriksen, 2019: 62-63）。

Torpe 2005: 47-63)。一つは、ボランタリーセクターが、社会民主主義的価値観と福祉ショーヴィニズム的価値観の葛藤に対する緩衝材となりうるのではないかという論点である。20世紀を通して順調に発展してきた市民生活の一部をなしている余暇活動が、近年、多文化化の進展とともに社会問題となっている排外主義的な価値観に基づく文化的衝突を「やわらげる」のに役立つのではないかという議論である。もう一つは、イギリスやスウェーデンのように、ボランタリーセクターが雇用の受け皿になるのではないか、という論点である。IT関連やコンテンツ産業など、既存の市場ルールでは孵化しにくい小さな新規団体をNPOとして支援し、上昇する若年失業率の改善に役立てられるのではないかという議論である[4]。

　発達した福祉国家におけるこのようなボランタリーセクターに対する役割期待は、これまでのボランティア研究で示されてきた「小さな政府」における国家の代替機能という説明とは必ずしも一致しない。また、文化的背景に起因するコンフリクトへの対応や新たな成長分野における雇用創出という具体的な目的にしても、従来、デンマーク社会では教育政策や労働政策によって対処されてきた。それにもかかわらず、なぜこれらの国家にとって有用な目的について、ボランタリーセクターが利用可能だという議論が形成されつつあるのか。また、ボランタリーセクターを「リソース」とみなす考え方は、ボランタリーセクターと国家セクターの協働を疎外し、国家の責務をボランティア団体に押しつける「下請け化」につながらないのか。そのようなボランタリーセクターに対する視線の変化は、これまでのような、例えば「青少年を社会で育てる」役割を果たしてきた伝統的なアソシエーションにとって、どのような影響を与えるのか。これらはデンマークだけでなく、ボランタリーセクターに対する視線の変化を経験している他のヨーロッパ諸国にも共通する問いである[5]。

4　サードセクターにおいて、労働市場の外部に置かれる人々に社会参加を促す積極的労働市場政策の担い手として、障害者就労の観点から期待されている形態に、労働統合型社会的企業がある（米澤 2011; 2017）。
5　デンマークのほかスウェーデン、オランダが当てはまる（宮本 2004）。スウェーデンの非営利セクターに関する包括的な論考に吉岡洋子の研究がある。吉岡は、福祉政策の大きな転換が見られた1980年代を中心に、福祉サービス供給が民営化される過程について分析している。ま

本章では、このようなボランタリーセクターの利用可能性について、デンマークを事例に、先行研究とデンマークの研究者と専門家、実践者に対するインタビュー調査を元に検討する。

第3節　ボランタリーセクターは利用可能か

3-1　二つの調査研究の共通点と相違点

　デンマークにおける近年のボランタリーセクター研究に、ジョンズホプキンス大学による約50か国の国際比較研究の一環として2006年に実施された調査がある（Boje, Friedberg, Ibsen 2006）。この調査からは、いくつかの特徴が明らかになった。第一に、デンマーク人の3人に1人が何らかの活動に関わっており、その大半がスポーツ関係であるということ。第二に、フルタイムの仕事を持つ子育て世代こそがボランティア活動に関わっているということ。とりわけ30歳から49歳の子を持つ男性が、もっともボランティア活動に関わっているという結果が明らかになった。第三に、活動に関わるきっかけは知人や友人とのつながりであること、第四に、「文化および余暇」活動を支援する団体がもっとも多いことも明らかになった。さらに第五として、デンマークのボランタリーセクターは1975年、1990年より、団体数も経済規模も増大傾向にあること、第六に、全国にあるアソシエーションのうち80％がボランティアワークによって支えられていること、第七に、経済規模がGDPの9.6％に当たること（2004年）、他の北欧諸国と異なり有給スタッフを増加させようとする傾向があること、そして2004年におけるボランタリーセクターの雇用規模は25万人に上ることなどが判明した[6]。

　2008年には、これらの調査に追加して実施された独自調査の結果について分析したデンマークの研究者による論文集が発表された（Ibsen, Boje,

---

た2000年以降、現実には非営利セクターが供給するサービス量は少ないが、「福祉サービス生産役割に関する論争」は目立っていると指摘する（吉岡2008: 82）。デンマークよりも産業界の意向が強く働き、福祉の民営化も一足早かったスウェーデンとデンマークとでは、事象の詳細は必ずしも一致しない。しかし19世紀以来の伝統から外れる、21世紀型アソシエーションの果たす役割に関心を寄せている点で、本書は吉岡の研究と共通する。

6　ただし「社会的な領域」に絞ると、ボランティアの半数が60歳以上で、20歳未満は2％にとどまる（Boje, Friedberg, Ibsen 2006: 9-14）。デンマークの総人口は約550万人、労働人口は264万人（2011年当時）である。

196　第三部　現代デンマーク社会におけるボランタリーセクターの機能

Friedberg 2008)。ここには、他の北欧諸国との比較や、移民や移民背景を持つ第二世代の人たちにとってのアソシエーションという観点から、福祉国家の再編あるいは移民背景を持つ市民の「統合」問題についての研究も収められている。

　二つの調査研究に共通していたのは、デンマークではアソシエーション活動が、依然として19世紀以来のグルントヴィの精神である「民衆の啓蒙」として人々の生活に浸透していると解説している点である（Boje, Friedberg, Ibsen 2006: 41-70, Ibsen, Boje, Friedberg 2008: 9-32）。市民生活の重要な構成要素として、子どもも大人も何らかのアソシエーション活動に参加することが、デンマークを特徴付けている。なかでもスポーツ活動はもっとも身近なアソシエーションで、子どもたちが放課後を過ごす場として、また、大人が地域に関わる機会として機能している。サッカー、バドミントン、ハンドボール、バレーボール、カヌーなどのクラブが存在し、指導者も、またクラブを運営するのも、地域の大人である。合唱、オーケストラ、絵画、演劇などの文化系クラブも同様である[7]。

　それに対し2008年の研究では、近年の新たな論点の一つとして、移民や移民背景を持つ人たちのアソシエーションへの参加に関する議論が紹介されている。デンマークの社会学者クリスチャンセンによると、デンマークでは移民背景を持たない人々の約40％がボランティア活動に関わっているのに対し、移民背景を持つ人々のうちボランティア活動に関わっているのは23％にとどまっている。また、ボランティア活動への参加希望を持つ者も、移民背景を持たない人々が約50％であるのに対し、移民背景を持つ人々は約35％である（Christiansen 2008: 82-83）[8]。ただし、職場や学校での活動に積極的に参加している移民背景を持つ人々は、職場や学校の延長線上にすでにボランティア活動関わっている場合が多く、障壁となっているのは、そのような活動をしている知人がいるかどうかであって、活動内容とは必ずしも関

7　ただし余暇活動分野のアソシエーションも、19世紀とは異なり、その政治的志向を共有する政治的結社としての、あるいは経済的利害に根ざした協同組合としての色彩を徐々に薄めており、実際には異なるものであるとの指摘もある（Anderson 2008: 201-216）。
8　2006年のデータによる。

連しないという（Christiansen 2008: 90-91）。さらに、社会学者のボイエによる別論文では、ボランタリーセクターが、労働市場外の失業者に対して新たな雇用を生み出す可能性についても検討されている（Boje 2008: 179-203）。しかしデンマークの場合、ボランタリーセクターの労働力の大半をボランタリーワークに依存しており、週あたり数時間しか勤務しない非正規雇用のスタッフによって運営されている団体が半数を占め、また事業内容についても「市場セクターとの協働が機能していない」点が認められるという（Boje 2008: 184）。

　2006年の研究は国際調査の一環であり、比較可能な数値を同定することに目的があった。その際、文化的衝突の「緩衝材」あるいは雇用創出といった目的とアソシエーションが結びつけて質問項目が設定されていたわけではなく、また考察についてもそのような指摘は見られない。ただし2008年の研究では、アソシエーション活動に参加する人々の割合の高さとともに19世紀以来の伝統が強調される一方で、「文化および余暇」活動以外ではさほど活動が活発ではないことが指摘され、移民背景を持つ人々がとりわけ不活発であると示される。また、ボランタリーセクターにおける労働力については、ボランタリーワークへの依存の高さが指摘され、雇用創出に及んでいない。デンマーク国内の文脈を意識した二つの先行研究では、近年、新たに社会全体にとって課題となっている文化的衝突への対処や雇用創出について、アソシエーションが何も用意できていないことが示されている。

3－2　雇用創出と社会的結束に対する期待

　2009年9月に筆者が実施したインタビュー調査では、4つの研究所や大学等を訪問し、5名の研究者および実践者にインタビューを行った（第7章）。いずれも前節の二つの調査研究の枠組みづくりに携わっている専門家たちである。これらの専門家にデンマーク国内でのアソシエーションに対する政府からの視線の変化について尋ねたところ、次の二つの異なる見解が示された。

　一つは、2008年に社会省によって設立された政府系シンクタンクであるボランティア審議会（*Frivilligraadet/* the council for voluntary activities）所長E氏の見解である。E氏は、ボランタリーセクターと政府セクター、市場セ

クターとの協働の在り方を構築する仕事を手がけており、そのため近年、政府の優先課題となっている「統合」について、とりわけ「個人的プロセス」にボランタリーセクターの貢献が見込めると明言する。すなわち、政府としては「社会統合 (social integration)」を課題としているが、ボランティア審議会に期待されているのは、ニューカマーや移民背景をもマイノリティがボランタリーセクターでの活動を通して潜在的な能力を発揮できるかどうか、とりわけ有利に機能しそうな分野は何なのか、そのための個人的なプロセスの支援はどのように可能なのか、といった点だと説明する[9]。

E氏は、移民背景を持つ人々に、従来の失業者対策と同様の教育や訓練の機会を提供するだけでは不十分だとし、それ以前に「個人的プロセス」においてアソシエーションへの参加を呼びかけることが望ましいと考えている。「ネットワークがあればそれは、雇用の面でも有利になる」と話し、教育や雇用に先だってアソシエーションに「参加」してもらえるような仕組みの必要性を指摘する。ただし、雇用創出については楽観的ではなかった。現在のところサービス供給主体の多様化という意味での「福祉ミックス」が進んでいるのは医療分野に限られ、そこでは必ずしも新たな雇用が生み出されているわけではない。企業の社会的責任に関する活動についても環境分野に偏っている点を指摘し、あまり新たな動きは見込めないと話していた。

それに対して、長年、市民の側に立ってボランティア活動を支援してきた独立行政法人ボランティアソーシャルワークセンター (*Center for Frivilligt Socialt Arbejde*/ the center for voluntary social activities) のコンサルタントであるB氏は異なる見解を示す。B氏は、たしかにこの数年、生産や雇用の「リソース」として政府がボランタリーセクターを見ようとしていることを認める。ただしそれがほとんど当てにならない、政府の思い込みなのではないかと見ている。なぜなら、活動を支えているのはほとんど力を持たない個人だからだという。

ボランタリーセクターはリソースとして特に国家の側から注目されてい

---

9 2009年9月8日に実施されたデンマーク・ボランティア審議会所長のE氏に対するインタビュー調査による。

ます。政治家たちは、どのアクターが何を生産しているのかを見ようと
し、その費用対効果を測ろうとしています。けれどもそれには反対した
いです。なぜなら、アソシエーションは生産や雇用のリソースではなく、
生活の質そのものであるからです。…アソシエーションの多くが、ボラ
ンティアによって支えられています。雇用しているスタッフがいるわけ
ではなく、そのため、政府やその他の財団が要求する書類を作成する仕
事だけでも、ボランティアスタッフが家に持ち帰り、週末の時間を削っ
て行っているというのが現状です。…個人的には、ボランタリーセクター
が、国家や市場との競争にさらされるのは合理的ではないと思います[10]。

　B氏は、福祉サービス供給者としてアソシエーションが注目されているが、
赤十字社や各宗派の修道会などの、福祉制度が十分に発達する以前から組織
されてきた伝統的な団体を除いて、ボランティア団体が公的な課題を引き受
け、継続的な提供者となることは難しいと証言する。移民背景を持つ人々の
統合について尋ねたところ、同じ志向を持つ人たちが自助グループを組織す
ることは可能であるものの、それを促す予算やプログラム、助言者の数が圧
倒的に不足していると指摘する。
　文化的衝突への対処として、統合に関する「個人的なプロセス」にボラン
タリーセクターが貢献できるとのE氏の見方は、一つの方向性を示す。予算
や助言者の不足を指摘しながらも、移民背景を持つ人たちによる自助グルー
プの組織が可能だろうというB氏の見方も、具体的な方向性だと言える。そ
れに対し、新たな雇用創出の点では、政府側に立つE氏からも、また市民
側に立つB氏からも、肯定的な回答は得られなかった。「社会的企業」もデ
ンマーク社会では輸入された概念にとどまり、具体的な活動として展開され
た例が少ない（Boje, Friedberg, Ibsen 2006: 119-142）。むしろ、そのようなボ
ランタリーセクターに対する経済的意図が、「福祉サービス」分野の提供者
としての期待を生み、「生産や雇用のリソース」とみなされる懸念になって
いることがB氏により指摘された。

10　2009年9月9日に実施された独立行政法人ボランティアソーシャルワークセンターのコン
サルタントB氏に対するインタビュー調査による。

しかしＢ氏の懸念は、翌年、より明確な形となる。2010 年、デンマーク
の社会省は「市民社会戦略」という方針を発表し、社会的領域で活動してい
るアソシエーションに、今まで以上に公的な「社会問題」に深く関わる活動
を促進させる方針を打ち出した（Socialministeriet 2010）。これはボランティ
ア団体に直接的な福祉サービス供給者になってもらおうという主旨ではない
ものの、「諸問題が深刻化する前の予防」に役立つような活動をしてもらう
こと、また 2020 年までにデンマーク国民の 50％がボランティア活動に参加
するような仕組みを作ること、そのために 1 億クローネ（約 15 億円）の予算
を組むことを盛り込むものである（Socialministeriet 2010: 11-12）。

　この方針の発表を受けて実施された新聞社の調査によると [11]、回答を寄せ
た 183 団体のうち 8 割の団体はこの方針に賛成している。ただしその理由は、
社会的領域で活動している団体の多くがすでにそのような予防的活動を実施
してきたからであって、さらなる「仕事」を引き受けられるからではない [12]。
この調査を分析したロスキレ大学のボイエ教授は、新聞記者の取材に答えて、
調査のなかですでにこれだけ多くの団体が、「現在も重い役割を担っている」
と回答していることは問題だと話し、「ボランティアに対して、通常の公務
員に対するような継続性、透明性、報告の義務を押しつけることはできない」
と念を押している [13]。

　以上のように、ボランタリーセクターの利用可能性、とりわけ、社会統合
や雇用創出という点について見てみると、前者については「個人的プロセス」
に限定したり適切な支援策を用意できれば可能ではあるものの現状ではまだ

11　デンマークの全国紙 Politiken が 2010 年 6 月 17 日から 25 日まで実施したアンケート調査。
子ども、若者、家族、高齢者、ボランティア促進、人道的活動、教会活動、移民・難民、アル
コール・麻薬濫用者、障害者を支援する 183 団体が回答した。Politiken 紙 2010 年 8 月 4 日「ボ
ランティアが福祉の穴を埋める」（https://politiken.dk/indland/art5013408/Frivillige-lapper-
huller-i-velf%C3%A6rden, 2018/4/24 参照）。

12　例えば糖尿病協会は 900 人のボランティアで電話相談や講演会、相談会などを通して数千
人の糖尿病患者の生活を支援しており、医療費の抑制に大きく役立っている。Politiken 紙 2010
年 8 月 4 日「ボランティアが福祉の穴を埋める」（https://politiken.dk/indland/art5013408/
Frivillige-lapper-huller-i-velf%C3%A6rden, 2018/4/24 参照）。

13　ボイエ教授は一連のボランティア関連の調査にも関わっている。Politiken 紙 2010 年 8 月 4
日「ボランティアが福祉の穴を埋める」参照（https://politiken.dk/indland/art5013408/Frivillige-
lapper-huller-i-velf%C3%A6rden, 2018/4/24 参照）。

それらが欠如している状態であることが分かった。後者についてはデンマークにおいてはあまり真剣に検討されていない。むしろ、ボランタリーセクターに対する生産や雇用のリソースとしての国家の期待は、研究者のあいだでも望ましくないものとされていることが分かった。

第4節　ボランタリーセクターの役割とボランティア活動の個人化
4－1　福祉多元主義と対人サービス

　ヨーロッパの「サードセクター」をめぐる市民社会によるコントロールという議論は、福祉多元主義が検討された時期から始まった。福祉多元主義は、福祉サービスの供給主体として、国家セクター、市場セクター、ボランタリーセクター、インフォーマルセクターの四つを考慮する考え方である。エヴァースが四者のバランスをとりながらも、基本的な責任の所在を国家セクターに求めるのに対し、スウェーデンの政治学者であるペストフは、スウェーデンにおいては社会的企業が社会民主主義的価値を刷新する力を持ちうる点を評価する（Evers, Laville 2004: 11-42, ペストフ 2000）。ペストフの福祉トライアングルとしてよく知られている図は、これら国家、市場、コミュニティ（家族）の各セクター内にも、公式か非公式か、営利か非営利か、公的か私的かによって区別がもたらされうることを示している（図1）。

　たしかに、福祉国家の再編が進む社会では、ある活動自体がどのセクターに担われ、それがどのように区別されるかを個別に検討する必要が生じる。社会的領域における活動は、国家だけがその担い手ではないために、活動に対するチェックをどのように行えばいいのかが自明ではない。とりわけ、国家の責務が不当にボランティア団体等に振り分けられ、安価な労働力の調達先となったり、望まない活動が強制されたりするなど、ボランティア団体が国家セクターや市場セクターの「下請け」となる問題が懸念される。エヴァースは「市民社会」がコントロールする必要性を指摘し、またペストフは「社会民主主義的価値」がそのようなコントロールを担保すると考えるが、デンマークの場合、この問題にどのように対峙しているのだろうか。

　デンマークでも、普遍主義的な福祉国家体制が完成した 1980 年代頃以降、福祉国家の再編が議論されるようになった。デンマークの社会学者ヘグラン

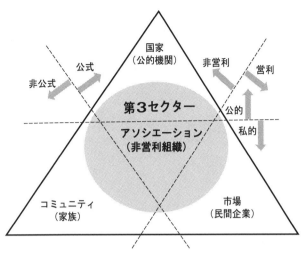

※第3セクターと記された中央グレーの領域がボランタリーセクターに該当する。ペストフの福祉トライアングルの解説については次を参照のこと（Evers, Laville 2004: 17）。

図1　ペストフの福祉トライアングル※
出典：ペストフ（2000: 4）を参照し筆者作成。

トによると、財政的危機、機能的な危機、そして正統性の危機として判明したのは、福祉サービス分野では、形式的平等を重視する官僚主義的な対応がときに非人間的な扱いを引き起こすという点であった。この弊害を乗り越える代替案として、デンマークでもとりわけ、介護、教育、保育、訓練といった対人サービス分野におけるサービス供給主体の多様化、すなわち福祉多元主義が追求された（Hegland 1994）。

代表的なものに、訪問ボランティア（*Besøgsven*/ Visiting Friends）がある。一人暮らしの高齢者を訪問しお茶の時間をともにするこの活動は、デンマーク語を習得途中にある外国人に推奨されている対人サービス分野の活動である。高齢者にとっては、ゲストを招く楽しみを経験し、また外国人にデンマーク語を教える役割を果たすことになる。訪問する側にとっては、デンマークの家庭を身近に経験し、デンマーク語を話す機会となる。ひとり親家庭の子どもたちを訪問し、宿題をみたりおしゃべりの相手になる「子どものための大人ともだち（*Børns Voksenvenner*/ Big Brothers Big Sisters）」の活動も同様である。どちらも、対象者と支援者が、互いの相性を探りながら人間関係を

第9章　現代デンマーク社会におけるボランタリーセクターの機能と役割　*203*

築くことがベースになる活動のため、形式的な平等主義とは相容れないし、おしゃべり以上の「サービス」を提供するわけでもないためビジネスにも発展しにくい。この意味で、国家や市場が代替できない「対人サービス」をボランタリーセクターが担う例に当てはまる。

4-2　社会サービス法第18条の規定

　福祉多元主義のもとで、福祉サービスの供給主体が多様化する際に、アソシエーションが政府や企業の「下請け」と化す可能性はないのかどうか、第7章で見たとおり、国際比較調査および国内調査に関わった5名の研究者に対して質問をしたところ、5名から同じ返答があった。いずれも下請け化はない、という回答だった。南デンマーク大学教授のC氏は、ボランタリーセクターにあるアソシエーションが自律性を持っていることを強調する。政府はたしかに各団体を支援はするものの、活動の内容を指示できるわけではない。「社会サービス法第18条」にあるとおり、政府はアソシエーションを支援しなければならない、というのが枠組みのすべてである、と明言する。

　第7章でも確認したとおり、社会サービス法第18条には、たしかに、地方自治体が「アソシエーションを支援する」とあり、その逆ではないことが記されている。政府が関わるのは、支援すること、支援のための資金を拠出すること、協力の枠組みを設定すること、ガイドラインを定めることに限定されている。

　国立社会科学研究所上級研究員のD氏もまた下請け化は起こっていないと明言し、セクターごとの役割が異なる点を強調する。

　　国家セクターとボランタリーセクターはもともとその役割を異にしています。政府はボランタリーセクターに命令も要求もできません。その意味では、政府はボランタリーセクターに依存することもできません。依存することを前提に事業を設計するのは間違っていることになります。…「ハードワーク」に関しては、政府セクターが面倒を見るべき分野です。それをボランタリーセクターに担わせることは、任務がハードになればなるほど困難となり、そのために社会が機能しなくなる可能性が高

204　第三部　現代デンマーク社会におけるボランタリーセクターの機能

くなるでしょう。それは効率的ではありません[14]。

　独立行政法人ボランティアソーシャルワークセンター所長A氏もまた、同じ理由で下請け化の可能性を否定する。社会サービス法第18条がボランタリーセクターを統括する法的根拠となっていること、そしてたとえボランタリーセクターが安価な労働力の調達先となったとしても、中長期的にはそれが非効率だと指摘する。

　デンマークの研究者たちの比較的落ち着いた態度は、次の2点からも説明できる。

　一つは、市場セクターが比較的弱いから、というのがその理由である。社会的企業を重視する「大きな社会（The Big Society）」を推進しているイギリス政府や、社会的企業が多様な雇用を生み出しているスウェーデンと比べると、デンマークは一般的に社会的企業を含めた市場セクターの持つ力が弱い。一般政府支出の対GDP比は50%を超え（2020年）[15]、政府による雇用者が労働力に占める割合も約35.7%（2018年）である（OECD 2021）。デンマークの基幹産業は金融業や運送業、製薬業であるが、従業員100人以下の中小企業が多い。市場セクターが相対的に弱いため、社会のニーズを満たしてきたのは国家セクターだった。20世紀を通して福祉国家が順調に形成されるなか、社会問題を扱うアソシエーションであっても、社会的企業のような形態をとらなくても、すなわち社会問題に対するアドボカシー機能とサービス供給機能の両者を一度に引き受けなくても、活動することができた。国家セクターとボランタリーセクターのこのような分業はしかし、他国においては福祉多元主義によって見直されてきたにもかかわらず、デンマークにおいては依然として継承され、社会サービス法がその区分を保証している。

　デンマークの研究者たちに共通する落ち着いた態度を説明するもう一つの理由は、労働者の権利が強いからだと推察できる。デンマークでは労働組合

14　2009年9月8日に実施された国立社会科学研究所（Social Forsknings Institut）の上級研究員D氏に対するインタビュー調査による。
15　例年、50%程度であるが、新型コロナウィルス感染症対策で政府による支出が増加した2020年は54.0%（OECD平均53.6%）だった（OECD 2021: Fig 2.22）。

の組織率が 67.2 ％で（2016 年）OECD 加盟 34 か国中、例外的に高いアイスランド（85.5％）に次いで高い（日本は 17.3％）[16]。この 10 年間で組織率が低下しているとはいえ、現在でも賃金や労働条件に関する交渉は組合を通して行われる。集団交渉権保有率（collective bargaining coverage）は労働組合の組織率を超える 84.0％（2015 年）である（アイスランドは 90.0％、日本は 16.7％）[17]。使用者に従業員解雇の権限を認めながら、解雇された労働者に対する職業訓練の機会を組合側が保証することで、頻繁な職業間移動と低い失業率、高い再就職率を実現してきた積極的労働市場に適応するデンマークモデルは、政労使の三者協調路線によって成立している。2000 年以降、デンマークでも職の非正規化は進んでいるが、三者協調路線による雇用対策が、失業率の悪化を比較的軽度に抑えている（鈴木 2010: 203-241）。無償のボランタリーワークに関して、組合を通じた労働者の権利保障があるわけではないが、アソシエーションとボランタリーワークの担い手のあいだには、労使間と同等の準拠枠が当てはめられ、活動内容や活動条件についての交渉が行われている。

4−3　ボランティア活動の個人化

　ただし、国家と市場の狭間にあり、対価を伴うサービスになりにくい対人サービスを、ボランタリーセクターが担う例が増えるほど、デンマークのボランタリーセクターの特質が変化する、という指摘もある。

　近年、デンマークにおいても、ボランティア活動の個人化が指摘されるようになった。市民の生活を支えてきた、伝統的な会員制アソシエーションに代わって、プロジェクト志向のボランティア活動が活発になっているためである（Torpe 2003: 331-334）。

　その大きな理由となっているのが、組織運営に関する関心の低下である。伝統的な会員制アソシエーションは、かつては「民主主義の学校」と呼ばれ

16　OECD StatExracts（https://stats.oecd.org/Index.aspx?DatasetCode=STLABOUR, 2018/6/16 参照）。

17　OECD StatExracts（https://stats.oecd.org/Index.aspx?DatasetCode=STLABOUR, 2018/6/16 参照）。

（Gundelach, Torpe 1997）、下からの統治を可能とするような「日常生活を支える人」を育成するという点からも、アソシエーションに参加すること自体に意味があるとみなされてきた（Bang *et al.* 2000）。2006年の国内調査（Boje, Friedberg, Ibsen 2006）および2008年の国内調査（Ibsen, Boje, Friedberg 2008）でも、19世紀以来の「民衆の啓蒙」として、会員制のアソシエーション活動が浸透している、と解説されていた。しかし、20世紀後半にもなると、日常生活における余暇の選択肢の拡大、共稼ぎ家族の増加による余暇時間の相対的減少が、人々をアソシエーション活動から遠のかせていることは指摘されてきた。なかでも、スポーツや合唱などの活動に参加することと、組織運営に参加することは別だとする傾向が見られるという（Torpe 2003: 332）。

　ボランティア活動の個人化を論じるグルブとヘンリクセンによると、2004年から2012年にかけて、会員制アソシエーションに参加するメンバーのうち、組織運営に携わる意向を持つ人の割合が、約80％から70％に減少している。会費を払うのはいとわないが、それはスポーツや文化活動に参加するためであって、会の組織運営に携わるためではないとの考えによる。そして、このような潮流に合わせるように、より柔軟な組織形態の、新しい活動が活発になっている。デンマークでは、政府が主導し、2009年以降、各自治体がボランティアセンターを設置してきた[18]。その結果、ボランティア活動に個人として参加する道が推奨され、とりわけ若い世代に、プロジェクト型のボランティア活動に参加する個人が増えている（Grubb, Henriksen, 2019: 64-65）。さらにICTの発達により、例えば、難民に法的助言を無料で提供する「ようこそ難民（Refugees Welcome）」[19]のような、インターネット上で展開される活動も身近になっている（Grubb, Henriksen, 2019: 65）。オンライン上で組織を運営する少数の専門スタッフが運営をしながら、全国にいる専門知識を持つ人々が、隙間時間に、難民からの質問や相談に回答する、という広域のボランティア活動である。このような活動は、支援を必要としている特定の

18　デンマークでは2008年に社会省によって設立されたボランティア審議会のイニシアティブで、2009年以降、各自治体にボランティアセンターが設置された（Lorentzen and Henriksen 2013）。2017年現在、自治体の2/3にボランティアセンターが設置されている（Grubb, Henriksen, 2019: 64）。

19　Refugees Welcome, https://refugeeswelcome.dk/, 2022/9/9 accessed.

グループや社会課題を対象としていたり、期間限定のプロジェクトであったりする場合が多く、余暇時間を組織運営に費やすよりも、専門知識を活用して意味のある活動をしたいと希望する人に支持されている（Herz 2016: 365-379）。

　グルプによると、2010 年から始まった、デンマークのオンライン学習支援の取り組み「宿題オンライン（*Lektier Online*/ Project Virtual Tutoring）」[20]も、このような新しい活動に当てはまる。宿題オンラインは、2009 年に公立図書館職員によって構想され、2010 年に外部資金を得て始められたインターネット上のボランティア活動で、社会経済的に比較的不利な立場にある児童生徒のために、無料で宿題を手伝う学習支援活動である。ボランティアの主たる担い手は大学生で、全国の各大学のサイトを通してボランティア募集が行われている。もともとは、公立図書館で広く取り組まれてきた宿題カフェを、図書館に来ようとしない人にも広げようと始められた。グルプによると、公立図書館で、放課後、テーブルを囲んで数名ずつ各国語で展開される宿題カフェ（*Lektie Café*/ Study Café）は、多様な背景を持つ生徒たちのうち、特に女子生徒の参加が多く、各地の公立図書館で定着した活動となっている。他方で、友人と誘い合って図書館に来所する習慣のない男子生徒に参加してもらうことが課題だとされてきた。宿題オンラインは、そのような生徒にもアクセスしてもらおうと、オンラインの機能を使い、支援される側も、また支援する人も匿名で参加できるようデザインされている（Grubb, Henriksen, 2019: 69-70）[21]。宿題オンラインの主催者および学生ボランティアにインタビュー調査を行ったグルプは、主催者は組織の運営に関心を持つスタッフの育成を課題に掲げているものの、学生ボランティアからは、運営や会議の設定といった「官僚的な部分」を専任スタッフが引き受けてくれることが、彼らをこのボランティア活動に惹きつける大きな理由になっている。それは、視野を広げ、人の役に立ち、できれば将来の就職活動のために履歴書に加え

20　Lektier Online, (https://lektier-online.dk/), 2024/9/9 accessed. 英語論文では、Project Virtual Tutoring(PVT) と表記（Grubb, Henriksen, 2019）。

21　支援されていることが周囲に分かる状況を作らないようにすることを、グルプは「スティグマ化を避ける」と説明する（Grubb 2016: 13-24）。

られる経験を求めている大学生のニーズにマッチしていると指摘する（Grubb 2016: 13-24）。

　会員制アソシエーションがデンマーク社会の伝統を継承してきたと考える人にとって、このようなボランティア活動の個人化は、打算と戦略と効率性が優先されているように見えるだろう。また、多世代が意見を出し合い、組織を運営し、社会に提言をおこなう民主主義の学校としての機能を弱らせる現象に見えるかもしれない。しかし、グルプによると、宿題オンラインの活動は、第一に、個人のアソシエーションへの参加のスキルを向上させ、結果として、ボランタリーセクターを活性化させていること、第二に、主催者が市民社会の語彙を用いて資金提供を受け、少数の専門スタッフを雇用することで組織運営が可能となる一方で、そのような安定した組織のおかげで、学生ボランティアを必要な数だけ受け入れられるようになっているなど、評価すべき別の側面を表している。

第5節　ボランタリーセクターの利用可能性

　先に見たとおり、21世紀になって、デンマークのボランタリーセクターには、社会課題を解決する、という新しい役割が期待されるようになった。多文化化する社会に関連して、二つの論点、すなわち、ボランタリーセクターが、社会民主主義的価値観と福祉ショーヴィニズム的価値観の葛藤に対する緩衝材となりうるのではないかという論点と、ボランタリーセクターが雇用の受け皿になるのではないか、という論点である（Gundelach 2007: 47-63）。後者については、デンマーク社会ではあまり進んでおらず、研究者のあいだでも望ましくないものという見解だった。

　それに対し、前者については、政府は、ボランタリーセクターの利用可能性を積極的に追求してきた（Sivesind 2017）。「市民社会戦略」（2010年）には、4年間かけて政府が積極的にボランタリーセクターと協力関係を築き、「新しい解決策をともに開発し、協力者として、時にライバルとして力を試しながら、社会的領域における活動を向上させる新しいアイデアを生み出す」と示された（Socialministeriet 2010: 11）。デンマーク自治体連合（KL）も、2015

年に「未来の福祉連合」という方針を打ち出し、市民、市民社会、企業との連携を推進する方針を打ち出している[22]。その結果、前節に見たようなボランタリーセクターの特質の変化が観察されるようになった。すなわち、ボランティア活動に、会員となってアソシエーションの活動や組織運営に参加するほかに、個人としてプロジェクト型のボランティア活動に参加する方法が定着し、ボランティア活動そのものを活性化させている。

　ただし、このような変化は、参加する個人の動機の変化によってのみ、説明されるものではない。グルプとヘンリクセンは、ボランタリーセクターの特質の変化を、資金調達先の変化としても説明している。すなわち、資金調達先が変化し、会費への依存から外部資金の調達に移行するにつれ、「新しい公共経営」の影響、すなわちアソシエーションの側がミッションステートメントを準備し、「戦略的な運営」を提示しないと外部資金を得られず、専門スタッフの雇用が困難になるといった構図の変化が、ボランタリー活動の特質を変化させたのではないかとの指摘である（Grubb, Henriksen, 2019: 65）。たしかに、資金を提供する財団等が、社会的課題に関するプロジェクトを募集する際には、特定の課題、たとえば、ホームレス、難民、若い母親、社会から疎外された人々といった対象を支援するプログラムを募集する。応募する側は、そのような社会課題に対する解決策を提案する。多くの場合、行政や企業とのパートナーシップを組むことや、ボランティア活動をする市民の参加が求められる（Grubb, Henriksen, 2019: 65）。これらの要求に応えようとするなかで、最適化されてきたのが、専門スタッフによる組織運営と、個人としてプロジェクトに参加するボランティア活動という組みあわせである[23]。

　では、このようなボランタリーセクターの特質の変化は、多文化化するデンマーク社会にとってどのような意味を持つのだろうか。社会統合という観

22　デンマーク社会的企業協会 HP, https://socialeentreprenorer.dk/2014/01/20/fremtidens-vaelfaerdsalliance/, 2024/9/9　accessed.

23　ボランティア活動に持ち込まれる官僚制問題は、サードセクター研究で繰り返し指摘されてきた論点ではあるが、これを積極的に評価する見方もある。「宿題オンライン」を観察したグルプは、資金獲得のために市民社会の論理を用い、組織運営のために企業の方法を採用する近年のボランティア活動を積極的に評価し、仮説的にではあるが、「競争的な制度枠組みと時間に制限のあるボランティア希望者の参加が可能になる組み合わせは、『新しい市民経営（new civic management）』と呼べるものかもしれない」と述べている（Grubb 2016: 168）。

210　第三部　現代デンマーク社会におけるボランタリーセクターの機能

点から考えると、二つの問題がある。

　一つは、社会課題を解決するという目的が、支援する側とされる側を区別する、という問題である。「ようこそ難民」や「宿題オンライン」の例のように、社会課題に取り組む新しいボランティア活動では、難民や移民背景を持つ人々は支援の対象となる場合が多い。もちろん、支援する側にも多様な背景を持つ人々がいて、活動を経験したことで、支援を受ける側から支援を提供する側に変わる場合もある。ただし、ボランタリーセクターに期待される社会課題の解決という枠組み自体が、支援する側とされる側との区別を前提としているため、伝統的な会員制アソシエーションで当然とされていた共同性や互酬性は限定的となる。

　もう一つは、ボランティア活動の個人化が、その場限りの限定的な活動を促すという問題である。これは、市民活動の論理を用いて資金を獲得し、ICT を用いて組織的に展開される新しいボランティア活動において、顕著である。特定の課題を解決するためには、タスクを分配し効率良く取り組む必要が生じる。「宿題オンライン」の活動は、前出のとおり、図書館での「宿題カフェ」が一部の人にとって居場所としても機能していることから、直接集まることには消極的な人にも来てもらおうと始まった。本来であれば、支援する側であれ、支援される側であれ、この活動に関わった人同士の交流のための仕掛けが重要になるはずではあるが、実際には、活動に対する評価という観点から、学習支援というタスクが優先される。そのため、伝統的な会員制アソシエーションで当然とされていたような、例えばサッカーやバドミントン、合唱や演劇といった活動を通じた、必ずしもタスクに還元されない参加者同士の交流は限定的となる。

　この二つの問題は、社会民主主義的価値観と福祉ショーヴィニズム的価値観の葛藤に対する緩衝材という期待にとっても、消極的な意味を持つ。文化的背景の異なる難民や移民を人権の観点から受け入れ、隣り合う人として共に暮らすという社会民主主義的な価値観の実現には、また、福祉国家が提供する「権利」を「国民」に閉じることを当然と見なすような、排外主義的な福祉ショーヴィニズム的価値を相対化するためには、ボランティア活動における支援／被支援の区別は望ましくなく、その個人化も障壁となる。多様な

背景を持つ諸個人が、互酬的な活動に関わり、タスクに限定されない活動ができて初めて、社会統合に向けた人的交流が可能となるからである。2008年の調査で移民や移民背景を持つ第二世代の人たちがどのくらいアソシエーション活動に参加しているのかを報告しているのも、同じ関心に基づくものだと推察できる（Ibsen, Boje, Fridberg 2008）。また、2009年に筆者が実施したインタビュー調査において、ボランティア審議会E氏がマイノリティのアソシエーションへの参加が課題だと話していたのも、同様の理由による。2008年の調査では必ずしも明らかではなかったが、その後、ボランタリー社会活動に参加する個人の増加、ICTの発達、専門家による関与の増大、資金調達の方法の変化など、デンマークのボランタリー社会活動を取り巻く環境の変化は、ボランティア活動の個人化を促進させている。このような観点から考えると、少なくとも社会統合という面においては、デンマークのボランタリーセクターにとって、伝統的な会員制アソシエーションのほうに、一定の意義が見出せる。そのためには、デンマーク国内において、スポーツや文化活動を行う場としての伝統的な会員制アソシーションが維持される方法についての、より積極的な議論が必要になるのではないだろうか。

　以上のように、第三部では、デンマークのボランタリーセクターがどのような機能を担っているのか、またデンマークでローカルなボランタリーな社会活動に関わる個人およびそれを支援する市が、それぞれの役割をどのように認識しているのかを明らかにするために、インタビュー調査を実施した。その結果分かったのは、社会サービス法第18条が規定する、国家セクターとボランタリーセクターの「協働（*medarbejde*/ cooperate）」が、実質化されているという点だった。ボランタリーセクター研究に関わる研究者や専門家たちも、またローカルな活動に関わる個人も、同様に、アソシエーションの自律性を理解しており、上下の関係にないことが判明した。デンマークのアソシエーションは、第2次世界大戦後、各種スポーツを中心とする余暇活動分野として発展してきた。デンマークの伝統的な会員制アソシエーションの活動は、多世代が交流し、組織運営に参加し、社会に提言を行っている。21世紀になり、ボランタリーセクターに社会課題の解決が期待されるように

なった。また、ボランタリーセクターにおいて求められる活動形態が変化し、ボランティア活動の個人化が進んでいる。しかしそれでもなお、社会統合の観点からすると、支援／被支援の区別を持たず、タスクに限定されない交流が可能となるような、伝統的な会員制アソシエーションの活動に、一定の意義があると考えられる。

第四部

現代デンマーク社会における
ノンフォーマル教育機関の役割

第四部では、社会的包摂と社会統合に関する教育や学習プログラムを展開するための改革を進める、デンマークの事例を取り上げる。

　第二部第5章で概観したように、デンマークの生涯学習政策は、フォーマルな教育のみならず、インフォーマルな教育およびノンフォーマルな教育を含んでいる。2007年の方針で提出された、「ワールドクラスの教育」と「一生を通じて新しい知識を獲得使用とする機会」の確保という二つの課題は、実際には、広義の教育領域および労働組合も含む社会領域で取り組むこととされた。

　本章では、そのような包括的な生涯学習政策が、実際にどのような教育機関によって担われるのかを、デンマークのノンフォーマル教育機関に着目して説明する。ノンフォーマル教育機関に着目する理由は、ボランタリー社会活動（小池 2017: 30-161）が、デンマークの特徴を示しているからである。

　一般に、子どもを対象とする社会統合に関するプログラムは、フォーマルな教育で取り組まれる。デンマークも、学校教育（幼稚園クラスから9年生までの義務教育期間）は、各自治体の責任において、第二外国語としてのデンマーク語学習、母語学習、保護者会での通訳の同席といった支援等、オーソドックスな方法を採用してきた[1]。これらは、おもに「ワールドクラスの教育」に関わる生涯学習政策の一環である。

　それに対し、「一生を通じて新しい知識を獲得使用とする機会」として生涯学習政策が取り上げた課題は、「巨大なドロップアウト」という論点だった（第5章）。これは、後期中等教育の共通課題として、職業教育においても（Thørgersen *et.al* 2020）、社会福祉領域においても（Nordic Welfare Centre 2010）共通の関心とされているが、この論点を、ノンフォーマル教育機関がどのように対応してきたのかを明らかにするのが、本章の目的である。

　図2に見られるように、デンマークの教育制度は、就学前教育から高等教育に至る学校教育の系列と、それ以外のオルタナティブな進路や回り道を整備し、子どもから高齢者まで関わる生涯学習の系列から成っている。本書が取り上げる、ノンフォーマル教育機関は、図2の二重線枠で記した部分に該当する。

　本章は、ノンフォーマル教育機関であるダウホイスコーレ（Daghøjskole/ day high school）8校と、NGOトランポリンハウスに着目する（図2黒枠部分）。前者は、後期中等教育段階の中退者の社会的包摂とニューカマーの移民に対する教育機会の提供を担う非正規の学校で、ボランタリーセクターに位置する非営利組織によって運営される教育機関である。後者は、滞在許可を持つニューカマーの移民だけではなく、庇護を

1　移民背景を持つ子どもに対する特別な手当はなく、また学校を通した保護者の学習支援等は行われていない（一般的な就学手当、成人教育コースはある）、文化的・宗教的背景に十分に配慮していないといった批判もある（Eurydice 2004）。

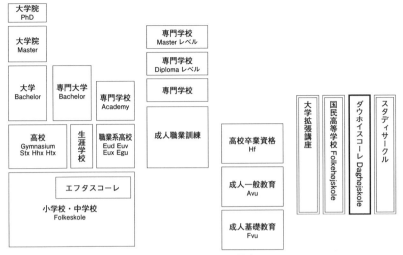

一重線枠がフォーマル教育、二重線枠がノンフォーマル教育。

図2　デンマークの教育制度図
出典：デンマーク教育省HPを参考に筆者作成（坂口ほか（2022：23）参照）。

求めて難民としての地位を申請中の亡命者に対する成人教育および雇用訓練の機会を提供しているアソシエーションで、ボランタリーセクターに位置する非政府組織である。社会統合という欧州連合の方針が、デンマーク社会がどのような制度と実践によって実現されているのか、そのような制度や実践は何によって可能になっているのかを明らかにする。

第10章　デンマークのノンフォーマル教育機関
——ダウホイスコーレの事例

　第10章では、デンマークのノンフォーマル教育機関であるダウホイスコーレの役割に焦点を当て、社会的包摂を含めた社会統合がどのような制度のもとに展開されているのかを明らかにする[2]。後期中等教育段階での中退者や若年失業者に対する教育機会と雇用訓練の提供は先進国に共通する課題である。

2　第10章は、坂口緑, 2018b,「誰がパイプラインをつなぐのか」『日本生涯教育学会論集』第39号（73-82頁）に加筆・修正したものである。

デンマークの場合、欧州連合の教育と雇用に関する提言を受け、進路指導と
キャリアガイダンスに関する制度改革を通じて、早期中退者や失業者、ニュー
カマーの移民に対する社会的包摂を実践している。本章では、この仕組みの
なかで実際に支援を必要とする人たちに向けて学習プログラムを提供してい
るダウホイスコーレを取り上げる。後述するとおりダウホイスコーレには、
アートや音楽、体育などの技術を重視する実技系の学校と、おもに成人基礎
教育と就業支援を重視する社会系の学校に分けられるが、本章では、社会統
合と生涯学習という本書のテーマに合致する社会系 8 校について詳述する。

第 1 節　教育のパイプラインとは何か

　教育のパイプライン（the educational pipeline）という考え方は、日本では
社会学者の山田昌弘が『希望格差社会』のなかで引用したアイデアとして知
られている（山田 2004）。戦後日本の社会では、一時期までよく機能してい
た学校制度の諸段階をつなぐパイプラインに経年劣化や社会状況の変化によ
り「穴」が空き、「漏れ」が生じているという指摘である。ここでの「漏れ」
とは、後期中等教育段階の中退者、退学者あるいは卒業後の不安定雇用に就
かざるをえない若者を指していた（山田 2004: 166）。
　学校制度をパイプラインにたとえて説明する方法はアメリカで好んで用い
られる手法で、40 年近く前から言及されてきた（例えば Henson, Astin 1978）。
アメリカでは『危機に立つ国家（A Nation at Risk）』（1983 年）以降、教育水
準が国家問題として議論されるようになり、教育改革が相次いだ。1990 年
代ブッシュ・シニア大統領時代に導入された「チャーター・スクール」、
2002 年ブッシュ・ジュニア大統領時代に施行された「落ちこぼれ防止法（No
Child Left Behind Act）」はいずれも結果的には教育の責任を個人に転嫁する
風潮を強め、特定の地域の教育力低下を招いており、定員超過の教室、人種
的あるいは社会経済的に孤立した状況の看過、力量ある教員やリーダーシッ
プのある校長の欠如、カウンセラーや特別教育に対する財源不足、あるいは
教科書の冊数不足などにより、義務教育の水準低下が看過できないところま
で放置された結果、学校がまるで少年犯罪を後押ししているかのような環境

を産み出してしまっているという。このような状況を批判する言葉として「学校から監獄へ」至る「パイプライン」の比喩が持ち出されることがある（Kim, Losen, Hewitt 2010: 1-7）。またジェンダー論、エスニシティ論の見地から高等教育とりわけ STEM（Science, Technology, Engineering and Mathematics）分野へ導かれるパイプラインが特定の集団に有利に働いていないかどうかを検討する議論がある。この問題を比較的初期に提起したメイプルとステージは、1980 年代に提起された「誰が科学をするのか（Who will Do Science?）」という疑問が 21 世紀になっても解消されていないとし、女性やエスニック・マイノリティが科学教育のパイプラインから長年にわたって外れてきたことを問題にし、リベラルアーツカレッジおける初年次教育の重要性を指摘する（Maple, Stage, 1991: 37-38）。

　このように、教育のパイプラインは「隠れたカリキュラム」の概念と同様、生徒が自分たちの意志とは無関係に一定の方向へ水路付けられる比喩として教育学の言説に登場する。山田の議論は、日本社会もまたアメリカと同様、前期中等教育から後期中等教育、および高等教育への移行段階で水路付けが必ずしもうまくいっていないことを指摘する論考だったが、その後、この指摘に関する議論はあまり深まらず、学校段階の断絶やパイプラインの「漏れ」は放置されてきた（児美川 2007）。

　学校段階の断絶については、若者のアイデンティティ問題として（藤村・浅野・羽渕編 2016; 日本社会教育学会編 2017）、また教育と産業・労働の結びつき問題として考察されてきた（乾 2013; 乾・本田・中村編 2017; 筒井 2018）。前者については理論的な考察や「居場所」の必要性を訴える研究が、また後者については 2000 年頃の「ニート」の発見以降、30 代、40 代にまで青年期概念を拡張し「大人になること」に対する移行期の意志決定と社会状況を丹念にインタビューした質的調査（中西・高山 2009）や、学校パネル調査を通じた卒業後進路に影響を与える要素についての量的調査（尾嶋・荒牧 2017）などが報告されている。日本を含む先進諸国で共通の研究課題となる背景には、グローバル化による産業構造と生活様式の変化、そして高等教育の「ユニバーサル段階」（トロウ 1976）への移行がある。ただし、この課題に対する日本語圏での研究アプローチには、現在のところ、第一に学習と就労を一

直線に結びつける単線のパイプラインモデルが想定される傾向があること（筒井 2018）、第二に個人の動機を重視する一方で教育機会を提供する教育機関の役割分担に対する考察が軽視されることといった傾向が見られる。

　本章は教育から労働に至る移行期問題について、どのように生涯学習の観点からアプローチできるのかを事例を通して考察することを目的とする。その際には、学習と就労を交互に組み合わせる可能性も考慮することと、教育機会を提供する教育機関がどのような役割を担いうるのかという観点を取り入れたい。本章で参照するのは、デンマークの生涯学習政策とノンフォーマル教育機関である。デンマークの事例を取り上げる理由は、デンマーク政府が 1990 年代から生涯学習政策としてとりわけ教育から労働に至る移行期課題に取り組んできた実績があるからである（Danish Ministry of Education 2007）。なかでも本章では 19 世紀以来の教育の伝統を継承しながら、後期中等教育段階における中退者や失業者といった社会課題に柔軟に対応してきたダウホイスコーレというノンフォーマル教育機関の役割に着目する。以下では、まずデンマークの若者を対象とする政策方針を概観する。次にその際に鍵となる支援機関「ガイダンスセンター」の役割を確認する。その上で若者支援に携わるノンフォーマル教育機関の事例を取り上げる。最後に生涯学習の視点から移行期問題を取り上げることの意義と課題を検討する。

第2節　後期中等教育段階の中退者

　デンマークが教育から労働に至る移行期問題を大きく取り上げた『生涯学習戦略』のレポートを刊行したのは 2007 年である。このレポートが作成された背景には、2004 年に刊行された欧州連合による目標『教育と訓練2010』がある（Danish Ministry of Education 2007: 3-4; 佐藤 2012: 208-111）。これはヨーロッパの繁栄と社会的結束に寄与するために、欧州連合が教育と職業訓練をアップデートするための政策で、リスボン戦略を成功させるために生涯学習の枠組みを活用して取り組むことが求められた政策である（European Commission 2006; 2007a: 2007b）。欧州連合の加盟国は、各国の事情に合わせて、リスボン戦略を教育と雇用の領域において実質化することが求

められ、デンマークでも教育と訓練を統括するための生涯学習戦略を教育省がまとめることになった。

レポートには最初に、デンマークにとっての「生涯学習の目標」として次の五点が示されている。第一に、すべての子どもたちが学校教育において良いスタートを切ることができるようにすること、第二に、すべての子どもたちが高い学業成績をおさめ、個人の技能を高められるようにすること、第三に、25歳以下の若者の95％が2015年までに中等教育段階の普通教育または職業教育を修了すること、第四に、25歳以下の若者の50％が2015年までに高等教育プログラムを修了すること、第五に、すべての人が生涯学習に参加することである。国会と政府はこの目標のために6年間分で150億クローネ（約2,250億円）の予算を計上した（Danish Ministry of Education 2007: 7）。

続いてこの目標を達成するために次の九点の短期的目標（objectives）が示された。第一に就学前教育から高等教育まで一貫した教育制度であること、第二にワールドクラスの教育であること、第三にすべての人に質の高い成人教育と継続訓練が提供されること、第四に民間セクターでも公的セクターでも雇用の場において一貫した制度のもとにコンピテンシーの発達を促すこと、第五に生徒にも学生にも成人にも進路指導とキャリアガイダンスの機会が保障され、すべての人が教育プログラムを選択することができ生涯学習に参加できること、第六にすべての教育や学習が個人の知識、技能、コンピテンシーに基づいていること、第七に教育制度が一貫していて透明性を保持することですべての人が公的リソースを活用し最善の可能性を手に入れることができること、第八に教育的プログラムにグローバルな視点が取り入れられること、第九に高等教育を取り巻く環境を改善することである（Danish Ministry of Education 2007: 8-10）。さらに、これら九点のうち特に第二点目、第三点目、そして第五点目については別の章が示され、とりわけ第五点目すなわち進路指導とキャリアガイダンスの機会について詳細な計画が示された。

五点目についての章では次のように中退者の問題が指摘される。

　ほとんどの若者が一般教育プログラムか職業教育プログラムのいずれかの、後期中等教育段階に進学する。しかし多すぎる中退者が問題となっ

第10章　デンマークのノンフォーマル教育機関　*221*

ている。後期中等教育を修了する者は全体の80％である。中退率が高いのは職業教育プログラムである。したがって、多くの若者たちが、とりわけ異なる民族的背景を持つ若者（young people of a different ethnic background）が後期中等教育を修了し、その後の継続教育や労働市場にアクセスできるようにすることが必要である（Danish Ministry of Education 2007: 14）。

　そしてそのために、2010年までは85％、2015年には95％の25歳以下の若者が中等教育を修了すること、中等教育段階で将来、高等教育プログラムを修了できるようになるような良質の学問的技能と一般的技能を提供することが示された。
　欧州連合で課題とされている後期中等教育段階の中退者は「18歳から24歳の若者のうち前期中等教育修了後、後期中等教育を修了していない者」と定義される[3]。2005年からの数字を見ると、デンマークでは18歳から24歳の若者人口のうち中退者が占める割合は表6のように変化してきた。

　欧州連合の『教育と訓練2010』では中退者の割合を10％以下にすることが求められてきた。また2009年に刊行された『教育と訓練2020』でも引き

表6　デンマーク18-24歳人口のうち中退者が占める割合の推移（＊は推定値）

	2005	2008	2009	2010	2011	2012	2013	2014	2015	2016	2017*
全体	8.7	12.5	11.3	11.0	9.6	9.1	8.0	7.8	7.8	7.2	8.4
男性	10.5	15.0	14.3	14.1	12.1	10.8	9.9	9.5	9.7	8.5	10.6
女性	6.9	10.0	8.1	7.7	7.0	7.4	6.2	6.1	5.7	5.9	6.1

出典：EUROSTATの労働力調査より筆者作成。

3　EUROSTATの労働力調査の早期学校離脱者（early school leavers from education and training）による（http://ec.europa.eu/eurostat/statistics-explained/index.php?title=Glossary:Early_leaver_from_education_and_training, 2024/9/9参照）。

続きこの水準が求められている（European Commission 2009）。この基準からするとデンマークは2005年の段階でも改善の対象となるのは男性のみではある（**表6**）。しかし1990年代からの高い失業率、後期中等教育段階の中退者、労働市場への参入年齢の高齢化、ニューカマーの若者の増加といった諸課題を抱えたデンマーク社会では、これらの問題に対応するため、進路指導とキャリアガイダンスのシステムの改革に着手した[4]。

第3節　進路指導とキャリアガイダンス

　デンマークの若者を対象とする進路指導とキャリアガイダンスの制度の本格的な見直しは、2003年デンマークの国会で採択され2004年に施行されたガイダンス法で実現した（Euroguidance Denmark 2014; 谷・青木 2017: 153-177）。ガイダンス法は、学校教育と進路指導を切り分けた点にある。ガイダンス法施行以前、日本の小学校と中学校に当たる国民学校（Folkeskole）を中心に学校ごとに配置されていた進路指導カウンセラーは、ガイダンス法によって、地区センターに集められた。これは、一人の若者を、学校が変わっても、学校を中退しても25歳まで見守り、一人の生徒・学生を地区センターが責任を持つという方式への変更だった。

　2004年のガイダンス法改革は、2006年および2007年の調整を経て、2018年には次のような制度となって定着している。第一に、12歳から25歳までの若者の進路に責任を持つ「若者ガイダンスセンター（*Ungdommens Uddannelsesvejledning/* the educational guidance center for the youth:　以下UU）」が45か所で稼働している（2023年現在）[5]。第二に、それ以外の年齢層も対象とし、おもに後期中等教育から高等教育への移行期にある若者を管轄する「地域ガイダンスセンター（*Studievalg/* Guidance Center）」が全国7か所で稼働している。第三に、2011年からは全年齢層がオンラインで就業や

4　1990年代初頭、大量の若者のドロップアウトが問題となって以降、デンマークでは中退者への対応が社会的課題だった（青木・谷・三浦 2007a; 青木・谷・三浦 2007b）。

5　デンマーク教育省（https://www.ug.dk/6til10klasse/vejledning-gennem-den-kommunale-ungeindsats-kui, 2024/9/9 accessed.）。

就学について相談できる「e ガイダンス（*eVejleder/* eGuidance)」も設置され、週 7 日メールやチャットでの相談に応じている。

　このような制度改革の大きな目的は、カウンセラーが進路指導相談（教育職業ガイダンスカウンセリング）に特化した活動に専念できるようにすること、また 1 年間の研修を受けるなどカウンセラーの資質を向上させることにあった（青木・谷・三浦 2009: 68-70)。UU では、12 歳から 18 歳くらいまで長い時間をかけて専門家がフォローするシステムになっており、生徒は国民学校の段階で将来プランを記入する記録ノート（logbog/ log note）を持ち、教育計画を立てることが求められる（青木・谷・三浦 2009: 69)。

　しかしそれでも、教育も受けず労働市場にもアクセスしていない若者がいることが問題とされている（Euroguidance Denmark 2014: 8)。たしかに、これらのセンターの設立により、高校や専門学校、大学を中退した場合、それがセンターに自動的に通知され、可能な選択肢について検討するために当人と連絡をとることのできる体制が整った。しかし実際には、進路を自主的に選択できるほど社会の仕組みを知らない人も多く、また定期的に学校や仕事に通うことに困難をきたす人、低学力のまま放置され学び直しを必要とする人もいる。

　このような集団のなかには、ホスト国に移住してきて日の浅いニューカマーの若者がいるが、デンマークの場合、移民背景の有無に関わらず、後期中等教育を修了していない 25 歳以下の若者もしくは週 30 時間の仕事に就いていない（週 37 時間の正規職ではなく非正規職の）25 歳以下の若者、さらに失業者の対応をするジョブセンターが相談が必要だと判断する 30 歳以下の若者に対して進路指導相談（教育職業ガイダンスカウンセリング）が提供される。ただし、これだけの網をかけても、そこから外れる若者もいれば、何度も支援を必要とする若者もいる。

　2004 年のガイダンス法の変更は、困難な状況にある若者の集団を可視化させた。その一方で、若者の進路選択を準備する経験の必要性についても、議論されるようになった（Milana, Sørensen 2009, Kuusipalo *et.al.* 2021)。そして、この新たな問題に対応する仕組みの一つとして活用されているのが、フォルケホイスコーレから 1970 年代末に派生して設立されたダウホイスコーレ

（Daghøjskole）である（Milana, Sørensen 2009; Sakaguchi 2017）[6]。以下では、ダウホイスコーレが、どのようにして困難な状況にある若者を支援しているのかを確認する。

第4節　ダウホイスコーレとは何か

4－1　ダウホイスコーレの歴史

　ダウホイスコーレとは、デンマークのノンフォーマル教育機関の一つで、一般的には18歳（一部16歳）以上60歳までを対象とする、非営利団体によって運営される教育機関である。

　ダウホイスコーレについては、デンマークの生涯学習法第2部第12章第45条第2項には次のように定められている。

> ダウホイスコーレは、デモクラシーとアクティブ・シティズンシップの理解を促進し、就労機会を拡大するために、成人に対し、教育的目的のもと、訓練を提供することを目的としている。Folkeoplysninglov, Title Ⅱa, Chapter 12, §45 (2)

　ダウホイスコーレは2024年現在、全国に13校ある。学校により規模は異なるが、各学校では数人から10人程度のクラスに対し、週に20時間から30時間の授業を、4週間から26週間を一つのセメスターとして提供している。ダウホイスコーレのコースを修了するだけでは正規の教育課程を経たことにはならない。しかし、多くのダウホイスコーレで、正規の成人教育コースを提供しており、義務教育課程で修得するデンマーク語や算数といった、成人基礎教育（FVU）や成人一般教育（AVU）の授業を履修することができるようになっている。ダウホイスコーレに設置されたコースの専門は、アート、建築、デザイン、音楽、スポーツ、言語、コンピュータ等幅広いものである

6　後期中等教育未修了者を対象とするもう一つのノンフォーマル教育期間に生産学校（Produktionskole）がある。全国に約80校あり16歳から25歳までの若者が所属している。デンマーク生産学校協会HPによる（http://psf.nu/, 2024/9/9 参照）。

が、大半は初心者向けの内容で、資格を取得したり専門性を高めるためには、別の上級学校への進学が必須となる。したがって、ダウホイスコーレに入学する学生には大きく分けて二つのタイプがある。一つは本格的な進学を前に自力で学校を探し出したり、UU での相談ののち自分の適性を確認するために自ら選択したりして入学する者、もう一つは失業中に義務付けられているジョブセンターでの相談ののち次なる教育や就労の準備のために入学する者である（Milana, Sørensen 2009: 347-362）。

　ダウホイスコーレは、1970 年代末に、失業対策として始まった教育プロジェクトだった。デンマークで初のダウホイスコーレは、1979 年、ユトランド半島の地方都市シルケボー市に設立された[7]。1970 年代後半から 1980 年代にかけて、デンマーク社会全体では失業が大きな問題となっていた。なかでも、教育を十分に受ける機会のなかった、女性、そして若年層の失業が高止まりし、産業の構造転換に合わせた再教育を受ける機会から外れている集団が問題となっていた。

　図 3 に見るとおり、2009 年になるまで、男女を比較すると女性の失業率が一貫して高く、1980 年代半ばに、一時的に失業率が下がった際にも、女性の失業率は高いままで推移した。ダウホイスコーレはこのような時代に、おもに女性失業者を対象として、各自治体が余暇法を根拠に、デンマークの歴史的な成人教育機関であるフォルケホイスコーレの枠組みを応用し、宿泊を伴わない、教育プロジェクトである[8]。

　1979 年に設立された、デンマーク初のシルケボーダウホイスコーレは、近隣の街のなかでも紡績業に翳りがみえ、女性や非熟練労働者の失業率の高かったシルケボーにおいて開講された。設立したのは、学位を取得したばかりの、若い社会科学系の研究者たちだった。1970 年代から 1980 年代にかけて、大学を卒業し修士の学位を取得しても、社会科学系の修了者は特に、正規職を得ることが難しかったという。そのような時に、一種の実験的な学校として、主婦業やアルバイトしながらでも教育を受けることができ、かつ、民衆啓蒙の理念をフォルケホイスコーレと共有する場としてスタートしたとい

7　ダウホイスコーレ協会（http://www.daghojskoler.dk/）2004 年総会資料による。
8　ダウホイスコーレ協会（https://daghojskoler.dk/, 2024/9/9 accessed.）

226　第四部　現代デンマーク社会におけるノンフォーマル教育機関の役割

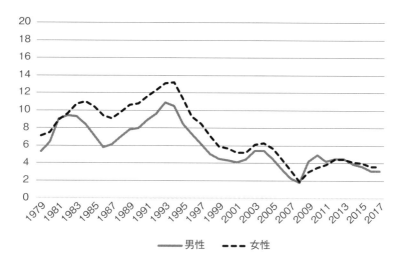

図3 デンマーク失業率の推移（1979-2017年、男女別労働力における失業者の割合%）
出典：デンマーク統計局より筆者作成。

う[9]。

　1984年、当時の文化大臣で急進左派党選出のオーレ・ヴィク・イェンセンの働きでダウホイスコーレを対象とする補助金制度が設置されると、各種団体が運営主体となり27校が出現する[10]。同時期にはダウホイスコーレ協会が設立される。1991年には独自法「ダウホイスコーレ法（*Daghøjskolelov/ law of day high school*）」が成立し、政府からの補助金が運営費全体の45％まで支出されることとなり、全国のダウホイスコーレの数は146校、学生数3,600人、1998年には172校、学生数1万3,454人と急増した。1990年代のデンマーク経済は、石油危機の時期と比較すると成長率もインフレ率も回復基調にあったものの、産業構造の転換期と重なり、若年層の失業率は高止ま

9　1979年設立のシルケボーダウホイスコーレ創立グループのひとりで、現在コンピテンスフーゼット（Kompetencehuset）の理事長を務めるJ氏に対するインタビュー調査による（2017年8月17日実施）。
10　オーフス大学が提供するデンマーク史解説サイト「danmarkshistorien.dk」によると、イェンセンの所属した社会自由党（Radikale Venstre）は社会主義ではなく、社会自由主義をとる中道左派の政党である（http://danmarkshistorien.dk/leksikon-og-kilder/vis/materiale/det-radikale-venstre/, 2024/9/9参照）。

りしていた（**図3**）。しかしその後、政府の方針転換により補助金が減額され始めると、自治体も次々と支援策を打ち切ることとなる。代わりに、2000年には成人教育コースとして成人基礎教育（FVU）と成人一般教育（AVU）が新しく始まり、ダウホイスコーレではなくても中等教育における未習得の単位を追加で履修することが可能となる。2002年には正式に法改正が行われ、ダウホイスコーレの独自法が廃止され、それに伴い政府の補助金がなくなるとともに、ダウホイスコーレの法的根拠は「生涯学習法（*Folkeoplysninglov/ low of lifelong learning*）」に統合され、各ダウホイスコーレの運営主体は独立を余儀なくされた。結果として特色あるダウホイスコーレ以外は閉鎖され、2024年現在、残るダウホイスコーレは都市部を中心に基礎自治体からの補助金を受けるわずか13校となっている[11]。

4－2　13校のダウホイスコーレ

　現存するダウホイスコーレ13校は、それぞれ独自の歴史を持っている。現在では、直接的に失業対策として利用されているわけではなく、ウェブサイトには、次のような説明が記載されている。すなわち、ダウホイスコーレは「通常のシステムでは、自分のスペースや学ぶ意味、動機を見出せない人のための、オルタナティブな場」であり、「参加者が、自分の才能を見つけ、新しいことを学ぶ意欲を見つけ、先へ進むのを手助けする場」である[12]。

　筆者は、このような、失業対策のプロジェクトとして始まったノンフォーマルの教育機関が、現在、その役割を変化させながらデンマーク社会に根付いていることに関心を持ち、2014年から5年間かけて、ほぼ全校を訪問した。ダウホイスコーレには、アートや音楽、体育などの技術を重視する実技系と、おもに成人基礎教育と就業支援を重視する社会系に分けられる。教育内容は

11　基礎自治体により補助金のためのガイドラインが示されている。オーフス市の場合、基準となる年間在籍学生（årseleverne）の数が全体で決まっており（2017年は100名）市内4校の在籍者割合で分配している。授業料を自費で負担する学生、授業料を市の福祉局が負担するジョブセンター経由で入学する学生もいる。1988年に設立されたオーフス市ビュホイスコーレン（Byhøjskolen）校長のK氏によると、1988年当時はオーフス市内には16校のダウホイスコーレがあり1万6,000人分の年間在籍学生が予算化されていた。K氏に対するインタビュー調査による（2017年8月14日実施）。

12　ダウホイスコーレ協会（https://daghojskoler.dk/, 2024/9/9 accessed.）

表7　第10章インタビュー対象者※

	所属	仮名	推測される性別	推測される年齢
1	NPO フォークス理事長	L氏	男性	40代
2	女性のためのダウホイスコーレ生の力センター校長	M氏	女性	50代
3	移民女性のためのダウホイスコーレ副校長	N氏	女性	60代
4	コースストラッペン校長	O氏	女性	50代
	コースストラッペン副校長	P氏	女性	40代
	ダウホイスコーレ協会会長	Q氏	女性	50代
5	FO ギムレダウホイスコーレ校長	R氏	男性	50代
	FO ギムレダウホイスコーレ国際コーディネータ	S氏	男性	50代
6	コンピーテンスフーゼット校長	T氏	男性	50代
	コンピーテンスフーゼット副校長	U氏	女性	50代
	コンピテンスフーゼット理事長	J氏	女性	60代
7	ビュホイスコーレン校長	K氏	女性	60代
8	ラナスダウホイスコーレ校長	V氏	女性	40代
	ラナスダウホイスコーレ副校長	W氏	女性	40代

※所属および職位等はインタビュー実施日当時による。

多岐にわたるが、共通しているのが第一に、フォルケホイスコーレの歌（*højskolesang*/ high school song）を歌い、「朝の集い」を行うなど、フォルケホイスコーレの伝統的な集会を継承し、生徒同士、教員同士、生徒と教員の対話による陶冶教育（*dannelse*/ Bildung/ education）を重視するフォルケホイスコーレの理念が実施されていること、第二に、ガイダンスセンターとして指定されているわけではないものの、生徒ひとりひとりに対応する、進路指導相談を実施していることである。以下では、2014 年から 2018 年までの訪問調査の結果から、社会系に該当する 8 校[13] のインタビュー概要を記録する（表7）。

13　この 8 校のうち 2024 年現在も継続しているのは、「女性のためのダウホイスコーレ生の力センター」を除く 7 校である。

第5節　ダウホイスコーレの事例

5－1　フォークス（オールボー市）

　ユトランド半島北部のデンマーク第4の都市で人口約12万人のオールボー市には、3校のダウホイスコーレがあった。そのうちの一つ、「フォークス（FOKUS）」というNPO団体が運営するダウホイスコーレは社会的企業と職業訓練を組み合わせたプログラムで知られる[14]。

　フォークスは生涯学習事業を展開する非営利団体で、作家の講演会から、合唱、高齢者のためのヨガ、親子リトミック教室まで多くのプログラムを有料で提供している。その一環として1999年から運営しているのがダウホイスコーレである。訪問した2014年当時は15名の若者を受け入れ、すべてジョブセンター経由で受講を勧められてきた若者たちだった。15名はそれぞれの希望に応じて、二つのプロジェクトに振り分けられ、仕事をしながら学ぶという生活を24週間経験する。プロジェクトのうちの一つはカフェ関連の学びであり、もう一つはスポーツ関連の学びである。

　カフェ関連の学びの場となっているのが、フォークスが運営するフェアトレードカフェ「カフェフェア（Kaffe Fair）」である。2014年当時、オルボー市の中心部と郊外に2店舗を持ち、次年度には3店目のオープンの準備が進められていた。本店はオールボー市立中央図書館の1階にあり、常に人でにぎわっている。ここにはダウホイスコーレに所属する5名の学生と3名の専属スタッフが勤めている。学生たちは週2回3時間のデンマーク語、3時間の数学、数時間の生物学や歴史等の選択科目（FVUおよびAVU）を受けながら、それぞれに順次、カフェの仕事を経験する。接客から調理まで段階的にジョブが分かれているが、オープンキッチンで人に見られながら働くことのできる学生は調理や接客を、人と接するのが苦手な学生は地下にしつらえられたオーブンの前でパンやケーキを仕込み、焼き上げる。店は学生とスタッフにとっては職業訓練の場でもあるが、同時にダウホイスコーレの訓練に理解を持つ大学生のアルバイト、社会人のボランティアもともに働いている。また、スポーツ関連の学びの場となっているのは、失業者が居住者の半分を

14　NPOフォークスの理事長でダウホイスコーレの責任者を務めるL氏に対するインタビュー調査による（2014年9月17日実施）。

230　第四部　現代デンマーク社会におけるノンフォーマル教育機関の役割

占める郊外の社会団地でフォークスが運営するコミュニティセンターである。このコミュニティセンターは社会団地の真ん中に位置し、地元警察署、貸しホールと会議室、「カフェフェア」の2号店に加えてフィットネスクラブが併設されている。ここにはダウホイスコーレから約10名の学生が通っており、フィットネスクラブの事務やインストラクターの見習いとして働きながら、図書館のカフェに通う5名と同様、各自の時間割に沿って初等中等教育の学び直しを進めながら、自らの適性を見極めようとしている。

　フォークスのダウホイスコーレに通う学生たちは、学齢期に移民してきたニューカマーだったり、機能不全家庭出身だったり、ドラッグの依存症あるいは心身の健康上の問題を抱えており、初等中等教育段階で学業を継続できず中等教育を修了できていない若者たちである。国民学校を卒業後、教育を継続せず、一度も正規および非正規の仕事にも就かないまま生活保護で生活してきた人も多い。失業状態が一定以上長引くと、ジョブセンターでの相談に出席することが義務付けられており、ジョブセンターのカウンセラーはその若者を教育か就業パイプラインへとつなぐ責務を負う。このようにしてダウホイスコーレにやってくるのは、それぞれの背景を持つ18歳から34歳までの若者たちである。2014年に訪問した際に見学した授業では、ネイリストを目指す20歳の女子学生が教師と1対1で化学を学んでいたり、移民背景を持つ20代後半の男子学生2名がデンマーク語教師とともに新聞記事を読み要約する授業を受けていた。各科目の授業を担当する教員はオルボー市から派遣される正規の成人教育コースの教師である。フォークスはカフェフェアを併設した図書館で学生たちが授業を受けながら就労訓練に従事できるよう、オールボー市中央図書館に掛け合い、地下の書庫の一部を改装し、パンを焼くスペースと授業のスペースを設置した。学生の大半は24週間のコース終了後は、正規の職業訓練コースに進むことを目指していた。

5-2　女性のためのダウホイスコーレ生の力センター（オルボー市）

　フォークスと同じくオールボー市にある「女性のためのダウホイスコーレ生の力センター（*Kvindedaghøjskolen Livskompetencer/* women's day high school for life's competence)」は、1983年に設立された若い女性を対象とする

ダウホイスコーレである[15]。運営するのは女性支援のためのNPOで、現在は
ダウホイスコーレの運営がおもな業務となっている。120名の学生を受け入
れる規模を持つものの2014年9月当時、在籍していたのは60名にとどまり、
教員数も2013年8名だったが学生数の減少により2014年から5名になって
いる。教員は、ノンフォーマル教育機関と成人教育の教師として25年のキャ
リアを持つ学校長のほか、18年間のキャリアを持つソーシャルワーカー、5
年のキャリアを持つ進路指導相談カウンセラー、3年のキャリアを持つ理学
療法士である。

　この学校で提供しているコースは、就労をめざす一般コースと、若い妊婦
のためのコースの二つがある。いずれも必要に応じて正規の成人基礎教育
（FVU, AVU）を受けることができるが、この学校の特徴は、欧州連合の補助
金を得て2年間の予定で実施しているファッションプロジェクト「RETRO」
といった協働プロジェクトを活用している点である。学校外の社会的企業と
共同して、「持続可能で社会的な意義を持つ洋服を生産するクラスである。
古着をリサイクルしてデザインし直したり、捨てられる布や紙を素材にドレ
スを制作したりする。校長によると、女性の自立のためには、多様な職種の
あるファッション業界が有望だというのがファッションプロジェクトを立ち
上げた理由である。

　若い妊婦のためのコースには2014年の訪問時、10名の生徒が在籍していた。
社会の仕組みを学び子育てのスタートを切ることができるよう、また妊婦の
うちから知り合いをつくり社会的ネットワークを持てるよう支援している。
学校では手仕事が奨励されており、授業の合間に学校にある素材やミシン等
を利用して、生まれてくる新生児のための作品、たとえばおしゃぶりを留め
る紐やスタイを制作していた。またNPO法人マザーヘルプ（Mødrehjælpen/
Mother help）のオルボー支部とともに、母親学級も開催しており、このダウ
ホイスコーレを卒業した女性たちがやってくることもある。

　校長のM氏によると、ここにくる学生のほとんどはUUよりもジョブセン
ターからの紹介で、失業状態にある女性たちが多い。機能不全家庭の出身者

15　女性のためのダウホイスコーレ生の力センター校長M氏に対するインタビュー調査による
（2014年9月17日実施）。ただしこのダウホイスコーレは、2016年に閉鎖されている。

等、妊娠してもあるいは失業しても家族や身近な人から適切な助けを得られない人がやってくる。在籍者の年齢層は両コースあわせて18歳から40代前半で、16歳以上から入学可能となっている。週に26時間の授業を最大4セメスター2年間受けることができる。月に1回、アウトリーチのための活動として、ゲストと教職員が夕食をともにする食事会を開いている。UU、ジョブセンター、ソーシャルワーカーからの紹介でやってくる女性たちの多くはこの食事会に参加し、入学後はこの会を運営する側にまわってもらっている。

　毎朝9時半に朝の集いを開きフォルケホイスコーレの歌をうたうのは、「ここが安心できる場所だと覚えてもらうためであり、安定して毎日を過ごすことができるようにするため」とM氏は話す。コースワークも授業も食事会もすべて「ひとりひとりが成長するため」という点は、教員のあいだで共有されている。

5-3　移民女性のためのダウホイスコーレ（コペンハーゲン市）

　デンマークの首都コペンハーゲン市には7校のダウホイスコーレがある。人口約60万人のコペンハーゲン市ではダウホイスコーレを文化余暇局が管轄しているため、アートや舞踊など実技系の学校が多い。そのなかにあってノアブロ地区で1986年から30年以上続いているのが社会系の学校である「移民女性のためのダウホイスコーレ（*Daghøjskolen For Indvandrerkvinder/* Day high school for immigrant women）」である[16]。

　この学校は、1980年にコペンハーゲンで開催された第2回世界女性会議をきっかけに設立された団体が立ち上げた学校で、開校当初から非西欧諸国からの移民女性が子どもと一緒に通うことのでき、フォルケホイスコーレの精神を通してデンマーク社会に馴染むことができるようにと考案されたプロジェクトだった。現在も、ニューカマーの移民女性が就学前の子どもと一緒に登校し、母親はダウホイスコーレでの授業を、子どもたちは別室の保育園

16　この学校が1986年の開校から30年以上継続してきたのは、国家や自治体の直営の教育機関ではなく、民間の組織だったから、という点も特筆に値する。コペンハーゲン市では、行政改革のたびに、ダウホイスコーレを統括する自治体の部署が変化してきた。教育局や首長部局だった時期もあったが、現在では余暇文化局の管轄下にある。移民女性のためのダウホイスコーレ副校長N氏に対するインタビュー調査による（2016年8月18日実施）。

で日中を過ごし、同じ時間にいっしょに帰宅する、国内で唯一の母子のためのダウホイスコーレとして継続されている。

訪問した2016年当時、30名の学生、4名の教員が在籍していた。18歳以上のデンマーク以外のエスニシティを持つ第一世代の移民女性であれば誰でも参加できるが、保育園を併設しているため、就学前の子どもを育てている20代から30代の女性が多い。この学校では1セメスターが20週、最長4セメスター在籍できるコースを提供している。朝9時半に始まる朝の集いでは、フォルケホイスコーレの歌を歌ったり、最近のニュースを解説したり、デンマーク語で話し合う時間がある。その後、正規の成人教育コースであるデンマーク語や算数の授業を受けたり、近隣のプールに泳ぎにいったり、アート作品や詩を創作したりする。

30名の学生の内訳は数名のアジア出身者の他、ソマリアから来て間もない移民が大半を占めていた。学生のなかには、女性であるがゆえに小学校にも行った経験のない人、用事もなく家を出てはいけないと夫に言い渡されている人、家庭内暴力の被害を受けている人などがいる。最初は怯えながら未知の世界である学校にやって来る学生が多いが、それでもこの学校でデンマーク語を覚え、デンマーク社会の習慣を学び、ニュースを理解するようになり、仲間を得る。多くの学生が毎日の正規の成人基礎教育の授業（FVU）を受け続け、2年間で小学校程度の義務教育学校前期課程修了試験に合格していく。また家庭の事情から早く労働市場に出たいと希望する学生も多く、その場合は、調理、清掃、事務等、その学生の持つ能力がすぐに活かせるよう就労支援を行い、実際にセメスターの途中で仕事を見つけてやめていく学生もいる。

この学校で提供されている学習は、中学校程度の前期中等教育修了レベルまでのものなので、実際に資格を得て労働市場に出て行くには、デンマークの教育をさらに受ける必要がある。非正規の仕事に就き週30時間働くことを選ぶ人もいれば、正規の仕事に就き週37時間働くことを目指す人もいる。後者の場合は、さらにカウンセラーによる進路指導相談を受け、職業教育のコースに進学したり、単位制で後期中等教育段階の修了資格を得られる上級学校（HF）に進学する場合が多い。

2001 年の卒業生でトルコからの移民女性は、卒業後、幼児教育の職業学校に進学し、幼稚園で保育士として就業した。15 年後このダウホイスコーレが教員 1 名を募集することを知り、応募してきた。現在はこの学校でデンマーク社会事業の授業を担当する教員として働き、学生たちの良きロールモデルとなっている。

5 - 4　コースストラッペン（フレデリクスベア市）

コペンハーゲン市に隣接する人口約 10 万人のフレデリクスベア市に 1 か所だけあるダウホイスコーレは、「コースストラッペン」という NPO 団体により運営されている[17]。

コースストラッペンの前身は 1996 年に設立された「フレデリクスベアダウホイスコーレ＆コースセンター（*Frederiksberg Daghøjskole og Kursuscenter*/ Frederiksberg day high school and course center）」である。2015 年からフレデリクスベア市の補助金ガイドラインの変更により、団体として独立を余儀なくされ、現在のような NPO 団体となった。コースは三つに分かれ、そのほかにも空き教室の活用も含めて一般の人が参加できるカルチャーセンターのような講座を提供している。

ダウホイスコーレは三つのコースのうち就労支援を目的とする「働こう（*Kom I Job*/ come in job）コース」に集約されている。残りの二つはそれぞれ、ヨガとマインドフルネスをメインとする「リラックスコース（*Find Styrke og Ro*/ stretch and relax）」、そして成人教育の教員養成をおこなう「成人教育教員養成のためのコース（*Kurser I Voksenspædagogik*/ courses for teachers in adult education）」で、一般成人教育として提供されている。

ダウホイスコーレに該当する「働こうコース」はさらに 7 つのクラスに分かれている。どのクラスを受講するかはひとりひとりと相談しながら決定しているため、決まった時間割があるわけではない。7 つのクラスとは、第一に、アートクラス（*Kunst of Tryk*/ art expression）である。校長の O 氏によると、ジョブセンター経由でやってくる失業者の多くは自己肯定力が低くす

17　コースストラッペン校長の O 氏、副校長の P 氏に対するインタビュー調査による。当日は、ダウホイスコーレ協会会長 Q 氏も同席した（2016 年 8 月 13 日実施）。

ぐに学習に向き合えない場合が多い。そのような学生にはこのクラスを勧め、新しい考え方にトライする楽しみを経験してもらっている。フレデリクスベア市やジョブセンターの責任者からは、このクラスが役立つのかどうか常時質問されるが、2016年はやはり必要だと継続を決定したという。第二に、健康クラス（*I Form/* for body）である。栄養学や心理学の知識を身につけトレーニングをして健康を維持する方法を学ぶクラスである。第三に、自分のペースでクラス（*På Livet Løs/* on life's choice）である。自尊心の快復を促すためにチームで共同作業を行うプロジェクト型のクラスを開講している。知らない人と目的を共有して作業を分担し信頼を築くのが苦手な人に参加を促している。第四に、ADHDクラス（ADHD – *redskaber til job og uddannelse/* tools for job and education）である。UUができて分かったのは、問題だとされる後期中等教育未修了者のなかには、ADHD等のため学校生活に適応できないまま中退してしまう人が少なくないという点だった。このクラスではADHDと診断された生徒・学生に対し、学校や職場、生活に役立つ方法を訓練するクラスで、ほぼマンツーマンで対応している。第五に、ITクラス（*IT kurser/* IT course）である。仕事や生活で使用するアップデートされたITスキルを身につけるためのクラスで、人気がある。第六に、「後期中等教育と成人教育への準備教育クラス（*Parat til Ungdomsuddannelse FVU & AVU/* get ready for youth education)」で、後期中等教育未修了者か、修了していてもあまり良い成績ではなかった学生が、週25時間、成人基礎教育と成人一般教育の授業を受けるクラスである。第七に、「移民のための入門コース（*Velkomstkursus for Flygtninge/* welcome course for immigratns)」である。フレデリクスベア市の紹介でやってくるニューカマーの移民が、デンマークの労働市場や社会、文化について週18時間4週間学習するクラスである。学習だけではなく就業体験が組み込まれているのがこのクラスの特徴で、希望すれば授業や就労体験にも通訳がはいる。2016年秋に見学したデンマーク社会に関する授業では、アラビア語（中東諸国）とティグリニャ語（エリトリア）の通訳が1名ずつ授業についていた。

　1996年の前身に当たる学校開設当時から校長を務めてきたO氏に、ダウホイスコーレはどのような場所なのかと質問すると、次のような回答があった。

「ダウホイスコーレは人生の方向転換のためのチケットを手に入れる場所です。この学校にくることで、初めて誰かにほめられ、励まされる経験をする人もいる。孤立した子ども時代を送っていることが多いのですが、その背景にあるのは機能不全家族といじめです。学校（*Folkeskole*/ elementary school, jounior high school）で良い経験をしていない人も多い。放課後のスポーツクラブに所属する経済的余裕のない家庭もあれば、その必要性を重視しない家庭もあるため、社会的ネットワークからこぼれ落ちている。ダウホイスコーレにきて初めてひとりの友人を見つけられた、という例もあるのです」[18]

　デンマークは豊かな社会であるゆえに、何かが少し欠けているだけで目立つことがある。コースストラッペンは多様な背景を持つ生徒・学生たちに対し、オーダーメイドの時間割を作成し、ひとりひとりの適性を見極める方法を維持している。

５－５　FO ギムレダウホイスコーレ（オーフス市）

　デンマーク第二の都市で人口約 35 万人のオーフス市には、4 校のダウホイスコーレがあり、そのうち 3 校が社会系である。社会系のダウホイスコーレの一つに FO ギムレダウホイスコーレ（*FO-Gimle Daghøjskole*/ FO-Gimle day high school）がある。ここは、19 世紀から継続するデンマーク最大の生涯学習組織 FORA に属する学校である[19]。1996 年にダウホイスコーレの独自法が成立した際に設立され、以降、オーフス市の中心部でおもにジョブセンター経由でやってくる失業中の若者の教育就労支援に携わってきた。2017年訪問時には夏セメスターが始まる時期だったが、110 名の学生を受け入れ、週 30 時間の授業を 16 週間継続することが決まっていた。教員は 25 名でうち 10 名がカウンセラーを務めている。

18　コースストラッペン校長の O 氏対するインタビュー調査による（2016 年 8 月 13 日実施）。
19　FO ギムレダウホイスコーレの校長 R 氏と、元校長で国際コーディネータの S 氏に対するインタビュー調査による（2017 年 8 月 21 日実施）。

オーフス市では2016年、ダウホイスコーレとジョブセンターが協働する政策が採用され、成人教育の枠組みを使いながらもダウホイスコーレを失業対策として継続させてきた。FOギムレはすべてジョブセンター経由でやってくる学生のみを受け入れている。提供されているコースには、次の三つがある。第一に、音楽コースである。バンド演奏や個人の技能を活かしつつ、表現者としての技能を高めるコースである。第二に、映画テレビ産業コースである。映画やテレビコンテンツの制作過程を学び映画産業の仕事を経験するコースである。第三に、文章ライティングコースである。30歳以下で創作を目指す人のためのクリエイティブ・ライティングのクラスで人数制限がある。学生たちはいずれかのコースに所属しながら、必要に応じて成人基礎教育（FVU, AVU）の授業を履修したり、ADHDと診断された人は必要な授業を履修したり、履歴書の書き方を学んだりする。

　S氏によると、ジョブセンターの依頼で受け入れている学生ばかりなので、次の教育や就労に結びつくよう教員やカウンセラーの役割が大きいと考えているという。失業している若者の、日常生活や時間管理の訓練、自己肯定感の低さをカバーするなどの補完する教育機関として必要な役割を果たしてはいるものの、潜在的には毎年5倍程度のニーズがあり、予算の関係で対応しきれていないと語る。しかし、職業訓練期間を組み合わせる方法が定着することで、より明確な成果につながるのではないかとR校長も話していた。

　FOギムレの特徴は、成人基礎教育だけではなく2016年から全国で始まったばかりの組み合わせ教育（*Kombineret Ungedomsuddannelse*/ combination youth education=KUU）、すなわちダウホイスコーレに在籍しながら正式な職業訓練を受ける方法を取り入れていることである。16週間のうち2週間は企業等に出向いて実習（OJT）をしなければならない。FOギムレには映画テレビ産業コースもあるが、これはオーフス市内の映画会社と共同でカリキュラムを開発することができたため、2016年から新たに設置された。映画テレビ産業の仕組み、カメラの設定や操作、セットアップ等を学び、技術職のアシスタントとして就業することを目指している。2017年当時で始まって丸1年しかたっていないコースではあったが、すでに人気を集め、1年目のプログラムを終えた学生のなかには、実際に映画会社で働き始めた人もい

るという。

5−6　コンピーテンスフーゼット（オーフス市）

　オーフス市にあるダウホイスコーレで、30年以上の歴史を持つ学校に、コンピーテンスフーゼット（*Kompetencehuset*/ competence house）がある[20]。この学校はFOギムレダウホイスコーレと同様、若者を対象に組み合わせ教育（KUU）をベースに教育と就労支援を行っている。1986年に設立されたコンピーテンスフーゼットは、当初から独立したNPOである。1986年当時文化大臣だったオーレ・ヴィク・イェンセン議員のプロジェクトに応募して3名の有志が始めたオルタナティブな教育機関で、音楽とデザインを対話ベースで学ぶ場所として構想された。1980年代にデンマークでダウホイスコーレが創設され始めた当初は、失業中の女性を対象とする学校が多いなか、コンピーテンスフーゼットは開設時から性別を問わず、また失業者のためというよりも既存の学校制度では抑圧される傾向のある個人の潜在的な能力を伸ばすための場所として運営されてきた。現在は150名から200名の学生が在籍しており、ジョブセンター経由で受け入れる学生が50名、オーフス市の予算に基づき教育職業訓練生として受け入れている学生が100名、そのほかにこの学校にしかないコースに自ら進んで学費を負担して通ってくる学生が50名、それ以外にも短期のコースや授業のみを受講している学生がいるため全体で200名ほどになる。60歳以下であれば受け入れられるが実際には18歳から25歳の学生が大半を占めている。教員は22名である。ジョブセンター経由でやってくる学生については週30時間授業を16週間実施することになっており、組み合わせ教育の場合そのうち2週間は企業等で実習（OJT）をすることになっている。

　コンピーテンスフーゼットには6コースが設けられている。第一に、ITコースである。コンピュータを使ってネットワークを構築したり、アプリを開発するコースと、ライブや録音のための音響技術を身につけるコースがある。第二に、広告コースである。広告の仕組みや営業について知り、地元紙やウェ

20　コンピーテンスフーゼット校長T氏、副校長のU氏、理事長のJ氏に対するインタビュー調査による（2017年8月17日実施）。

第10章　デンマークのノンフォーマル教育機関　*239*

ブサイトでの広告の一部を仕事として引き受けている。第三に、デザインコースである。グラフィックデザイン、ファッションデザイン、建築の三つに分かれているが、いずれも上級学校に進学する前に自分の適性を見極めたいと自費で通ってくる学生がほとんどを占める。第四に、音楽コースである。作曲や編曲を学び創作し、発表する。第五に、教育コースである。保育士や放課後指導員を職業として視野にいれる学生が通っている。第六に、ジャーナリズムコースである。文章の書き方を学ぶコースである。いずれも教員を務めるのは、ほとんどがコピーライターやデザイナー、音響技師として10年以上のキャリアを持つ人たちで、本職を継続しながら非常勤講師としてこの学校で授業を担当している。

　T氏によると、この学校にはジョブセンター経由で職業訓練と教育を目的にやってくる学生と、進路選択の途中で自ら選択してやってくる学生の二種類が一緒に学ぶため、二つのグループが交流を持てるようイベントを行うようにしている。毎週木曜日朝8時半の朝の集いでフォルケホイスコーレの歌を歌うのもその一部である。若者はけっしてそのような歌を好まないが、デンマークの伝統や歴史をこの学校で少しでも知ってほしいと考え継続している。

　開校2年目から教員としてコンピーテンスフーゼットに長く関わってきたU氏は、移民背景を持つ学生について次のように話す。ジョブセンター経由でやってくる学生のうち10%から15%が移民第二世代に当たる若者たちであるが、家庭によって教育に対する理解の違いが大きいことが障壁となっている場合が多い。ただしそれが移民背景を持つからなのか、個人的な経験の結果なのかは分かりにくい。女子学生の場合、自尊感情が低い状態でこの学校に来ることが多いものの、教育を受け、可能性を提示されるとたいへん意欲的になり、次の段階に進める学生がほとんどである。男子学生の場合のほうがダウホイスコーレも途中でやめてしまう場合が見られ残念に思っている。近年のデンマークでは労働市場に隙間がなくなり、教育を受け資格や経験を持たないと就けない仕事ばかりになってしまっていることも、後期中等教育未修了者に対しては大きな障壁になっている。

5-7 ビュホイスコーレン（オーフス市）

オーフス市にある歴史のあるもう一つのダウホイスコーレにビュホイスコーレン（*Byhøjskolen*/ town's high school）がある[21]。1988年に設立されたダウホイスコーレで、80名の学生を受け入れている。教員は10名が配置されている。80名のうちジョブセンターを経由して受け入れている学生は2017年秋セメスターの場合12名だった。そのほかはUU等での進路教育相談を経て、あるいは自ら調べてこの学校にたどりついている。コースは三つある。第一に、アートコースである。平面や立体作品を制作する。作品を展示するスペースも持っており、展覧会の告知や運営も学生たちが自主的におこなっている。第二に、写真コースである。デジタルについても学ぶが、フィルムカメラを用いて学校の設備をつかって現像する技術の伝承も重視している。第三に、音楽コースである。作曲や編曲の技術を学び動画を制作して投稿したり、社会的企業が運営するカフェでのライブ演奏も定期的に開催する。この学校に所属する学生は全員が週30時間、16週間所属している。財政的にはオーフス市のダウホイスコーレ予算の半分をコンピーテンスフーゼットと分け合っているが、授業料を納める学生がいるため経営が成り立っている。

校長のK氏によると、ビュホイスコーレンの前身は、シルケボーのダウホイスコーレより古く、1970年代に夜間学校に集った二つのグループ「批判的啓蒙協会（*Kritisk Oplysningsforbund*/ ciritical enlightenment association）」と「批判活動（*Fagkritiske Aktiviteter*/ critical activities）」に当たる。ここには既存の教育制度を批判的に捉える人たちが集まっており、既存の大学に疑問を持っていた。1980年代、失業が社会問題となると、既存のフォーマルな教育機関に疑問を抱くグループが言論活動を始め、若者のためのオルタナティブな教育機関が具体的な構想として示されるようになった。二つの政治活動団体は、当初、戦間期のニューヨークで設立されたニュースクール[22]のような存在として、ビュホイスコーレンを捉えていた。現在もビュホイスコーレ

---

21 「ビュ（By）」とは街のという意味で、田舎に位置するフォルケホイスコーレとは対照的に街の真ん中にあるという意味でもある。ビュホイスコーレン校長K氏に対するインタビュー調査による（2017年8月14日実施）。

22 ニュースクールの沿革については、紀平（2017）に詳しい。

ンがアート、写真、音楽という表現活動をコースの中心としているのはそのような背景のためである。そのため、ロイヤルアカデミー等の芸術系高等教育機関への進学準備コースとして活用されているコペンハーゲン市内の実技系ダウホイスコーレとは趣旨がかなり異なっているという[23]。校舎は開校時から借り受けている元工場を改装したもので、1980年代には中心部でももっとも荒廃した地区だったが、現在ではもっとも先端的な場所と言われるマイル通り（Mejlgade）にある。

三つのコースごとの選考は行わないが、入学前に80名全員に面談をし、16週間のコースを終える意欲を持っているか、共同作業に従事できるかを確認している。不合格となることはほとんどないものの、入学を半年待ってもらうといった方法で定員を管理している。この学校に集まってくるのは、都市で暮らしてみたいと思う若者で、表現活動に真剣に携わりたいという傾向の学生とはやや異なる。けれどもジョブセンター経由でやってくる学生たちも、自由で自立した生活を求める学校生活で自信を深め、友人関係を築き、次の仕事や教育段階に進む学生が多いという。

5-8　ラナスダウホイスコーレ（ラナス市）

オーフス市から北に40キロほど行ったところにある人口約30万人のラナス市は、1校だけダウホイスコーレを維持してきた。1990年に開校したラナスダウホイスコーレ（*Daghøjskole i Radners*/ day high school in Radners）は、2012年以降は完全に民間の専門学校として運営されている[24]。訪問した2017年秋セメスターには200名の学生が所属、教員は30名が配置されていた。ジョブセンター経由でやってくる学生は2017年秋セメスターの場合150名、残りの50名は自ら進んで学費を負担して通ってくる学生、デンマーク語を学

23　実技系のダウホイスコーレに分類されるのは、演劇やアクロバット、パフォーマンスを専門とする AFUKs Daghøjskole（コペンハーゲン市）、音楽、舞踏（バレエ）、演劇を専門とする Akademiet Akademi for Musick, Dans of Teater（コペンハーゲン市）、映画と写真を専門とする KBH Film & Fotoskole（コペンハーゲン市）、スポーツとアスレチックを専門とする Idrætsdaghøjskolen IDA（オーフス市）がある。

24　ラナスダウホイスコーレの校長Ｖ氏と、副校長Ｗ氏に対するインタビュー調査による（2017年8月15日実施）。

242　第四部　現代デンマーク社会におけるノンフォーマル教育機関の役割

びに来る多様な年齢層のニューカマーたちである。ラナス市の場合、2011年までダウホイスコーレに関わる予算が計上されてきたものの変更となり、現在は予算はない。運営費の大半はジョブセンター経由でやってくる学生とデンマーク語教育を受けなければならない学生に対して計上されている予算の一部でまかなわれる。そのほかの経費については毎年、プロジェクトを計画しラナス市の補助金を申請している。この5、6年、力をいれているのは、ジョブセンターから受け入れる学生に対する特別なプログラムである。ジョブセンターからやってくる30歳以下の学生たちは、通常、各自の必要に応じて成人基礎教育（FVU, AVU）の授業でデンマーク語や数学を勉強することになっている。ただしそれだけではなかなか次の段階に進めないため、ひとりひとりが何かのスキルを身につけられるよう支援している。専門学校として開講しているコーチング・心理学・マインドフルネスコース、就労支援コース、IT コース、難読症コースを受講してもらうことがある。また、アートクラスと調理実習クラスを併設しており、どちらも人気のクラスになっている。

　特徴的なのは、ジョブセンターとともに 2016 年から始めた新しい協働事業「メンタープロジェクト」である。これはジョブセンターが把握ししている 30 歳以下のひきこもりの若者 60 名を対象に、本人の承諾を得て、週に1、2回、同じカウンセラーが自宅を訪問し、学校に来られるよう時間をかけて支援するものである。2016 年には 3 名の熟練したカウンセラーがこのプロジェクトに関わった。2016 年の経験から成果が見られることが分かった。3か月程度の継続的な訪問ののちに、ダウホイスコーレに通うことが可能になる学生が半数程度いた。なかには 6 か月の継続的な訪問ののち、あるいは 12 か月の後、やっとダウホイスコーレの集まりにやってきた学生もいた。この潜在的なニーズを持つ若者に対するアウトリーチ事業をラナス市も高く評価し、2017 年以降も継続することになっていた。

　ラナス市のジョブセンターでは 30 歳以下の失業者を三つのカテゴリーに分けている。カテゴリー 1 は短期的に失業しているがすぐにでも次の仕事に就ける集団、カテゴリー 2 は 1 年間の教育訓練を受ければ次の仕事に就ける集団、カテゴリー 3 は 1 年以上の教育訓練期間がかかると思われる集団であ

る[25]。ダウホイスコーレはおもにカテゴリー2の集団を受け入れる場所として機能しているが、アウトリーチ事業によりカテゴリー3の集団にもアクセスできることが分かった。ただし、カテゴリー2であってもカテゴリー3であっても、基本的には学校や家庭、職場で良い経験をしてこなかった人が多いため、ダウホイスコーレがけっして若者を失望させる場所にならないこと、すなわち安心でき、信頼できるスタッフがいる場所だと若者に知ってもらい、新しく友人をつくり、誰かと共同作業を経験する場でなければならないとスタッフ全員が考えている。

ラナスダウホイスコーレでは、ダウホイスコーレもそのほかの授業で登校する学生も含めて、毎朝8時半に朝の集いを行い、フォルケホイスコーレの歌をうたっている。校長のV氏によると、朝の集いに毎日参加し、熱心に歌をうたう人のなかには、成人してからデンマークに移住しデンマーク語を学びデンマーク社会を理解しようとするニューカマーの中高年学生が多い。そのような中高年学生の存在が、フォルケホイスコーレの伝統を軽視しがちな若者たちの良いロールモデルになっているという。

第6節　誰がパイプラインをつなぐのか

後期中等教育の中退者と若年失業者の問題[26]は、ダウホイスコーレがプロジェクトとして発足した1970年代末から継続してきた。デンマークのように成人教育の制度を整備してきた社会にとっても、問題の解決は容易ではない。

デンマークの2004年ガイダンス法の変更により可視化されたのは、困難な状況にいる若者の存在だった。後期中等教育の中退者として「巨大なドロッ

25　ラナス市ジョブセンターHPによる（https://jobcenter.randers.dk/, 2024/7/3参照）。
26　デンマークでは、PISA2003とPIAAC2011-2012を接続した追跡調査の結果、男性の読解力の伸びが学齢期ではなくその後に見られることが分かった一方で、PIAAC2011-2012からは、労働市場に出たのちに受けた再教育により収入が増加したのは40％以下と分かった。1980年代から1990年代の失業が社会問題だった時期を経て1990年代以降、軽工業からケアワークへの労働移動が比較的進んだ女性に対し、男性の若年労働者が低スキルワークの減少の煽りをまともに受けていることが分かり、若年労働者対する再教育と再訓練が引き続き課題であることが確認された（Fridberg, Rosdahl, Halapuu, Valk 2015）。

プアウト」と名指された彼らは、教育的パイプラインの「漏れ」に当たると
されるが、この集団のなかには、社会の仕組みに対する理解が及ばず、学校
につながらず、職業教育の継続が困難で、低学力のまま放置される若者だっ
た。このような若者に対し、教育と就労の間にあって、自らの適性を見極め
るために短期間、所属することのできるノンフォーマル教育機関の一つが、
ダウホイスコーレである。ダウホイスコーレを運営する団体は、それぞれの
理念のもとに設立された非営利団体や社会的企業であるが、共通しているの
が、フォルケホイスコーレの伝統[27]、そして個別の進路指導相談である。

　なかでも、フォルケホイスコーレの伝統である対話を重視する教育的アプ
ローチは、インタビューをおこなった校長のすべてに共有されている価値
だった。学校のカリキュラムとしても、実際に、8校のうち5校が、フォル
ケホイスコーレと同じように朝の集いをおこない、フォルケホイスコーレの
歌をうたう朝礼を継承していた。フォーマルな教育機関での不適合、機能不
全家庭、社会的ネットワークの不在など、若年失業の背景にはいくつもの問
題が横たわる（乾 2013; 藤村・浅野・羽渕 2016）。コンピーテンスフーゼット
の理事長で、1979年、シルケボーに最初のダウホイスコーレを設立したグ
ループの一人でもあるJ氏は、「もしデンマークの教育制度のなかにダウホ
イスコーレのようなノンフォーマル教育機関がなかったらどうなるか」とい
う筆者の質問に対し、次のように回答した。「自分たちが何者なのかについ
て知る、対話をする機会が失われ、生徒たちは意味のある人生を送ることが
できなくなるだろう」[28]。

　以上のように、デンマークの生涯学習政策は教育のパイプラインの漏れに
対し、次のような対応をしていることが分かった。

　第一に、進路指導相談（教育職業ガイダンスカウンセリング）の制度化である。
学校ごとにカウンセラーが配置されていた2004年以前の方法のほうがひと
りひとりのケースに寄り添えたという指摘もあるものの（青木・谷・三浦

27　デンマーク社会の特徴を「サムフンズ（共同社会）」に求め、フォルケホイスコーレを構想
した思想家グルントヴィが対話を通した「共通の最善」だと指摘する包括的な研究に小池（2017）
がある。
28　コンピーテンスフーゼット理事長のJ氏に対するインタビュー調査による（2017年8月17
日実施）。

2007a)、その機能を地区ごとに統合し、前期中等教育から後期中等教育、後期中等教育から高等教育といった学校段階を統括する方法に変更したことで、必ずしも学校に所属しているわけではない早期学校離脱者（中退者）が可視化されるようになった。ダウホイスコーレに進学してくる学生のすべてがUUによる助言を受けているわけではないものの、UUを経由することでそれまで若者も知らなかったノンフォーマル教育機関が、適性を試すために必要との理由で選択される機会となる。すべての生徒・学生の進路が記録されるというガイダンス法の考え方は、欧州連合の要請に応えるための官僚主義的な方法であり、かつ福祉国家に必然的に付随する管理主義的な手法ではある。しかし、このような管理こそが一部の若者に現実的な進路選択を可能にさせている。

　第二に、フォーマルな教育制度の外にあるノンフォーマル教育機関が、若者の短期の試行錯誤を受け止める場として活用されていることが分かった。それは、たとえば家族からの支援を受けにくい、移民背景を持つ若者にとって、重要な機会となっている。母国で十分な教育機会を得ることのなかった、若い移民女性にとっても、正規の成人教育のコースに直接参加するよりも、ずっとハードルの低い学習機会となっている。資格や学位に直結しないノンフォーマル機関での学習が、日本の読者のなかにはいったいどのような役に立つのかと、疑問を持つ人もいるかもしれない。しかし、本章で見てきたとおり、デンマークのダウホイスコーレは、各基礎自治体の責任で実施される成人教育、職業教育の枠組みに接続されており、次につづくフォーマルな教育あるいは就労へのステップとなっている。地方自治体による期間限定の補助金によって運営されているという点ではダウホイスコーレの経営は不安定であり、実際にピーク時の1996年に195校あったダウホイスコーレは2018年には15校、2024年には13校にまで減少している。しかし特徴あるコースを維持しながら、社会的課題に取り組む学校が、困難な状況にある若者に教育機会を提供する役割を引き受けている（Milana, Sørensen 2009: 347-362）。

　困難な状況にある若者は、全般的に、社会的に孤立し不規則な生活を送っている場合が多い。毎朝、起きて行く場所があると思えること、自分の話を聞いてくれる人がいるということ、今取り組むべき課題が目の前にあること

が重要で、そのために、「優劣を競い合うのではなく互いをそのまま認め合うことを当然とするフォルケホイスコーレの精神が必要だ」とダウホイスコーレ協会会長Q氏も話す[29]。

デンマークの生涯学習政策は、実際には、このような仕組みのなかで運用されていることが分かった。「巨大なドロップアウト」に短期間で対処する方法があるわけではないが、デンマークの場合、フォーマル教育機関に限らず、ノンフォーマル教育機関も活用し、12歳から25歳までのすべての若者を対象に、何らかのかたちでひとりひとりをガイダンスにつなげる努力が続けられている。

29　ダウホイスコーレ協会会長Q氏に対するインタビュー調査による（2017年2月10日実施）。

第10章　デンマークのノンフォーマル教育機関　*247*

第11章 デンマークの NGO による難民に対する成人学習の支援

──トランポリンハウスの事例

　第11章ではデンマーク・コペンハーゲン市の中でも移民が集住する地域であるノアブロ地区にある NGO トランポリンハウス（*Trampolinhuset/ Trampoline House*）で実施されている成人学習の支援の実際について概観する[1]。トランポリンハウスは2010年から、福祉国家の再編問題のなかで、社会的包摂の対象となりにくい成人の難民として申請中の難民申請者（*asylansøgere/* asylum seekers）や難民（*flygtninge/* refugees）に対し、支援をおこなっている。トランポリンハウスが依拠するのは欧州連合の理念である。難民を対象とするトランポリンハウスの活動は、デンマークの生涯学習政策や、正規の成人教育コースの対象から外れる。しかし、実際には、欧州連合の理念に基づき、社会福祉領域の相談業務や法的助言や支援に加えて、教育と雇用、余暇に関連するプログラムを実施している。

　行政とボランタリーセクターの協働という観点から、福祉国家の再編問題が鋭く問われるのは、社会政策の対象となる人々についての明確な境界が存在するからである。以下では、近年のデンマーク社会における難民申請者の状況と、公的な成人教育の制度を参照しながら、トランポリンハウスの活動がどのように位置付けられるのかを確認する。

1　デンマークで難民や難民申請者を支援するアソシエーションは複数存在する。難民支援に関する最も古く大きな団体は、1956年に設立された DRC（Danish Refugee Council）である。本章では、難民申請中の人々に対する成人教育機会と雇用訓練の機会を独自に提供している団体として、コペンハーゲン近郊で活動するトランポリンハウスを考察対象とした。なお、トランポリンハウスは新型コロナウィルス感染症拡大の影響を受け、2020年にロスキレ（Roskilde）に移転したのち、コペンハーゲン市内での拠点を探しながら、現在はサマーキャンプ等のプログラムを提供している（Trampolinhuset HP, https://www.trampolinehouse.dk/, 2024/7/5 参照）。

第1節　デンマークにおける難民申請者の状況

　近年、ヨーロッパをめざす難民が後を絶たない。アフリカや中東、西アジア諸国から、戦争や政治的対立を背景に、安全な生活を求めてやってくる人の多くは、命からがら母国を脱出し、親戚や知人を頼りながらも偶然のようにホスト国にやってくる。一時期を除き 2000 年以降、右派が強い政権が続くデンマークでは、欧州連合の中や隣接する北欧諸国と比べても厳しい難民政策で知られる。それまで年間 4,000 人から 7,000 人程度だった難民申請が 2014 年に倍増し、難民をめぐる世論は急激に硬化した。滞在許可を得て長期滞在する人の数は隣国ドイツやスウェーデンと比較すると極端に少ないものの、1980 年代はイランやイラク、1990 年代はアフガニスタンやパレスチナ、2000 年代に入るとポーランドやルーマニアから断続的に移民は流入しており、2014 年にはシリアやエリトリアなどからやって来た 1 万 4,732 人、2015 年には 2 万 1,316 人、2016 年には 6,235 人が難民申請をしている。2017 年にはデンマーク国内に 34 の難民センターがあり、約 8,000 人が滞在していたが、2018 年 1 月にはその数は約 5,000 人に減っている。2017 年に難民申請が認定され滞在許可を得た人々の数は 3,479 人で未定の人々の数は 2,390 人だった[2]。2018 年 4 月で難民センターは 22 か所に減少し、難民申請数のさらなる減少を理由として、2018 年 7 月までにはさらに 6 か所が閉鎖した[3]。デンマークの難民センターはデンマーク移民局（Udlændingestyrelsen/ *Danish Immigration Service*）の要請を受けて赤十字もしくは地方自治体によって設置・運営されているが（1 か所は保護監察局が管轄している）、その多くが地方や郊外に位置している。2018 年には、ボンホルム島（Bornholm）に 2 か所、ユ

---

[2]　REFUGEES.DK, 2018 年 3 月 9 日付の記事による（HOW MANY ARE COMING, AND FROM WHERE? By Michala Clante Bendixen, http://refugees.dk/en/facts/numbers-and-statistics/how-many-are-coming-and-from-where/, 2024/7/5 参照）。
[3]　デンマーク移民局 HP を参照（https://www.nyidanmark.dk/da/Ord-og-begreber/US/Indkvartering/Asylcentre/?anchor=56C2F2FD53D5437DA22BBFFB6BB83F78&callbackItem=A1D77AC3A6394D00A03A6F3E9538CAD7&callbackAnchor=59A8F737340E49139BD85A0B86B0986B, 2024/7/5 参照）。

ラン半島（Jylland）に 16 か所、シェラン島（Sjælland）に 4 か所あった。ウクライナからの避難民が多くなったあとも、政府は難民センターの統廃合を進め、2024 年現在、稼働している難民センターは 5 か所である[4]。犯罪等により保護監察局の管轄下にあるセンター以外、基本的には、難民申請中の人々は難民センターから出かけることも可能ではあるが、たいていは都市から離れた場所にあるキャンプ場や療養所が活用されているため、公共交通機関が乏しく、また交通費が安価とは言えないため、外出には困難が伴う[5]。

　難民としてデンマークにたどりついた人は、次のような過程を経る。まずは、コペンハーゲンから北へ 20 キロほどの町アレロッド（Allerød）にあるサンドホルム（Sandholm）難民センターで受付をする。デンマーク警察が写真と指紋をとり、難民申請者としての ID カードを発行する。その後、移民局との面談を経て証明できる書類等により、次の三つの時間的段階を経る。第一は、到着段階で難民センターに居住する。第二は、審査段階で生活費を支給されたりデンマーク語か英語の授業を公式に受けることができる。人によっては審査の待機時間が数週間から数年に及ぶ。第三は、退去段階である。申請が却下された場合は警察等の保護のもとに置かれ、自由な行動が制限されることになる。申請が却下された人はたいていの場合、自らデンマーク国外に出て行くことが多いが 1 年間のうちに退去しないと強制送還の対象となる。第二段階にある難民申請者の多くは、数か所の難民センターを渡り歩く[6]。

4　デンマーク移民局 HP,（https://www.nyidanmark.dk/da/Waiting/Asylum/Housing%20of%20asylum%20applicants/Asylum%20centre, 2024/7/5 参照）

5　REFUGEES.DK, 2018 年 1 月 4 日付の記事による（ASYLUM CENTRES By Michala Clante Bendixen, http://refugees.dk/en/facts/the-asylum-procedure-in-denmark/asylum-centers/, 2024/7/5 参照）。難民申請中の人々（asylum seekers）と難民（refugees）は厳密には異なっている。国連難民高等弁務官事務所の定義によると、難民は 1951 年に採択された「難民の地位に関する条約」において、人種、宗教、国籍、政治的意見やまたは特定の社会集団に属するなどの理由で、自国にいると迫害を受けるかあるいは迫害を受ける恐れがあるために他国に逃れた人々である。他方で難民申請中の人々とは庇護を求めて移動してきたもののまだどこの国や社会からの難民として認定を受けていない人々を意味する（UNHCR, http://www.unhcr.org/asylum-seekers.html, 2024/7/5 参照）。

6　REFUGEES.DK, 2018 年 1 月 4 日付の記事による（THE TREE PHASES OF THE ASYLUM PROCEDURE By Michala Clante Bendixen, http://refugees.dk/en/facts/the-asylum-

第2節　トランポリンハウスの概要

　トランポリンハウスは、デンマーク国内で亡命が認められ、難民として居住許可を得て指定の宿舎に滞在している人や、難民申請が認められてデンマーク社会に住み始めた移民に、生活情報と居場所を提供する非営利のコミュニティセンターである。2010年にアーテイストや学生、難民、大学教授らによって設立され、公的な助成金、民間の助成金、イベント、寄付によって活動を成立させている。運営するアソシエーションの理事会を構成するのは弁護士や大学教授など10名で、プログラムコーディネーター、ファンドレイザー、PR、ソーシャルワーカー等の役割を担う専門スタッフが6名いる。学生インターンやボランティアも積極的に受け入れ、年間約200人難民申請者が職業訓練を受け、180人のボランティアが働き、40名の学生インターンが活動し、2名の実習生が勤務し、1,000人以上の訪問者が集う活動拠点となっていた[7]。

　トランポリンハウスが提供しているのは次の五つのサービスだった。第一に、職業訓練と成人学習である。難民や移民が仕事に就くことができるよう教育を受けられるように支援している。第二に、民主主義の実践である。異なる政治文化を持つ国々からやってくる人たちがデンマークの伝統と制度を理解し体験できるよう支援している。第三に、難民申請支援である。難民申請者として必要な支援を受けられるようカウンセリングを提供している。第四に、社会的ネットワークの形成支援である。友人や知り合いを増やすきっ

---

procedure-in-denmark/the-three-phases-of-the-asylum-procedure/, 2024/7/5 参照）。難民センターに暮らす難民申請者に許可されている労働は、おもにセンター内の清掃、調理、修理等、管理業務である。センターに入居してから6か月後には以下の条件に当てはまればセンターの外で働く権利を得る。1) 18歳以上である、2) 公的助成を受けない職場の正規職であること。フルタイムかパートタイムか、有給か無給かは問わない。3) 賃金水準と雇用条件がデンマーク国内の労働市場と同等の条件であること、4) 働き始める前にデンマーク移民局との契約書にサインすること（賃金を得る者は保護手当から差し引かれる）。

7　活動内容については、トランポリンハウスがコペンハーゲン市ノアブロ地区に拠点を持ち活動をしていた時期で、2016年および2017年に筆者が複数回にわたり訪問した時の情報を基本としている。

かけを提供している。第五に、戦略的パートナーシップの推進である。企業、組合、非政府組織、財団、報道機関、地方自治体、国との協力体制を基本としている。

　トランポリンハウスの活動の中心は、様々なワークショップ形式の授業である。法律、医療、心理相談のほかに、職業訓練、デンマーク語、英語、アラビア語、ペルシャ語などの語学教室など、数名から20名ほどが集まることのできるプログラムを定期的に開催していた。

　各種のカウンセリングについては、法律相談は毎週月曜日から木曜日まで予約に基づき実施していた。医療相談は毎週火曜日午後4時から6時まで、心理相談は毎週火曜日午後6時から8時まで実施していた。また職業訓練については、難民申請者の場合、週に2回まで職業訓練を受ける体制だった。難民センターからトランポリンハウスまでの交通費はトランポリンハウスが支給する。居住許可を持つ難民（移民）の場合、週25時間まで職業訓練を受けることができる。自宅からトランポリンハウスまでの交通費は居住する自治体が負担することになっている。訓練の内容は、ギャラリーの管理、調理、保育、ヘアカット、語学教室等、トランポリンハウスが提供するプログラムである。語学教室については、デンマーク語教室が毎週火曜日、水曜日、金曜日に開催されていた。英語教室は毎週火曜日、水曜日、金曜日に開催されていた。アラビア語とペルシャ語教室は毎週金曜日に開催されていた。授業時間はいずれも60分である。これらの定期的な相談や教室のほかには、アートワークショップ、ペルシャ語で読む聖書、合唱、ガーデニング、エントリーシートの書き方（*jobansøgning*/ job application）ワークショップ、ラジオワークショップ、縫い物と編み物、ビデオワークショップ、雑誌ワークショップなどが不定期で開催されていた。

　月に1回「ハウスミーティング」と呼ばれる全体会があり、運営スタッフ、ボランティアスタッフ、職業訓練生、インターン生のほか、ボランティアとしてこれから参加する人、記者等取材する人、研究者等調査にやってきた人、初めて訪れた人などが一同に会する機会も定期的に持っていた。

第3節　成人のための語学教室とハウスミーティング

　2016年2月に筆者はトランポリンハウスを見学に訪れ、英語教室、デンマーク語教室を見学し、ハウスミーティングに参加した。

　英語教室の様子は次のようなものだった。この日に参加していたのは、クウェート、イラン、パレスチナ、シリアから来た7人の男女で、いずれも20代から40代の成人である。この日は、アフガニスタンで英語教師をしていた経験を持ちデンマークに3年住んでいるという男性が教師だった。男性は、授業に出席している人たちに次々と質問をする。教科書はない。 "How long have you been in Denmark?", "How do you like living in Copenhagen?", "What time did you have your dinner yesterday?" 現在形と過去形の違いを中心に、母国で英語を学ぶ機会のないままやってきた人が文法を理解できるよう、教師役の男性は全員に質問を繰り返す。英語は、外国人である彼らにとって、移動の先々で期待される言語であり、デンマーク以外の国に住むことになる場合にも必要となる。滞在期間が長く、デンマーク語を理解する人にとっても、英語が分かれば職を得る際に有利に働く。滞在期間が短く、デンマーク語はまったく解さないものの英語を話す人にとっては、教師役を補助し、持てる能力を発揮する時間となる[8]。

　デンマーク語教室の様子は次のようなものだった。この日に参加していたのは、クウェート、イラン、パレスチナ、シリア、イタリア、ソマリアから来た10人の男女で、いずれも20代から40代の成人だった。この日は、デンマークで教員養成大学に通っているという30代の女性が教師だった。女性は出席者に輪になるようにいうと、ゴム製ボールを手にとりぽんと投げる。思わず受け取った人が女性の質問に答えるという形式の、体をつかいながら発話する授業だった。授業の後半は各自にプリントが渡され、学習の進度によって異なる課題に取り組んでいた。課題を早々と終えておしゃべりを始める人もいたが、教師役の女性がひとりひとりを見回りながら個別にやりとり

8　2016年2月23日の筆者によるトランポリンハウスの見学による。

をし、発音や概念をやさしいデンマーク語で教える場面が見られた[9]。

　その後開催されたハウスミーティングには、4名のスタッフのほかに、17名の参加者がいた。参加者は大別して三つの集団で、トランポリンハウスで職業訓練生として働く難民の人、NPOのインターン生やボランティアとして働くデンマーク人やスペイン、オランダからの留学生、そして研究や取材のためのゲストである。この日のゲストの中には、元難民で現在はデンマークに定住して職を持ちトランポリンハウスに月々200クローネ（約3,500円）の寄付をしているという人、また同じく元難民で現在はデンマークに定住しアラビア語の通訳や翻訳を仕事にしている人、5年前に中東から移住し現在はコペンハーゲン大学に在学し難民の研究をしている大学院生、元難民で現在は居住許可を得てデンマークに滞在しながら移民グループのアクティビストとして活動している人などである。ひとりひとりが自己紹介したのち、報告事項が担当者から知らされ、全体は60分ほどで終わった。その後、出席者たちはキッチンスタッフが作った夕食をともにした[10]。

第4節　難民のためのデモクラシー・ワークショップと「シスターズ・キュイジーヌ」

　トランポリンハウスの活動を象徴する重要な活動に、「デモクラシー・ワークショップ」がある。2016年に始まったこのワークショップは、難民がデモクラシーについて理解し発言するために学び合う、週1回90分のプログラムである[11]。

　2017年8月に見学した回では、スタッフのX氏を中心にシリア、イラン、アフガニスタン、モロッコ、コンゴ民主共和国出身の9名が集まっていた。一人の参加者が書いてきた詩を朗読したいと言いだし、みんなで朗読に耳を傾けた。デモクラシーの精神を表現したという詩は、チェ・ゲバラから毛沢東まで、「革命」に関わったとされる人の名前を順不同に列挙する素朴な内

9　2016年2月23日の筆者によるトランポリンハウスの見学による。
10　2016年2月23日の筆者によるトランポリンハウスの見学による。
11　第4節は、坂口緑、2017、「難民とデモクラシーを考える：デンマーク難民支援NGO『トランポリンハウス』」ウェブマガジン『SYNODOS』世界の市民活動を考える第4回2017年9月7日公開に加筆・修正したものである。

254　第四部　現代デンマーク社会におけるノンフォーマル教育機関の役割

容だったため、朗読のあとなぜこの人物を選んだのかという質問や批判が相次いだ。文学に精通し世界の詩にも詳しいと自負する男性は、デモクラシーというのは過程に過ぎず、現代の視点から革命の帰結を評価することはできないと反論しながらも、参加者たちは自由な議論を楽しんでいる。

　その後、X氏が短い動画を上映した。高校の社会の授業で、専制的な高校教師が銃を片手に代表制民主主義について説明するという一風変わった設定の英語ドラマである。教師は無理矢理2名の生徒を代表に選び、クラスメイトの中から誰か一人を犠牲にするよう投票で決めさせようとする。ワークショップの参加者は、あり得ない設定の動画の内容にあきれながらも、多数派のために少数派が犠牲にならなければいけないという論理が、現実の世界でも多くの政治家が好んで使うレトリックだという結論にたどりつく。

　議論が一段落したときに、シリアからきた男性が問いを投げかけた。「誰が難民センターにいる僕たちのような人を代表しているのか。誰が僕たちを守ってくるのか」。そして男性は、その前の日に妻が泣きながら電話をかけてきた話を語り始めた。妻と子どもたちがスーパーマーケットに買い物に行ったら、荷物として持っていたシーツをレジ係に指さされ、盗んだのではないかと疑われ、30分も問い詰められたという。デンマーク語も英語も解さない妻は、二人の子どもとともに泣きながら途方に暮れていた。別の場所にいた男性は急いでタクシーで店に駆けつけ、男性が持っていたレシートを見せ疑いを晴らす。そして、すぐに店長を呼び出し、なぜこのようなことが起こったのかについて、警察の立ち会いのもとで説明するよう強く求めた。しかし奥から出てきた店長はただただ謝罪するばかりで、男性をなだめ、タクシー代やお詫び金を渡そうとする。男性はそのことにたいへん傷つけられた、と憤る。男性の訴えに応えてX氏が話す。「誰が守ってくれるのか、それは自分自身なんだ。そしてあなたは昨日、金銭で事態を収拾しようとした店長に、基本的権利を主張した。素晴らしいことだよ」。

　トランポリンハウスの唯一のルール、それは、「条件なしに互いを認め合うこと（unconditional mutual respect）」である。難民申請者のように個人識別番号（CPRナンバー）を持たない人も暮らす社会では、投票権を持つかどうかがデモクラシーの及ぶ範囲ではない。X氏は、20世紀前半に活躍した

第11章　デンマークのNGOによる難民に対する成人学習の支援　*255*

デンマークの政治学者ハル・コックを引用し、投票ではなく基本的権利を持つ人同士が対話を重ねることがデンマークのデモクラシーなのだと語りかけていた。デンマークのデモクラシーのためにも、難民が自分の声で語り始めることが必要だ、とトランポリンハウスは考えており、最近ではデモクラシー・ワークショップのメンバーたちが政治集会や大学の講義、市民講座に講師として呼ばれることも増え、難民を代表して彼ら自身の声を社会に届ける活動をおこなっている[12]。

　トランポリンハウスが力を入れているもう一つの活動に、「シスターズ・キュイジーヌ」がある。毎週土曜日は女性だけが参加できる女性クラブが開催される。普段、男性と同じ場所では活動できない人がわざわざ遠くからもやってくる。難民センターに住む難民申請者、難民、移民、デンマーク人、留学生など、女性問題と世界の料理に関心のある女性たちがチームを組み、2015年に「国境なき食卓（food without borders）」を謳うシスターズ・キュイジーヌが始まった。

　シスターズ・キュイジーヌのおもな活動は、ケータリング事業である。会社や家庭でのパーティーに、世界各国のエスニック料理を取り入れたフードやデザートを届け、売り上げをトランポリンハウスの寄付金として受け取る。女性たちがレシピを考え、材料を調達し、役割を分担しながら調理し、配達をする。トランポリンハウスの中にあるキッチンは、おしゃべりをしながら野菜を刻み、歌いながら食器を洗う人たちでいつもあふれている。2017年7月、ヨーロッパ最大規模の野外音楽フェスとして知られるロスキレ・フェスティバルに出店した屋台でも、オーガニック野菜を多用したシスターズ・キュイジーヌのメニューは人気を集めたという。ハウスミーティングのあとの会食を用意するのもこのキッチンのチームで、2017年8月には3人の職業訓練生とインターン生が中心となって、10人ほどが台所で料理を作っていた。

　このプロジェクトをリードするY氏は次のように話していた。

　　デンマーク社会では、女性が自己表現するのは当然とされ、そうしない

12　2017年8月11日の筆者によるトランポリンハウスの見学による。

と奇妙に思われることもあります。けれども難民としてここにやってきた人の中には、その社会規範に戸惑う人も多い。料理はそのような人にとって自分の力を表現する有効な手段なんです[13]。

　デンマーク社会で当然とされる社会規範に戸惑う人も、個人の能力を開発し発揮することで、実績を作ることが可能となる。2018年2月には、難民の身の上に起こったストーリーとレシピとを紹介する料理本『シスターズ・キュイジーヌ・クックブック——国境なきレシピ』が出版された（Trampoline House 2018）[14]。この本の売り上げもトランポリンハウスの活動に充てられている。

第5節　デンマークの成人教育制度

　デンマークにおける成人教育制度は、CPRナンバーを持つ住民であれば誰でもその対象となる普遍主義をとる。「一般成人教育法（AVU-Loven）」第2条では次のように定められている。

　第2条
　1. 18歳以上であれば誰でも居住地から合理的な距離の範囲の場所でこの法に基づく教育を受けられるよう教育大臣は保証する。
　2. 18歳以下であっても必要であれば、若者ガイダンスセンター（UU）の指導もとにこの法律に基づく教育を受けることができる。
　3. 教育機関は事前のアセスメントを通して申請者の条件を確認する[15]。

　このように、成人が必要に応じて適切な教育を受けることを教育大臣が保証する、という論理で法制化されている。基本的には、デンマーク全国に

13　2017年8月11日の筆者による運営スタッフのY氏に対するインタビューによる。
14　Trampoline House HP を参照（https://trampolinehouse.squarespace.com/gifts/sisters-cuisine-cookbook-recipes-without-borders, 2024/7/5 参照）。
15　成人教育法を参照（https://www.retsinformation.dk/Forms/R0710.aspx?id=192230#id7a01dedb-abed-4e8e-b36d-b92eb9b52004, 2024/7/5 参照）。

第11章　デンマークのNGOによる難民に対する成人学習の支援　*257*

29 か所ある成人教育センター（VUC）[16] から、必要に応じて教師が派遣される。成人教育の内容は、義務教育修了程度の学力までをカバーする成人基礎教育（FVU）、後期中等教育程度の学力をカバーする成人一般教育（AVU）、後期中等教育修了程度の単位を取得できる高校卒業資格準備課程（HF）、後期中等教育修了試験（GS）、難読症の人のための読み書きが含まれる。この一般的な制度にのっとって成人教育を受ける場合、各教科ごとの成績がつき、必要に応じて修了試験が課されることもある。各教科の授業料はデンマーク語、外国人のためのデンマーク語、英語、数学はいずれも1科目120クローネ（約2,520円／1セメスター）と決められているが、それ以外の科目、アート、IT、コミュニケーション、ラテン語、哲学、体育、心理学、スピーチ等、成人教育センターで開講されている科目については、1科目1,230クローネ（約2万5,830円／1セメスター）と決められているが、失業中のためジョブセンター経由で授業を受ける者、学生手当受給資格のある者等は、授業料が無料になることもある[17]。

また、2016年7月から始まった統合基礎教育（*Integrationsgrunduddannelsen/basic education for intefgeration: IGU*）の枠組みは、難民や難民の家族として移住し滞在許可を取得した人たちを対象にデンマークの労働市場が必要とする資質を育成するために作られたものである[18]。これは、企業等で実習生等として賃金を得て働く移民が、2年間のうち20週間を教育に当てることを保証する枠組みで、働きながら外国人のためのデンマーク語、成人基礎教育、成人一般教育、単位制高校、職業訓練コース等を受講できるものである[19]。難民申請後、居住許可を得て初職に就いた人が働きながらデンマーク語を学び、希望すればスキルアップできるようにと設計された枠組みである。さらに、生徒のデンマーク語が上達するように、しばしば「友だち住民

16　ただし2018年当時。2023年には30か所となった。

17　教育省HPによる（https://ufm.dk/uddannelse/integration-pa-uddannelsesomradet/uddannelser/almene-voksenuddannelser-og-kurser, 2024/7/5 参照）。

18　デンマーク政府と雇用者・労働組合との合意に基づき、2016年に3年間の予定で試験的にスタートした。その後、数回延長され、2028年までの予定で運用されている。教育省HPによる（https://www.uvm.dk/integrationsgrunduddannelsen-igu/om-igu, 2024/7/5 参照）。

19　教育省HPによる（https://ufm.dk/uddannelse/integration-pa-uddannelsesomradet/uddannelser/integrationsgrunduddannelsen, 2024/7/5 参照）。

（*Venligeboerne*/ friendly resident)」と呼ばれるボランティアが職場を訪問し、デンマーク語力をアップさせるための時間も組み入れられている（Kuusipalo *et al.* 2018）。さらに、このプログラムに参加する若者には、若者ガイダンスセンターの制度を活用したカウンセリングが行われる。

　成人教育における市民参画プログラムを調査するクシパロらは、統合基礎教育の仕組みを、デンマークのグッドプラクティスだと評価する（Kuusipalo *et al.* 2018）。とりわけ、ボランティアの協力、ガイダンス制度の活用が、生徒の帰属意識を高め、デンマーク社会について早くなじむきっかけになると指摘する[20]。しかし、統合基礎教育の導入以前の 2016 年まで、ラナス市内の難民や移民に対するデンマーク語学習を提供してきた、ラナスダウホイスコーレ校長のＶ氏は、この制度改革に批判的である。職場で用意される授業の質にはばらつきがあり、デンマーク語学習が効率的にならない場合があり、それは、折々のガイダンスではカバーできないという。また職場でのデンマーク語学習やボランティアの訪問はかえって、学習する同じような状況の仲間と出会いにくくさせているため、生徒の孤立を高める可能性もあるという[21]。

　とはいえ、この統合基礎教育は、デンマークの労働市場が必要とする資質に合わせて教育と訓練を組み合わせようとする点で、早く労働市場に出たいと願う当事者の要望に応える試みであると言える。

　以上のような一般成人教育法で規定される成人教育と、難民と難民の家族を対象とする統合基礎教育という二つの枠組みは、当然ながら、難民申請中の人には適用されない。難民申請中の人は、実際にはデンマーク国内の難民センター等に居住していたとしても、福祉国家の内側とはみなされないからである。いったん居住許可を得て難民センターの外に住まいを持ち、住所登録をして個人識別番号が与えられれば、彼はすぐに「新しいデンマーク人（*Nydansker*/ new Dane）」とみなされ、普遍主義的な成人教育制度に組み込まれ、労働市場の必要とする資質の開発を目指さなければいけなくなる。し

20　「ボランティアとの協力は、生徒の帰属意識を高め、周囲の環境について学ぶきっかけとなっている」（Kuusipalo *et al.* 2018:2）
21　ラナスダウホイスコーレ校長Ｖ氏に対するインタビュー調査による（2017 年 8 月 15 日実施）。

かし、難民センターで数か月から数年間過ごすことになる成人たちは、その対象から外れ、いつ福祉国家の内側に入れるのかどうか分からない状態のまま、長い時間を過ごすことになる。

　トランポリンハウスが対象とするのは、まさにそのような状況に置かれた人たちである。これを実現しているのは、デンマークが欧州連合の一加盟国であるという事実である。欧州連合は欧州の域内に居住し難民申請中の人々に対し、人権を尊重する合意を持つ[22]。トランポリンハウスは、成人学習を始め種々のプログラムを提供することで、難民申請中の人々も安心して集うことのできる場所として運営されているが、このようなプログラムを提供する理由は、次の三つに集約できる。第一に、コミュニティづくりである。ばらばらにやってくる難民申請者たちは友人や親族の関係を断ち切って母国を脱出してくる。難民センターでは保安を理由に、滞在が長期化しないよう居住地を転々とさせる方法ととっていることもあり、友人関係が維持されにくい。そのような人たちがデンマークに暮らす他の人たちと出会う場所になっていることが大きな意味を持つ。第二に、民主主義の体験である。多様な文化的・宗教的背景を持つ人々が集まり、出入りも激しい場所では、民主主義の基本的な共通理解なしに組織は運営されない。かれらの共通理解となっているのが「条件なしに互いを認め合う」というトランポリンハウスの唯一のルールで、異なる政治文化を持つ国からやってきた人にとっても、これが人間にとっての基本的な権利だということが、トランポリンハウスのプログラムに参加するうちにしらずしらずのうちに身についていく。第三に、能力の開発である。語学教室においては、デンマーク語を覚え使うことのできる場所であり、難民申請中の人だけではなく新しいデンマーク人となった人にとっても、安心して学習ができる場所である。また、トランポリンハウスでは職業訓練という名目で、ハウス内の仕事を振り分けている。難民申請が認

22　欧州連合の域内にいる難民申請中の人々をどのように扱うのかについては、加盟国の権限に委ねられている。しかし 1993 年のマーストリヒト条約では、域内での人の自由移動を達成するために、庇護や入国管理を含めた難民問題について加盟国が協力推進することが規定され、1999 年のアムステルダム条約のもとに発足した欧州共通庇護制度（CEAS）が段階的に具体化されるなか、現在では加盟国ごとの庇護制度から地域単位へとシフトする傾向にある（EUMAG, http://eumag.jp/questions/f0115/, 2024/7/5 参照）。

可されたのち、デンマーク社会で働くことになるかもしれない彼らに対し、申請中の訓練内容を証明し、実績を与え、責任者が次の職場に推薦することを可能にしている。このような制度を自前で用意し、個人の能力を開発したり発揮してもらうという方法が、先の見えない人生段階にある人にとっての大きな希望となる。

　トランポリンハウスの存在は、多文化化に対応するデンマーク社会が、福祉国家の周縁にある社会的課題を示すだけでなく、社会統合が、トランポリンハウスのようなアソシエーションによる個々人に対する支援をもって初めて実質化されるという事例を端的に表している。

　以上のように、ここまで教育分野におけるノンフォーマル教育機関の役割を明らかにするために、ダウホイスコーレおよびNGOにおける活動を検討してきた。ダウホイスコーレについては、社会的包摂も含めた社会統合のために用意された学習プログラムをそれぞれがどのように実施しているのかについて、合計14名の関係者に対するヒアリング調査を実施した。NGOについては、難民申請中や難民認定された人に対する、政府による統合プログラム以外の学習プログラムをどのように実施しているのかについて、学習プログラムの見学および関係者に対するヒアリング結果を概観した。前者は、困難な状況にある若者が、不規則な生活を見直し、自分の適性を見極め、フォーマルな学校教育や職業訓練のコースへ進む準備をする役割を果たしている。後者は、難民申請中や難民認定された人が、政府（自治体）による統合プログラム以外の場所で、仲間をつくり、職業訓練を受け、言語を学ぶばかりではなく、講師となったりワークショップを主催したり、抗議活動に出かけたり、フェスティバルに出店するといった活動の場である。ダウホイスコーレは、「優劣を競い合うのではなく互いをそのまま認め合うことを当然とするフォルケホイスコーレの精神」によって、運営されていた（DHS協会会長Q氏）。また、NGOによる学習プログラムは、「条件なしに互いを認め合う」というモットーが唯一のルールとして機能する場において、コミュニティづくり、民主主義の体験、能力の開発が行われていることが分かった。

第12章　社会統合における主流化アプローチ

　本章では、これまでの議論をふまえ、現代デンマーク社会における社会統合と生涯学習政策およびその実践が、どのような方法で遂行されているのかを考察する[1]。特に、これまで見てきたデンマークのノンフォーマル教育機関、公的な成人教育制度、ボランタリーセクターやアソシエーションといった、社会統合に対する重層的な対応が、どのような意味を持つのかを考えたい。その際、欧州連合の一員で、人口の1割超に当たる数百万人の移民を受け入れ、社会統合を社会課題としているヨーロッパの大国フランスとドイツの例を検討する。欧州の他国と比較することで、デンマークの社会統合の特徴が明らかになるのではないかと考える[2]。

第1節　スキルとモラルの二重性

　本書では、社会統合を鍵概念に、社会政策とその思想的背景との連関について論じてきた。社会統合のための諸政策に先進的に取り組むデンマーク社会を事例として検討することで、デンマークでは、多数派の優越を当然視する同化主義でも、居場所の確保を訴える控えめな福祉的支援でもない方法が選択されていることが分かった。それは、ボランタリーセクターでの多様な活動に支えられ、生涯学習政策の延長線上に展開されていることが確認できた。

　ただしこのような社会統合過程が、けっしてうまく進んでいるわけではなく、試行錯誤が試みられている。デンマークでも、社会統合は喫緊の政治課題とされながら、どの党も積極的に取り組もうとしない厄介な宿題のように扱われてきた。ここには、大きく分けて次の二つの困難が関わっていると考

1　第12章の一部は、坂口緑，2023，「主流化アプローチ：デンマークにおける社会統合と生涯学習」『日本生涯教育学会年報』第44号（201-216頁）に加筆・修正したものである。
2　本章で言及するフランスおよびドイツの情報は二次文献に依存している。

262　第四部　現代デンマーク社会におけるノンフォーマル教育機関の役割

えられる。

　第一の困難は、スキルとモラルの二重性に起因する。第6章で見たように、2000年以降、欧州連合の教育政策は、雇用力を高めるという個人のスキルに関する目標と、社会的結束を実現するという社会のモラルに関する目標の二つを同時に追い求めてきた。ただし、これらの目標を同時に追い求めると、特定の文化的価値が規範化され、逸脱を許さない排外主義的傾向がもたらされることが分かった。経済のグローバル化が進むなか、教育水準を向上させ、成長分野を牽引できる雇用力を高めることが求められる社会では、移民や移民背景を持つ人に対してもまた、同様の要請が働く。1960年代から1990年代にかけて、寛大な移民政策をとってきたデンマーク社会では、移民の母国からの家族呼び寄せも許容してきた[3]。この時代、トルコ、パキスタン、イラン、イラク、シリア、エジプト、レバノンといった国々から、学齢期にある子どもを含む若い世代が移住してきた。結果として1984年まで減少していた出生率が下げ止まり、増加に転じるなど、デンマーク社会に恩恵をもたらしている。しかし、移民の存在が徐々に大きくなるにつれ、デンマークでは反移民を掲げる政党が徐々に支持を集めるようになった。そして、2001年の国政選挙における政権交代の結果、中道右派の政権が成立し、新たな移民受け入れも、また家族呼び寄せにも厳しい制限を設定する方向へと転換した。

　この厳しい制限は、主として、スキルによる選別として持ち込まれた。一定の居住期間ののちの帰化申請や家族呼び寄せを許容した時代、デンマークで行われていたのは、国家の成員資格（citizenship）は生得的な属性を拡張することによって認められる、という論理だった[4]。それに対し、2000年代

3　外国籍住民の帰化や家族呼び寄せを許容する1983年の外国人法は、「世界でもっともリベラル（寛容）」だと言われた（Ersbøll 2010: 107）。

4　市民権を構成する二つの側面を「成員資格」と「統合」に分け、それを「属性 aspiration/業績 achievement」によって説明する論考に、柴田（2021）がある。柴田によると、移民に対してホスト社会の言語や基底的諸価値、歴史や伝統などに関する知識の習得をテストや講習の形で義務付ける政策は、オランダの1998年の統合法をモデルとして欧州各国へ広がった。これは、移民に対してホスト社会での生活に必要な知識を提供する側面がある井法で、「統合」に関わる知識や規範の受容を成員資格の取得と結びつけるという点で排除的な側面を有する。しかし柴田によると、このような成員資格の業績主義化は、移民だけではなく「生来の成員を含めたすべての人々にも波及しうる」もので、「＜統合＞の不足する人々を成員資格から排除する」

になって導入されたのは、業績主義的な基準である。デンマーク政府は、2002 年、帰化を申請する者に対し、デンマーク語の能力を証明する書類の提出を求めるようになった。2005 年、政府ははやくも、デンマーク語試験の最低基準をレベル 2 からレベル 3 に引き上げ、移民の選別を強めている（Ersbøll 2015: 26）。2007 年には、オランダで導入された統合法をモデルにして、市民権テスト（medborgerskabsprøven）を導入した。これは、デンマークの歴史や文化、社会、制度に関する合計 40 問のクイズで構成されたテストを有料で受験し、60 分以内に、最低 28 問、正解しなければならないというものだった（Ersbøll 2015: 26）[5]。

　他方で、モラルに関する統合の試みが導入された。教育政策でもリベラル・ナショナリズムと同型の方法が選択され、例えば、第 6 章で見たような、副読本の編纂が国家プロジェクトとして実施された。教育の自由という見地から、教科書の国家検定を行ったことのないデンマーク社会で、21 世紀になり社会の多文化化が課題となると、『カルチャーカノン』（2006 年）や『デモクラシーカノン』（2008 年）といった副読本の編纂が政府主導で行われた。識者による委員会が立ち上がり、何を取り上げるべきかについての議論がオープンに行われ、途中で委員が交代するなどの動きののち、2006 年『カルチャーカノン』が刊行された。しかしその内容についての疑義も寄せられるなか、デンマークの伝統的な歴史文化だけではなく、民主主義を獲得してきた近現代史を学ぶための副読本『デモクラシーカノン』が企画され、2008 年に刊行された。これらの副読本は、小中学校等のフォーマル教育機関を通して配布された。この時期は、第 5 章で見たように、データに基づく調査研究によっても、多文化化する社会への批判が向けられた。2005 年、OECD の PISA2000 のスコアをコペンハーゲン市内の郵便番号別に再分析し、地域によってスコアのばらつきが見られるとの研究「PISA コペンハーゲン」が発表された。これは、学力テストの点数を地域別に並べ直し、移民背景を持

危険性を内包している。（柴田 2021: 142）。

5　市民権テストでは、デンマークの民主主義、日常生活、デンマークの文化や歴史に関する知識が問われる。2024 年現在は、制限時間が 30 分、全 25 問中 20 問以上の正解が求められる。デンマーク国際採用統合庁 HP（https://danskogproever.dk/borger/medborgerskabsproeve-permanent-ophold/om-medborgerskabsproeven/, 2024/7/8 参照）。

つ生徒が多数在籍する都市郊外の公立学校でのパフォーマンスが有意に低い
ことを取り立てて指摘する調査だった（Rangvid 2005; Rangvid 2007）。この結
果、学力テストの点数の低さが、もっぱら移民や移民背景を持つ人の数によっ
て集団的に説明されるといった見解が流布されるようになった。

　たしかに、雇用力の向上と社会的結束の実現は多くの社会にとって共通の
目標である。欧州連合もその方向を支持し、多様な取り組みを支援してきた。
しかし、2000 年代のデンマーク社会を振り返ってみると、個人のスキルの
獲得と社会のモラルの実現という次元の異なる二つの目標が社会統合という
目的のために無媒介に結びつけられていることが分かる。このことによって
もたらされたのは、一定の基準からの逸脱を特定する、という視線である。
性急なデンマーク語試験レベルの引き上げは、時間をかけてデンマーク語を
習得し職場で働いていた多くの外国籍住民の、将来の見通しを大きく転換さ
せた。また「PISA コペンハーゲン」のような調査結果は、都市郊外の公立
学校関係者を不当に攪乱させるものだった。地域によるスコアのばらつきが
発見されれば、普通はそれに対する対策がとられるはずなのに、この調査は、
国家の成員資格を業績主義的な能力によって選別されるべきという見方を強
める言説に活用された。

　多文化化する社会では、その逸脱は、個別の事情を検討することなく、移
民的背景を持つ人たちに起因するとの結論が一人歩きする傾向にある。第 3
章で検討したとおり、経済的存在としての個人の能力を重視し、フォーマル
な教育における社会統合を主張するナショナル・リベラリズムの思想には、
この種の危険が伴う点は十分に考慮されなければならない。

第2節　社会的包摂と社会統合の狭間

　第二の困難は、社会的包摂と社会統合の狭間に存在する。福祉国家の再編
問題のなかで社会統合がとりわけ困難なのは、誰が社会政策の対象となるべ
きかについての境界線が自明ではないからである。

　実際に、デンマーク社会では、滞在許可を持つニューカマーの移民は統合
プログラムの支援対象となる。しかし同じ外国人でも、紛争を逃れてデンマー

クにたどりついた難民は、難民申請中の人々（*asylansøgere/* asylum seekers）
として審査期間のあいだのみ滞在が許可されるのみで、公的な成人教育制度
の対象外となる。なかでも 18 歳以上の成人は、人道的配慮から教育を受け
る権利を持つ学齢期にある児童と異なり、就労や就学の機会は与えられず、
時に数か年に及ぶ審査期間を難民センターで過ごすことになる。

　社会統合は、福祉国家の枠組みの内側にいる人をまずは対象にすべきでは
あるものの、難民申請中の人々が居住許可を得て「新しいデンマーク人（*Ny
Dansker/* new Dane）」として暮らしをスタートさせるためには、居場所の確
保といった控えめな福祉的支援を超えて、職業訓練や成人学習のプログラム
が準備されていることが望ましい。デンマークでも教会や宗教系の関連団体
や国際的な NGO が、食べ物と寝る場所を提供する慈善活動を展開している。
しかし、それらの団体による支援は、一時的な救援が主となっており、難民
としてやってきた人たちの次の生活に向けた職業訓練や成人教育の学習プロ
グラムが提供されることはほとんどない[6]。

　近年、欧州連合では、欧州共通庇護制度（CEAS）を根拠に、難民申請中
の人々に対する支援の必要性が主張されている。デンマーク国内でも、コペ
ンハーゲン市で難民申請中の人々に対する就労および学習プログラムの提供
も行う NGO トランポリンハウスや（第 11 章第 2 - 4 節）、公立図書館から提
供される破損や汚損等による除籍図書を活用して図書館サービスを展開する
「コンゲロネン図書館（Kongelunden Bibliotek）」など[7]、わずかではあるが、シェ

6　2015 年から 2016 年にかけてシリア難民が大勢 EU 圏に流入した。デンマークも例外ではな
く、例年 1000-2000 名だった難民申請者の数が、この時期には約 10 倍に達した。難民に対する
厳しい制限は現在も続いている。2016 年 UNHCR の割り当て難民の受け入れを中止（2020 年
再開）、2020 年には難民認定不認定者等の本国送還促進を事業の柱とする「本国送還庁」と呼
ばれる部署を設置し、2021 年には難民申請の国外委託を可能とする（すなわち物理的にも難民
申請中の人を入国させない）法律が賛成多数で可決されるなど、厳格化を進めている（新津
2021）。
7　デンマーク国内の難民センターに、破損や汚損等の理由により除籍対象となっている図書を
活用し多言語資料を提供している公共図書館サービスの一環で「デンマーク図書館協会
（Danmarks Biblioteksforening）」というアソシエーションが支援する活動に、コンゲロネン図
書館（Kongelunden Bibliotek）がある。ヨーロッパ図書館協会の誰もが図書にアクセス可能で
あるべきとの理念に基づき展開される、福祉国家の内側だけではなく、周縁にいる人たちに向
けた支援の例である（和気 2018; 和気 2022）。

ルターの提供以上の、具体的な生涯学習の機会の提供が行われている。これらの活動は、社会的包摂と社会統合の狭間に陥りがちなニーズの存在を照射している。

第3節　フランスの都市郊外とドイツの異文化間教育

3－1　フランスの場合

　以上のような二つの困難は、他国の場合にも当てはまるのだろうか。本節では欧州連合の加盟国であり、人口の1割以上の移民を受け入れるフランスとドイツを取り上げる。近年、移民の社会統合という点から、日本においても両国の事情については、緊急性をもって報告されてきた。

　フランス都市郊外のマイノリティについて都市政策と住宅政策の観点から論じる森千香子（2016）は、フランスの都市郊外に移民の集住地区が形成されてきた理由を次のように説明する。フランスでは、19世紀以降、郊外は常に国策の影響下にあり、都市にとって「都合の悪い」施設や人間を事実上「追いやる場」として形成されてきた。21世紀になり、改めて課題となっているのは、郊外の集住地区が「階級意識とレイシズム思想の交錯する地点」となっていることで、それが移民と呼ばれる集団に対する「スティグマ」を形成しているのだという（森 2016: 90-91）。

　フランスの場合、生産年齢人口に占める移民の割合は、約12.6％である[8]（フランス国立統計経済研究所 2022年）。これは、他国と比して突出して高いわけではない。しかし国内の非移民と比較すると、移民第一世代の大半は中学卒業相当の学業修了証以下しか持たないと言われており、労働参加率も低い[9]。そして失業状態にある移民が居住できる場は限られており、結果として、都市開発から数十年を経た都市郊外にある老朽化の進む集合住宅が、ニューカ

8　フランス国立統計経済研究所 HP（https://www.insee.fr/fr/accueil），2024/7/8 参照。
9　10年前のデータとして、労働政策研究・研修機構国別労働トピック「移民人口、生産年齢人口の約10％に」がある（2013年2月）（http://www.jil.go.jp/foreign/jihou/2013_2/france_01.html, 2024.7.8 参照）。現在は、OECD の移民人口比率（2023年）によると、「外国生まれの人口の比率（2022）」は、フランスで12.8％、ドイツで16.8％、デンマークで11.0％である（OECD 2023）。同時期のデンマークの場合、生産年齢人口に占める移民の割合は10.7％（2022）である。また、このうち8.6％が「非西欧系」の移民であるとの数字を公表している（Økonomi- og Indernrigsministeriet 2023:4）。

第12章　社会統合における主流化アプローチ　*267*

マーの移民や移民背景を持つ人たちの住まいとなっている。

　失業と貧困の状態に置かれている移民や移民背景を持つ郊外の若者たちは、けっして無為に過ごしているわけではない。郊外の移民集住地には、地域の「文化アソシエーション」活動があり、アニマトゥール[10]が活動場所を提供しており、それに参加する若者も多い。森によると、彼らは、文化アソシエーション活動を通して、「職業的次元の希求」を実現している（森 2016: 196）。ニューカマーの移民や移民背景を持つ家庭に育つ若者にとって、地域で展開される文化アソシエーション活動は映像制作、ラップ、ダンス、グラフィティアートも含まれるが、それらは単なる趣味や余暇の楽しみではない。そうではなく、仲間と共にスキルを磨き、マーケットの論理を理解し、「職業」につながる活動である。森はこのような活動は、「個人的動機と連帯意識」によって形成される集団を育む点で、実は、抵抗活動の足がかりとなると示唆する（森 2016: 196-199）。このような活動が、マジョリティとは異なる陣営に属する若者たちにとって、「新しい参加の場」となり、若者達がデモクラシーを学ぶ場になるという積極的な見解（浪岡 2004; 2015）もある。

　しかし、そのような活動がどのくらい「新しい参加の場」となるかは、不明である。フランスの共和主義理念が、国家がすべての市民に出自、民族、宗教の差異に関係なく平等を保障する一方、市民に対して自らの差異を私的領域に閉じ込めることを求め、公的領域では抽象的な「市民」として振る舞うことを要求するからである（森 2016: 2; 池田 2016: 47）。そのような公私の峻別は、受け入れることができる人々にとっては問題ない。けれども、そうではない人にとって、「宗教的観点あるいは様々な民族・文化的観点」を日常生活や文化活動を通して自らのルーツを表出するだけで、「強烈な排除の方法」として現れうる（池田 2016: 48）。特に、イスラム教のルーツを持つ移民や移民背景を持つ人たちは、標的となりやすい。2004年以来、フランスでは政教分離の原則を理由に、公立学校や公共の場、公務員を対象にヒジャブなど宗教的な帰属を示すシンボルや服装の着用を、法律で禁じている。文

10　アニマトゥールとは、フランスで社会・文化・スポーツ・社会活動の活性化（アニマシオン）に関わる指導員で、フランスの社会教育・生涯学習の担い手である（ブジョル，ミニヨン 2007）。

化アソシエーション活動についても、宗教こそが公的生活を形作るという信仰を持つ人々にとっては、映像制作、ラップ、ダンス、グラフィティアートといったジャンルでの活動は、宗教的背景も含めたアイデンティティを表現することになる活動となる。それにもかかわらず、フランスではあくまでも私的な趣味的活動と理解され、宗教的な帰属を示す表現には制限がかかる。そのような活動自体は、偶発的学習の結果として、職業生活に役立つかもしれないし、デモクラシーを学ぶ場になるかもしれない。けれども、文化アソシエーション活動が公的な社会統合政策のなかに位置付けられることは期待できない。フランスの共和主義にとっては、フォーマルな教育制度のなかでの平等が優先され、それが実現できてさえいれば「市民」として平等だという建前のほうが重視され、曖昧で非公式な社会参加の方法である文化アソシエーション活動は、国家にとっての社会統合政策には数え入れられることはない。

3-2 ドイツの場合

他方で、1960年代からゲストワーカーを受け入れ、1999年には国籍の血統主義を見直し出生地主義を部分的に取り入れたドイツでは、2010年代に急増した中東諸国からの難民と移民も、一貫して積極的に受け入れてきた。国籍条項の見直し以降、ドイツでは、実質的に移民国家としての政策を取り入れるようになり、社会統合が重要課題と位置付けられた（石川2012: 156-157）。2005年に施行された「新移民法」では、移民はドイツ語を学習する言語コースと、ドイツの法制度、文化、歴史などを学習するオリエンテーションコースから構成される「統合コース」を受講することが義務付けられた（戸田2007: 4-32）。前者は600時間、後者は60時間からなる授業で、目標はヨーロッパ言語共通参照枠（CEFR）のB1レベル、すなわち、「仕事、学校、娯楽で普段出会うような身近な話題について、標準的な話し方であれば主要点を理解できる」レベルに設定されている（木戸2017: 29-53）。新移民法については、ニューカマーの移民に対し、言語のみならず文化や歴史の学習を要請する統合コースについて、当初、文化的同化を促すとの批判もあったというが、「一義的には社会参加と機会均等の促進という意味が強い」とされ、現

在では肯定的に受け止められている（石川 2012: 160-161）。

　欧州連合のなかでは、ドイツがもっとも積極的に、かつ最も公共性の高い方法を用いて、社会統合を進めてきたと言える。ただしその過程を異文化間教育の観点から詳細に考察した伊藤亜希子によると、必ずしも成功を収めてきたわけではない。伊藤（2017）によると、ドイツの社会統合の過程は、1960 年代末から 1970 年代末までの「応急処置としての外国人教育」（第一段階）、1980 年代半ばの「補償教育と同化教育としての外国人教育」（第二段階）、1990 年代以降から現在に続く「多文化社会のための異文化間教育」（第三段階）に分けられる。1980 年代半ばの第二段階のように、ドイツ人を基準としてドイツ語能力の不足やドイツ社会の行動様式への欠損があると仮定し補う方法では、外国人に対するスティグマ化を引き起こすとの批判が相次いだ。そこで考案されたのが、1990 年代以降の第三段階で採用された「異文化間教育」である（伊藤 2017: 83-92）。これは、外国人の子どもがドイツ社会で生きていくために必要不可欠となる知識を学ぶのと同様、ドイツ生まれでドイツ育ちの子どももまた多文化社会において生きていくための備えを学ぶことを意味し、学校と地域社会の両方において、同じように実施される教育である（伊藤 2017: 87）。

　このような第三段階の社会統合過程について、伊藤は先進的な取り組みが見られるノルトライン・ヴェストファーレン州ビーレフェルト市に着目し、異文化間教育を実践するアソシエーション「地域移民支援機構（*Regionale Arbeitsstelle zur Förderung von Kindern und Jugendlichen aus Zuwandererfamilien/* Regional employment promotion for children and adolescents from immigrant families: RAA）」を考察している（伊藤 2006; 2007; 2017）。RAA 自体は 1980 年代に設立された、外国人当事者、教師、研究者、社会教育士（*Sozialpädagoge/* social education worker）、ソーシャルワーカーと、各種団体をつなぐ中間支援組織であり、おもに就学前の子どもから青少年までのニューカマーの移民や移民背景を持つ若年層を対象に、移民の社会参加を促すための様々な施策を実施する拠点である。2010 年代に提供してきたプログラムの多くは、RAA が支援のターゲット集団とみなす人たちに、関心を持って拠点に集まってもらうための支援策だった。モスクを借りての移民背景を持つ小中学生の

父親を対象とする説明会の開催、就学前の子どもの母親に対する学習機会の提供もおこなっている。第一世代として移民してきた家族の学齢期にある子どもたちが、フォーマルな教育機関にスムーズに就学できるよう、RAAのような特別な公的機関がターゲット集団に対する支援を継続している（伊藤2017: 187-215）[11]。

第4節　社会統合の方法

　以上のような社会統合過程に関するフランスとドイツの例を参照すると、デンマーク社会についてどのようなことが分かるだろうか。

　欧州連合に属している国であるとはいえ、フランスにはフランスの論理に従った社会統合の方法が、またドイツにはドイツの流儀に合わせた社会統合の方法が実施されていることが分かる。第1節で言及した二つの困難のうち、第一の困難について、すなわち雇用力と社会的結束を同時に追い求めると特定の文化的価値が規範化され、同化主義に傾きがちとの点については、フランスもドイツもそれぞれの方法で警戒している。第二の困難について、すなわち社会的包摂と社会統合の対象とされる集団間の狭間に存在する人々（例えば難民申請者）に対しどのように対応できるのかという点については、両国の事情についてのより詳細な調査を必要とする。ここでは、主に、第一の困難について考えたい。

　社会統合の過程で、特定の文化的価値が規範化され、同化主義に傾くという点については、フランスもドイツも警戒していることが分かった。社会的分断を生み、それが生み出す社会的コストに対する警戒は小さくない。特に、フランスとドイツの経験が示唆しているのは、フォーマルな教育に頼った社会統合の困難さではないだろうか。

　共和制の理念を建前とするフランスでは、ニューカマーに求められる公私

11　ノルトライン・ヴェストファーレン州で2012年に可決された「社会参加・統合促進法」により、RAAは他の組織や多様な取り組みを包括する新たな「地域統合センター（kommunale Integrationszentren）」へと発展した（伊藤 2017: 217）。また、成人教育の領域では、ムスリム移民の女性たちがノンフォーマル教育の学習機会を得ることで個人のエンパワメントが促進されることを示した研究に、丸山（2016）がある。

を峻別する態度が、フォーマルな教育機関においてはひときわ強い要請となる。その分、その峻別に親和的ではない人々は、公的な仕組み自体を受け止めがたくなる。しかし、ライシテに基づく個人の自由を持って社会を運営してきたフランスが、この峻別を曖昧にすることはない。ここに加わるのが、「階級意識とレイシズム思想」である（森 2016: 90-91）。たしかにフランスでは、学校外教育である文化アソシエーション活動が、移民背景を持つ都市郊外の子どもや若者にとって、非公式な社会参加を可能にする数少ないチャネルとなっている。しかし、公私の峻別を厳守するとの政治的理念のもとでは、宗教こそが公的生活を形作るという信仰を持つ人々は、依然としてマイノリティであり続ける。文化アソシエーションでの活動も、社会統合の手法としては、公的に支援されることはない。

　それに対し、ドイツの異文化間教育においては、社会教育士等の専門家による、学校と地域を結ぶ仕組みが実践されている（伊藤 2017: 149-186）。ノルトライン・ヴェストファーレン州ビーレフェルト市のウェブサイトによると、RAA の取り組みは、2013 年以降、さらに「地域統合センター（*kommunale Integrationszentren*/the center for community integration）」として展開されていた。地域統合センターは、学校と地域を結び、異文化間教育を行う組織である[12]。州内に 50 か所以上ある地域統合センターでは、ターゲットとなる集団を移民第一世代の家族全体とし、子どもや若者だけではなく、現在では成人を対象とする継続教育、異文化間教育の視点を持った教育者の研修、独自の就学前教育機関の準備、後期中等教育修了後の若者や成人を対象とする起業支援が実施されている[13]。2014 年から 2016 年にかけて 100 万人近くの難民を受け入れてきたといわれるドイツの場合[14]、移民や難民の第一世代をターゲットとするノンフォーマルの教育機関を充実させることで、急増するニューカマーに対応しているという。

12　ノルトライン・ヴェストファーレン州地域統合センター HP を参照（https://kommunale-integrationszentren-nrw.de/kommunale-integrationszentren, 2024.7.8 参照）。
13　ノルトライン・ヴェストファーレン州地域統合センター HP を参照（https://kommunale-integrationszentren-nrw.de/kommunale-integrationszentren, 2024.7.8 参照）。
14　ドイツの難民申請数と難民認定数については UNHCR の Factsheet_Germany_2022 を参照のこと（http://www.unhcr.org/, 2024.7.8 参照）。

このようなフランスとドイツの取り組みは、デンマークの方法とどこが重なり、どこが重ならないのだろうか。

　第一に、フォーマルな教育制度を重視し、学校外教育の活動をあまり重視しないフランスの方法は、デンマークとは大きく異なっている。デンマークの場合、たしかに第6章で確認したとおり、政府による文化やデモクラシーに関する規範が示された。また、その規範からの逸脱が「学力」で裏付けられると主張され、PISAの点数を根拠に、「ネイティブ」の生徒と移民背景を持つ生徒の点数の開きが観察対象とされてきた。しかし、デンマークは、第7章と第9章で考察したとおり、「ボランタリー社会活動」（小池 2017）が重視される社会でもある。ボランタリーな活動については、移民背景を持たない人々の約40％が関わっているのに対し、移民背景を持つ人々の23％にとどまっているとされ、移民背景を持つ人のより広範なボランタリーな活動への参加が期待されている（Christiansen 2008: 82-83）。実際に、ニューカマーの移民や移民背景を持つ人たちが何らかの社会活動のために「アソシエーション」を設立することが強く奨励されており、自治体も他の市民と同等に、その支援を行ってきた（第8章）。日常生活や余暇活動としてコミュニティ活動に関わる「日常を支える人」が社会を形成するとした政治学者バンらの議論（Bang *et.al* 2000）、また、アソシエーションが民主主義のルールを学ぶ場となっていると指摘する社会学者グンデラックの指摘と合わせると（Gundelach 2007）、デンマークでの社会統合の方法には、ボランタリーセクターに対する期待が大きいことが分かる。

　第二に、統合のターゲットとなる集団と、その集団を受け入れる側とに二分し、両者の歩み寄りを支援するドイツの対応もまた、デンマークの進める方向性とはやや異なっている。学校外活動を重視し、移民背景を持つ子どもたち、若者の課題に対応し、成人を対象とする継続教育までを視野に収めるドイツの地域包括センターの方法は、ヨーロッパの多くの社会でモデルとなる先進事例である。たしかに、異文化間教育を実施する地域統合センターのような社会教育施設を設置することは、ターゲット集団へのアクセスを可能とする。センターの運営が軌道に乗ったところで、予算を計上しターゲットを拡大する方法も、効率的である。しかし、これはデンマークの方法とはや

や異なる。デンマークの場合、ターゲット集団は想定されていたとしても、そのような人たちだけを集める方法はとっていない。フォーマルな学校教育においては、デンマーク語学習の支援等、統合プログラムが実施されているが（Kuusipalo *et al.* 2021: 103-120）、学校外教育においては、既存の制度が活用されている。生涯学習政策として進められてきた、ガイダンスセンターの活用、ダウホイスコーレのようなノンフォーマル教育機関での教育はその例で、「移民女性のためのダウホイスコーレ」等の少数を除き、必ずしも移民第一世代を取り出して支援するものではない[15]。

第5節　デンマークの社会統合

　本書では全体を通し、現代デンマーク社会を一つの参照点として、生涯学習と社会統合という社会政策における連関を考察してきた。デンマーク社会は決して多文化化を克服した理想の社会ではない。むしろ2000年代は、保守派もまた革新派も一致して移民の受け入れを制限してきた社会である。そして、業績主義的な市民権テストを実施し、生涯学習政策の名のもとに、欧州連合が求める、雇用力を高め社会的結束を向上させるための社会統合のための諸政策を、多くの批判を浴びながら進める実験国である。それでも、フランスのようにマイノリティの集住地域が固定化し分断された社会が現実になっている事態が到来する前に、ドイツのように短期間のあいだに一定地域に多数のニューカマーが集中したことでまとめて対応せざるをえない状況に追い込まれる前に、既にある仕組みや施設を活用しながら、着実な社会統合政策を進めようとしている点は特筆に値する。

15　このようなデンマークの方法が可能なのは、デンマークがフランスやドイツと異なり、移民人口の絶対数が比較的少ない状況だからだと考えられる。フランスの移民人口は、約870万人にのぼる（2020年）。ドイツの移民人口は、約1400万人である（2022年）。デンマークの移民人口は「西洋国からの移民」と「非西洋国からの移民」を合わせた総人口に占める割合は2018年1月で約9.5%だった。2022年1月には、この数字は14.2%まで上昇している。ただし、「移民背景を持つ」とされ、移民政策のターゲット集団とされる人口、すなわち「非西洋国からの移民」に「非西洋国からの移民の第二世代」を合わせた人口の総人口に占める割合は、2024年1月で約10.3%であり、実数では約63万人である（https://www.dst.dk/en/Statistik/emner/befolkning-og-valg/indvandrere-og-efterkommere, 2024.7.8参照）。

なぜか。デンマークは、社会統合のために、次のような二つの点を活用している ように思われる。第一に、ボランタリー社会活動の領域に頼る、という方法である。フランスとの比較で明らかなように、初等中等教育機関で配布される教材の採用といった周辺的な方法でフォーマルな教育機関における社会統合を図りながらも、それに加えて、様々な方法でノンフォーマルな教育機関や学校外教育も含めたボランタリー社会活動を社会統合の過程として重視する。このことが、デンマークにおける社会統合過程の最大の特徴となっている。なぜこのような方法をとるのか。それは、デンマーク社会では、アソシエーションにおけるスポーツや文化活動がライフスタイルの一部として定着しており（小池 2017; コック 2004; Anderson 2008）、ニューカマーの移民や移民背景を持つ人たちに対しても同じような活動に参加することが、何よりも社会参加につながると考えられているからである[16]。

　第二に、中間集団の重視、という特徴である。デンマークの社会統合の方法は、個人の自由に任せる自由主義的な方法でもなく、公的機関が公私の峻別を規範化する方法でもなく、人々が関わる最前線となるアソシエーションやコミュニティでの活動を重視する。この意味で、デンマークの手法は結果的に、コミュニタリアニズムの方法論に親和的であると言える。コミュニタリアニズムは、個別主義や具体的な自己、共同体の価値を肯定する思想で、ひとりひとりのアイデンティティはコミュニティのなかで形成されると考える（坂口 1999; 坂口・中野 2000）。自己にとっての善は、コミュニティにつながっているがゆえに、その善が、さらなる諸コミュニティとつながる理由となる（Modood 2007; Etzioni 1996）[17]。

16　実際に、デンマークで移民第二世代の集団を対象にボランタリー社会活動への参加と投票行動の関係を調べた Togeby（2004）によると、参加の度合いは三つのエスニックグループによって傾向が異なる。パキスタン人のインフォーマルなアソシエーションへの参加は非常に強い一方で、投票行動には影響を与えない。トルコ人においては、両者に弱い影響がある。けれどもユーゴスラビアのエスニシティを持つ人々の場合は、どのようなかたちの参加にも影響が見られず、この意味では、ボランタリー社会活動（インフォーマルな政治参加）と、投票行動（フォーマルな政治参加）は必ずしも結びつかないと指摘する（Togeby 2004）。

17　ただしこれが社会統合にとって最善かどうかについては、さらなる考察が必要である。比較政治学の領域では、2000 年以降のヨーロッパにおける社会統合政策について、スイスの政治学者クリスチャン・ヨプケがリードしてきた収斂モデル、すなわちヨーロッパの市民統合にお

第6節　主流化アプローチ

　上で考察したような、ボランタリー社会活動と中間集団を通した参加を重視するデンマークの社会統合は、主流化アプローチ（mainstreaming approach）と呼ばれる（Jørgensen 2014; Mouritsen 2012; Scholten *et al.* 2017）[18]。主流化アプローチとは、一般に、ターゲット集団にたいし「一般市民を対象とする社会プログラムや社会政策を通してアプローチしようとすること」である（Jørgensen 2014: 5）[19]。ターゲット集団を異質な他者として特定せず、既存の仕組みを用いて移民や難民が「主流（mainstreaming）」を形成する側になることを意味し、デンマークの場合はそれがフォーマルな教育制度だけではなくノンフォーマルな教育制度も含む、ボランタリーセクターでの活動も

いてはナショナルな政治思想にかかわらず移民に対し義務を強調し、義務の種類と程度についての議論に移行しているという点で一つのモデルに収斂しつつあるという言説が定番となっている（Joppke 2007; 2007b; 2008）。ヨプケの議論をベースにイギリス、ドイツ、デンマークの3か国を比較したデンマークの政治学者ペール・マウリツェンも、2000年代前半まで揺らぐことなかったデンマークの、福祉国家に根ざした平等主義的な市民社会的なナショナリズムが現在、見直され、他のヨーロッパ各国と同様、移民に対する義務を強調する収斂モデルへと近づいていると指摘している（Mouritsen 2012: 86-109）。

18　ヨーエンセンは、主流化アプローチは、現実的に分権的に進められていると指摘する。「国家レベルでは、移民統合政策は一元化された監視から再構築され、…移民統合は多面的な政策問題」であり、主流化という言葉が使われていないとしても、教育および雇用に関しては、実際に「さまざまな省庁や政府レベルにまたがる」という（Jørgensen 2014: 20）。

19　主流化は、ジェンダー主流化から発想された用語である（Scholten *et al.* 2017）。ジェンダー論における主流化は、1995年第4回国連世界女性会議（北京会議）で提唱された考え方で、「あらゆる領域と段階において、立法、政策、プログラムを含むすべての行動計画の男性と女性に対する影響を評価するプロセス」、「女性と男性が等しく利益を受け、不平等が永続しないように、男性のみならず女性の関心と経験を政治的、経済的、社会的な全領域において、計画、実行、監視、評価をするための戦略」であり、「究極の目標は、ジェンダー平等の達成」だとされる（公益財団法人日本女性学習財団キーワード・用語解説ジェンダー主流化　https://www.jawe2011.jp/cgi/keyword/keyword.cgi?num=n000282&mode=detail&catlist=1&onlist=1&shlist=1, 2024.7.8参照）。これに対し、移民政策における主流化は、マイノリティの社会参加を進める際に、一般市民を対象とする社会プログラムを活用するということを意味する。社会統合の進度は、OECD「移民統合の指標2015」が示しているとおり、住宅、収入、健康、教育、雇用、技能、栄養、といった領域において、マジョリティとマイノリティとの中央値の開きを縮小させる方向に変化しているかどうかによって測定される（OECD, Indicators of Immigrant Integration, https://www.oecd.org/els/mig/indicatorsofimmigrantintegration.htm, 2024.7.8参照）。

含む点が特徴的だと言える[20]。

　この立場を説明するヨーエンセンは、1999 年以降のデンマークの統合政策を分析し、鍵となるのが、若者を対象としていること、そして教育政策[21]と雇用政策[22]において、相互に連関する形で進められていることだと指摘する（Jørgensen 2014: 20）。そしてそれらが、「一般的な実行方法と主流化政策のポートフォリオによって遂行されている」と説明する（Jørgensen 2014: 16）。ヨーエンセンの主流化アプローチを評価するショルテンらも、フランス、ドイツ、イギリスと比較し、「たしかにデンマークは主流化にシフトした数少ない国の一つ」（Scholten *et al.* 2017: 294-295）と指摘する[23]。

　実際に、デンマーク政府が、教育に関する統合政策で地方自治体を通して活用しているのは、ノンフォーマル教育機関である。2004 年に施行されたガイダンス法も、すべての 12 歳から 18 歳を対象とする進路相談システムであり、教育と職業とを橋渡しするための進路指導とキャリアガイダンスを実施することで、ターゲットとする集団にたどりつくことを目指している。難民や難民の家族として移住し滞在許可を取得した人たちに提供されるのは、デンマークの労働市場が必要とする資質に合わせて教育と訓練を組み合わせ

20　たしかに、第 11 章のトランポリンハウスのような NGO における成人学習プログラムを見ると、難民申請中のステイタスの人たちが、交通費等の支援を受けて、学習プログラムや就労支援プログラムに通うことができている一方、そのようなステイタスにない人たちは、ボランティア活動やアソシエーション活動の一環として参加している。この意味では、支援のターゲットとなっているのは難民申請者に限定されている。しかし、成人学習プログラム等の活動においては、難民申請者とその他といった区別はあえて用いられていない。

21　教育政策については、小中学校における第二言語としてのデンマーク語の学習のほか、1-4 年生については実験的に行われている母語での教育（トルコ語、アラビア語）が取り上げられる。また、ヨーエンセンも、デンマークの教育政策の特徴は、フォーマルな教育領域に限定されない点だとし、ガイダンス制度、インターンシップを職業教育、宿題カフェといった学校外の学習支援を挙げ、それが、2007 年の生涯学習戦略で示された、普通および職業中等教育の修了率を 95％以上とするといった方針によって規定されていると説明する（Jørgensen 2014: 12-14）

22　雇用政策についても、若者の就労支援という観点から、統合省が 2010 年、新しい教員研修、指導ツールと評価システムの導入、就労とデンマーク語学習の同時取り組みの導入といった支援策を評価している（Jørgensen 2014: 16）。

23　ショルテンらによると、それが可能なのは、フランスやドイツと比べて、デンマークには中央集権を進める統治モデル（ドイツにおける連邦政府モデル、フランスにおける共和制モデル）がないためではないかという（Scholten *et al.* 2017: 295）。

て実施する統合プログラムである。統合基礎教育は、若い世代の難民のための統合プログラムであるが、やはり若者ガイダンスセンターやダウホイスコーレといった、既存の教育機関を活用している。移民や難民としてデンマークにやってきたものの、出身国で教育を受ける機会がほとんどなかった女性に、保育付きで成人教育制度に則った学習機会を提供するNPOが運営するダウホイスコーレなどは、成人教育センターではこぼれ落ちてしまう人々を受け止める。ターゲット集団のみを他と区別して取り上げることを回避しつつも、必要な人に必要な支援が届くようにという考えである。

　以上のような、主流化アプローチは、次の二点において、コミュニタリアニズムと親和的であるとはいえないだろうか。

　第一に、共通善の優先である。善の承認は、自己アイデンティティの形成の前提である（テイラー　1992=2004）。自己アイデンティティは、自己の置かれるコミュニティとの関係性によって形成される。デンマークにおける社会統合の主流化アプローチは、ターゲット集団を名指さない。実際には、移民プログラムのなかに、第二言語としてのデンマーク語の習得、歴史や社会システムの学習が含まれ、市民権テストも導入されているが、少なくとも、イギリスにおけるリベラル・ナショナリズムの「ブリティッシュネス」に見られるような、何らかの価値を上書きしようとする圧力からは自由である[24]。

　第二に、中間集団の重視である。ボランタリーセクターにおけるボランタリー社会活動の重視は、デンマーク社会の特徴であると同時に、主流化アプローチを可能にする社会的リソースである。デンマークの余暇文化の特徴でもある、アソシエーションへの参加は、「日常生活を支える人」という市民像を提示する（Bang *et al.* 2000: 384）。

　ただし、デンマークのように、特定のターゲット集団ではなく全体に呼びかける社会統合は、ホスト社会にゆるやかに統合することが可能になる一方で、そこまでを望まない人にとっては「逃げ場のない同化」の強制と表裏一

24　デンマーク国内で、アソシエーションとして活動しているムスリムコミュニティは22ある。また、ムスリムコミュニティが設立し運営する私立学校（フリースコーレ）も17校ある（Gilliam, Kuhle 2014）。デンマークのように、ボランタリーな社会活動を社会的規範として求める社会では、当事者もまた、エンパワメントのための組織化が推奨される。

体でもある[25]。デンマークのラース・ルッケ・ラスムッセン前政権は、2030年に向けてマイノリティの集住地域（デンマーク語では「ゲットー」と呼ぶ）をなくすことに合意した[26]。これは移民の社会統合を担当する社会内務省ではなく、経済内務省による施策である。経済内務省によると、1980年と比較して2017年には「非西洋的背景を持つ人口 (*personer med ikke-vestlig baggrund*/ persons with non-Western back ground)」が人口の約1％から約8.5％にまで増加しており、多くの移民はデンマーク社会に溶け込み、「地域コミュニティ、スポーツクラブなどのアソシエーション活動にも参加している」という。しかし、なかには、「社会に関わろうとせず、教育を受けず、仕事もなく、デンマーク語も十分ではない人」が「あまりに多い」（Økonomi- og Indernrigsministeriet 2018: 4-9)。そこで、「並行社会」（分断された社会、の意味）を回避するために、今後、2030年までに、22の目標に取り組むことが発表された（2018年）。22の目標の大半は、集住地域における老朽化した建築物の改築、他地域への移住の促進、集住地域に継続して居座る人に対する手当の削減など、マイノリティの集住地域を物理的に解体するための強引な提案で占められているが、そのなかには社会統合のためのより具体的な方策、すなわち、就学前教育の前倒しの義務化、多文化化に対応する保育園の設置、0年生時におけるデンマーク語試験の導入など、主流化アプローチに準ずる内容が提案されている（Økonomi- og Indernrigsministeriet 2018: 8)。

　この方針のなかでは、まだボランタリーセクターへの関わりについては言及されていない。しかし、第9章で考察したとおり、デンマーク社会におい

25　デンマークの移民政策については、移民排斥を訴える右派政党であるデンマーク人民党（Dansk Folkeparti）が与党の政権協力に欠かせないパートナーとなって以来、移民に厳しい政策が採択されてきた。2018年5月28日に国営放送DRで報告された記事には、2018年3月に政府が発表した方針「並行社会のない一つのデンマーク：ゲットーをゼロに2030 (Ry Danmark uden paraleelsamfund: Ingen ghettoer i 2030)」に向けて、2019年7月から移民集住地域（デンマーク語でゲットーと呼ぶ）に暮らす1歳児は、週25時間の就学前教育を義務とすることに、両政党が次の点に合意したことが報告されている。DR「政治」記事参照（https://www.dr.dk/nyheder/politik/etaarige-boern-fra-ghettoer-skal-i-dagtilbud-ellers-mister-foraeldre-boernechecken, 2024/7/9参照）。

26　デンマーク経済省発行「並行社会のない一つのデンマーク」（2018年3月刊）（https://oim.dk/media/19035/et_danmark_uden_parallelsamfund_pdfa.pdf, 2024/7/9参照）。

第12章　社会統合における主流化アプローチ　*279*

ても、社会統合の諸策に大きな期待がかかればかかるほど、国家がボランタリーセクターを「活用」しようとする機運も高まり、結果として国家や行政の責務が不当にボランティア団体等に割り当てられ望まない活動が強制されたりする可能性は高い。この意味で、社会統合における主流化アプローチは、ターゲット集団のみを他と区別して取り上げることを回避するため一種のスティグマ化を逃れる方法ではあるものの、同時に、それは「逃げ場のない同化」にも転じやすく、より広範な社会問題につながる可能性は否定できない。

終章　考察と課題

第1節　社会統合はどのように実現されているのか

　本書では、社会統合を鍵概念に、社会政策とその思想的背景との連関について、欧州連合やデンマークにおける生涯学習実践を事例に考察してきた。社会統合という観点から見た場合、生涯学習活動が、どのような役割を担い、どのような特徴を有しているのかを明らかにしたいと考えたためである。そのために、本書では、社会統合とコミュニタリアニズムという二つの鍵概念を用い、次のような二つの視角から考察した。

　第一の視角は、社会統合をめぐる政治思想を検討することであった。これは、第一部を通して行った。リベラル・コミュニタリアン論争以後のコミュニタリアニズム思想が、多文化主義への応用と、共和主義への応用という観点から、社会統合に資する思想となることが分かった。そして、学習の個人化を批判的に検討することで、学習の私事化を抑制する、生涯学習活動が担う役割、すなわち民主的機能や個人的機能（ビースタ）が重要であることを確認した。さらに、コミュニタリアニズムの教育論を概観し、包括的な共通善を上書きするリベラル・ナショナリズムよりも、相互の共通善を肯定するという点で、社会統合のためには有効であることを明らかにした。

　第二の視角は、生涯学習概念を制度との関係において理解することだった。これは、第二部を通して行った。欧州連合のリスボン戦略以降の生涯学習政策では、生涯学習が雇用力と社会的結束を高めるための方法とされた一方、デンマークでは、ワールドクラスの教育を目指すという目標に関連付けられ、多文化化する社会への対応という共通理解がもたらされた。

　これらに加えて、第三部ではボランタリー社会活動の機能について、および、第四部ではデンマークのノンフォーマル教育機関の役割について考察した。その結果、デンマークでは、生涯学習政策において、社会統合を、ノンフォーマル教育機関、公的な成人教育制度、ボランタリーセクターやアソシ

終章　考察と課題　*281*

エーション等、多様なセクターが重層的に対応する方法を採用しているということが明らかとなった。このようなデンマークの生涯学習政策の展開は、一見ばらばらな取り組みに見えるものの、全体としては、主流化アプローチと呼ぶことのできる方法が採用されていることが分かった。

　多文化化する現代デンマーク社会を事例とし、社会統合と生涯学習を考察することで得られた結論は、このような主流化アプローチという方法があるという点である。この方法は、次の三つの点において有効である。

　第一に、福祉国家の再編問題を後景に浮上する社会統合という課題に、ノンフォーマル教育およびボランタリーセクターでの取り組みも含むような、生涯学習実践が意味を持つという点である。教育と訓練の政策に関して、デンマークでは、欧州連合と足並みをそろえながら国内の課題に取り組んでいる。たとえば後期中等教育未修了者への対応は、ガイダンスセンターでの進路指導やキャリアガイダンス、ノンフォーマル教育機関であるダウホイスコーレ（第10章）、公的成人教育制度のほか、移民・難民であれば、統合プログラムや統合基礎教育、そして公的な統合プログラム（補章）が活用される。さらに難民申請中の場合は、一時的に教育や訓練を受ける機会を提供するNGOもある（第11章）。これらは、それぞれの社会に合わせた活動が考えられるが、社会統合という観点からすると、フォーマルな教育機関以外の領域での活動がまた、重要であることが分かる。

　第二に、生涯学習概念を単なる個人の自由な学習活動であるとする理解を超えて、教育と訓練の両方に関わり、社会政策の一環として多様な領域で推進される社会的包摂に寄与するものだという理解が可能になるという点である。欧州連合のリスボン戦略（2000）に典型的であるように、ヨーロッパにおける生涯学習政策は、雇用力を高めるという人材育成の観点と、アクティブ・シティズンシップという社会を形成する市民を育成するという観点の両方が追求されてきた（第4章）。それは、個人化につながるような、個人のニーズに基づく学習を支援する理解とは異なっている（第2章）。生涯学習には、経済的機能、民主的機能、個人的機能の循環がある（ビースタ 2014）。デンマークの事例からは、生涯学習政策が、このような「生涯学習のトライアングル」（ビースタ 2014: 144-145）の想定のもとに、展開されていると理解することが

できる。

　第三に、行政とボランタリーセクターとの協働の仕組みが参照できるという点である。福祉国家制度の成立以前からデンマークでは、種々のアソシエーションが市民社会を形成してきた（コースゴー 1997: 55-88）。社会サービス法第18条には、行政がアソシエーションと「協働する」ことが定められており、それは、行政だけではなく、アソシエーション側も、またボランティア活動をする個人も了解していた（第7章）。アソシエーションやボランティア活動をする個人が「安い労働力」として当てにされずに下請け化問題から逃れられる理由は、この条文が実質的に機能しているからだった（第8章）。さらに、ノンフォーマル教育機関であるダウホイスコーレの事例を見るかぎり、行政とノンフォーマル教育機関の協働は、教育訓練プログラムを展開するなかで、当然の方法となっていることが分かった[1]。公的な成人教育センターだけでなく、社会的企業、ジョブセンターとの協働によって、各校は特徴あるプログラムに取り組むことが出来ている（第10章）。

　現代デンマーク社会を事例に、社会統合と生涯学習について、政策と実践の両面から考察した結果、得られたのは、以上のような理由から、主流化アプローチという方法が選択されているという結論である[2]。

1　第四部で見たように、ダウホイスコーレ等のノンフォーマル教育機関を例にとると、国や自治体の度重なる制度変更に左右されず、教育機関としての役割を果たすことができているのは、行政による直営ではなく独立した民間組織による運営だからだという積極的な側面がある。
2　ただし、デンマーク社会は、多文化化に対応できている理想の社会ではなく、社会統合もその途上にある。本書で特徴的な機能を持つ教育機関として取り上げたノンフォーマル教育機関であるダウホイスコーレも、社会統合の政策において、主たる担い手ではない。学生の修了率、コース終了後の就労状況、カウンセリングの成果、カリキュラムの実効性など、毎年、細部にわたる査察をジョブセンターと自治体から受け、その結果が翌年の予算に反映されるといった仕組みのもとで運営されており、経営基盤は盤石ではない。さらに、難民申請中の外国人に成人学習機会を提供しているNGOトランポリンハウスも、個人による小額の寄付と自主事業を展開しながら期限付き補助金を順番に申請することで、必要なプログラムを維持してきたが、2020年以降のコロナ禍では多くのプログラムが中止においやられ、現在は活動を大幅に縮小している 。いずれもフォーマルな教育機関と比較すると、受け入れている学生数も、展開しているプログラムの量も、ごく限られた実践にすぎない。けれども、このようなノンフォーマル教育機関やNGOなど多様なアソシエーションによる活動が、社会的結束を実質化する実践となっている。

第2節　デンマークの経験は何を示唆するのか

　では、この結論をどのように一般化することができるだろうか。本節では、本書の成果として、次の二つの点を示したい。一つは、社会統合という現代的な課題に対し、社会的結束を実質化する理論的側面および実践的側面から示唆される点である。もう一つは、日本社会への応用という観点から何が示唆されるのかという点である。

2－1　社会的結束を実質化する理論と実践

　まず、第一に、社会的結束を実質化する規範理論としては、リベラル・ナショナリズムではなく、コミュニタリアニズムにその可能性があることが分かった。それは、生涯学習政策を通した社会統合を推進しようとする際に、特に、意味を持つ。一般に、生涯学習の振興そのものは、後期近代においては個人化を促進させる力を持つ。しかし、個人化を、個人化にとどまらせることのない、アソシエーションに橋渡しするような取り組みは、リベラル・ナショナリズムからは導き出されない。リベラル・ナショナリズムは、社会統合をフォーマルな教育を通して実現しようとする規範的な政治思想である。それは、公的領域と私的領域を区別し、自由や平等というリベラリズムの価値は前者であり、自己の源泉となる宗教や文化的慣習など宗教的な価値は後者だとする立場をとる。そして、社会統合のためには、より大きな価値観を共に目指すことで可能だと考える。それに対し、コミュニタリアニズムは、宗教や文化的慣習が、個人のアイデンティティを形成する自己の源泉と見なす。さらに、それは、多様な社会参加の形態によって育成されると考える。イギリスやデンマークにおけるムスリムのコミュニティに属する人々が、自己理解を共通善とするアソシエーションによって隣り合うアソシエーションとの連携が可能であるように、多様な背景を持つ主体が隣り合う共生社会の実現のためには、包摂的な共通善を上書きするリベラル・ナショナリズムではなく、相互の共通善を肯定するコミュニタリアニズムのアプローチが有効である。

第二に、実践的な側面からみたとき、社会的結束を実質化するアプローチとして、多層にわたる生涯学習実践が活用されうるという点である。社会統合にどのような教育論が有効かという議論は、実際には、それぞれの社会の持つ特徴によって大きく異なる。共和制を重視するフランス社会においては言語習得が何よりも重視され（池田 2016: 38-52）、マイノリティの出身文化を尊重するドイツ社会においては宗教教育の方法に課題が残り（木下 2016: 53-71）、イスラムフォビアを契機に 2000 年代以降多文化主義から市民化政策へと移行したオランダではシティズンシップ教育が重視されるなど（吉田 2016: 89-101）決して一律ではない。ただし、デンマーク社会は、約 20 年間、周辺諸国と比べて厳しい移民政策を選択し、流入する難民の数を統制してきた。排外主義的な立場をとり、同質性の高い社会を維持してきたことが、難民申請者が短期間に急増したドイツやスウェーデンと異なり、結果的には、緩慢な進度による統合が可能になっているとも考えられる。生涯学習政策を通したノンフォーマル教育の領域も重視するなど、重層的な実践、すなわち、移民や難民等のターゲット集団にたいし「一般市民を対象とする社会プログラムや社会政策を通してアプローチしようとする」(Jørgensen 2014: 5)、主流化アプローチが、結果として可能となっているのだと考えられる。人の移動が頻繁に起こるグローバル化の影響のもとでは、比較的、同質性の高い社会であっても、社会統合は無視できない現代的課題である。そのような社会にとって、デンマークが実践してきた、ノンフォーマル教育機関も活用する主流化アプローチは、一つの現実的な選択肢となる。

2－2　日本社会への応用

　次に、日本社会への応用については、二つの論点があると考えられる。

　第一に、社会統合という研究カテゴリーの形成という論点である。日本における生涯学習政策研究では、社会統合という課題が直接取り上げられることはほとんどなかった。その理由は、研究領域において、教育と福祉とが厳密に区別されてきたからであり、さらに、社会教育学や生涯学習論においては、政策というよりも、より普遍的な人権教育研究の領域で関連する課題が取り上げられてきた歴史があるからである。たしかに、社会教育学における

終章　考察と課題　*285*

マイノリティ研究の蓄積は厚く（日本社会教育学会編 1995）、近年だけでも多文化共生施策と社会教育施設／生涯学習実践に関する研究として、社会運動、フリースペース、小学校における日本語教育支援、図書館も含めた社会教育施設に関する、横浜市、川崎市および浜松市におけるケーススタディをまとめたもの（矢野編 2007）、あるいは日本の国際化やドイツおよび東欧などヨーロッパの多文化化状況を、アメリカ、カナダ、イギリス、オーストラリア等の移民国家と比べる論考（岩﨑編 2018）がある。ただし、いずれも報告を主とする内容であり、部分的な政策提言にとどまっている。この理由は、日本社会が、移民政策を持たないままに、外国籍住民をその時々の都合で受け入れ、多くの外国籍住民をあくまでも一時的な滞在者であると扱うことで、近年まで、社会統合を社会課題とはみなしてこなかったからだと考えられる（高谷編 2019）。

　日本では、第二次世界大戦後、比較的長期にわたり、外国籍住民として登録されているマイノリティ集団の日本の総人口における割合が、1％を超えることはなかった。しかし 1973 年の石油危機のあと、日本の経済状況が好転すると、徐々に出稼ぎ労働者として短期滞在するニューカマーの外国人が見られるようになった。1970 年代後半にはインドシナ難民が、1990 年の出入国管理及び難民認定法改正により日系ブラジル人らのニューカマーの外国人が定住するようになった。現在、外国籍住民は日本の総人口の 2％を超えている[3]。人口全体からすると少数の割合にとどまっているものの、外国籍住民が集住する都市においては、外国人との共生はすでに日常生活の一部になっている。教育学や社会学の研究のなかには、オールドカマーからニューカマーまでの外国籍住民に寄り添い、彼らの権利と生活支援の必要性を訴える議論は一定の量が見られるが、ホスト社会がどのようにしてマイノリティやニューカマー、社会的に弱い立場にある定住する外国籍住民を受け入れ、隔離や排除のない多文化共生社会を実現できるのかという観点から取り組ま

3　2023 年 6 月の外国籍住民総数は 322 万 3,858 人で日本の総人口に占める割合は 2.6％である（出入国在留管理庁 HP 参照, https://www.moj.go.jp/isa/publications/press/13_00036, 2024/7/9 参照）。

れる社会教育学および生涯学習論に関する調査は、まだ研究の途上にある[4]。

　しかし、グローバル化の進む社会において、多文化化する社会に合わせた対応が必要となると、旧来の枠組みでは不十分である可能性が大きい。本書で、社会統合を生涯学習政策と連関させて検討した理由は、日本社会への応用可能性の点から、とりわけ新自由主義や福祉ショーヴィズムに転じる危険を回避しなければならないと考えたからである。

　近年、日本では格差を容認するような言説が表立って語られるようになっている（ベネッセ教育総合研究所 2018）。また、外国人差別も深刻な状況のままである（安田 2015）。日本はすでに多文化化の進行した社会である。第二次世界大戦前から居住している人やその子孫などの「オールドカマー」に加え、1990 年の出入国管理法改正以降も断続的に労働者に門戸を開放してきた結果、多様な背景を持つ移民や難民から成る「内なる国際化」が進展している[5]。この点を考えると、定住する外国籍住民とともに多文化共生社会を実現する取り組みが、社会教育学および生涯学習論研究のなかで活発に議論さ

4　特別永住者の朝鮮籍を持つオールドカマーと、1980 年代以降に来日したニューカマーの両者を対象に、「国際理解教育」に代わって「多文化共生」という観点から日本政府で社会統合に関連する施策が公式に検討され始めるのは 2001 年になってからである。2001 年外国人が集住する 13 の自治体による外国人集住都市会議以降、2003 年総務省において学齢期にある外国人児童生徒に対する配慮を求める施策が提出されたのち、2005 年 6 月総務省「多文化共生の推進に関する研究会」、2006 年 3 月総務省「多文化共生推進プログラム」が示される。文科省では2007 年以降、外国人児童生徒の教育についての検討会が設置され、2011 年『外国人児童生徒受け入れの手引き』が刊行されるなど、初等教育における受け入れ体制についての検討が近年始まっている。2001 年頃までの断続的な改革に比して、この約 20 年間は数々の政策の停滞が見られる。国レベルで見てみると、初等中等教育において 2014 年になってやっと学校教育法施行規則一部改正により、日本語指導が必要な子どもに対する「特別の教育課程」の編成が、2016年の教育機会確保法制定により、夜間中学が学びの場として認められるなど、児童・生徒を対象とする教育学においては多文化共生が研究対象となっているのに対し、教育、福祉、就労について総合的な対応を検討すべき生涯学習論および成人教育学の領域では、政策立案に向けた調査研究も含め、社会統合に関する関心が低いままにとどまっているように思われる。
5　「内なる国際化」については、日本の場合、在住許可を得たニューカマーに対する日本語教室等の公的成人教育の不備、およびその子弟に対する公的施策の不在が大きな問題となっている（荒牧ほか編 2017）。2017 年の文部科学省の調査によると。公立の小中高校に在籍する外国人の児童生徒のうち、日常生活や授業に支障があり日本ご指導が必要な子どもは、2016 年度 5月の時点で 3 万 4,335 人だったことが報告されており、最も多いのは愛知県で、次いで神奈川県となっている（文部科学省 2017）。

終章　考察と課題　*287*

れる必要があるのではないだろうか。

　第二に、ノンフォーマル教育の可能性という論点である。デンマークの主流化アプローチを実現しているのは、フォーマルな教育機関を通した統合プログラムに加え、ノンフォーマル教育機関、公的な成人教育制度、ボランタリーセクターやアソシエーション等、重層的で多様なセクターだった。このような、欧州連合の生涯学習政策およびその影響のもとに導入されたデンマークの生涯学習政策から判明したのは、多文化共生社会の形成には、公的な支援と並行して非営利組織を中心とする市民社会が必要になるという点である。公式の制度だけでは、教育のパイプラインの「漏れ」となっているかもしれない集団を見落とすかもしれない。また、公的な支援は福祉国家の周縁にいる人を制度上、排除せざるをえない場合もある。社会統合のための多文化主義と共和主義のコミュニタリアニズム的再解釈を検討することで分かったのは、その実質化の過程において、市民社会領域における多様なアソシエーションを想定する必要があるという点だった。これは、日本社会への応用を考える際にも重要な視点であると考える。日本社会は、第2次世界大戦後から、公的社会教育行政を通して、公民館や図書館等、社会教育施設の整備や地域リーダーの育成を通して、地域コミュニティを形成するために継続した努力が払われてきた。生涯学習振興法制定（1990年）以降も、地方政治への参画を促す市民参加のための仕組みが作られ、大きな役割を果たしてきた。現在も、各自治体や市区町村の社会教育行政、公民館や生涯学習センター、NPOやボランティア団体等の諸団体が、生涯学習実践を広く担い、地域コミュニティを形成している。たしかに、デンマークに見られるようなアソシエーションの伝統こそないものの、地域コミュニティに根ざした団体や、社会教育関連団体等、フォーマルな教育機関には組み入れられない様々なコミュニティが各地で草の根の活動を継続してきた。このような社会教育および生涯学習実践における種々の活動は、社会統合という現代的課題に対し、主流化アプローチを担う場合、実は重要なアクターとなりうる可能性を持つのではないだろうか。

第3節　残された課題は何か

　ただし以上の考察からでは判断できない課題も残された。

　第一に、第12章第1節で第一の困難として考察したように、社会統合という欧州連合の社会的課題に対する加盟国デンマークでの対応が、まずは学力問題として表出したことを、後に続く社会がどのように理解すればいいのかについては検討できなかった。OECDの学力テストPISAのスコアを再分析するという、一見するところ客観的な手法により、地方より都市部の、都市部のなかでも郊外の、移民や移民背景を持つ人々が集住する地域におけるスコアの低さが提示された（「PISAコペンハーゲン」）。これはその後、北欧5か国を横断する研究プロジェクトとして継続され、同じテーマについてノルウェー、デンマーク、スウェーデン、フィンランド、アイスランドの教育学者たちが事細かに分析した（Egelund *et al.* 2012）。このような研究が、特定集団に対する冷淡な視線と世論を形成することを促し、逸脱を目立たせる結果となっている傾向について、また、主流化アプローチにおけるフォーマルな教育への応用については、本書では検討できなかった。今後の研究課題としたい。

　第二に、日本の社会統合に向けた政策提言については状況の整理と示唆にとどまり、具体的な方策について言及できなかった。日本では、デンマーク以上に厳しい難民認定基準を採用しており、難民に対する社会的抑圧も大きい。しかし、現実には多くの外国籍住民が日本社会で暮らし、多文化共生社会の形成は喫緊の課題となっている。デンマークのNGOが福祉国家の周縁に位置する難民申請中の人々をも成人教育や職業訓練の対象とできているのは、国際連合のほかに、欧州連合が欧州の域内にある人々に対する基本的人権の保障を提示し加盟国が準じるという政治的枠組みがあるからだった。日本も国際人権規約を1979年に批准しているが、その枠組みだけでは十分ではない可能性も高い。他方で、日本社会には、社会教育実践・生涯学習実践の豊かな積み重ねがある。社会統合のために、ノンフォーマル教育機関やボランタリーセクターも含めた重層的な対応が可能な社会でもある。社会統合

終章　考察と課題　*289*

の観点から有効となる、日本の生涯学習政策に関する具体的な課題設定については今後の研究課題としたい。

　本書は、市民社会のケーススタディとして着手し、あちらこちらに寄り道をしながら 10 年以上続けてきたデンマークに関する研究をまとめたものである。シティズンシップをめぐる議論は、グローバル化が現実のものとなるなかで、ナショナリズムの限界を可視化し、福祉国家の在り方を疑問視するところまで進んできた。異文化を相容れない存在と決めつけ排外主義が暴力を伴って発露される様子に、たじろいでしまうことが多い。切り取られた場面がソーシャルメディアを介して拡散し、政治家を名乗る扇動家が分断を煽る現実に、希望を失いかけることもある。けれども、そのような排外主義の波を見て見ぬ振りをする前にできることはある、と筆者は考える。社会統合のステップを具体的に構想することは、その一つである。本書が、デンマークを事例に、日本社会における多文化化という現代的課題をともに考える際の一助になることを願って、本書を終えたい。

おわりに

　若い頃、交換留学先として出会ったデンマークとの関わりが、思いがけず長く続いている。1980 年代後半当時、北欧はあまりに遠く、南回りの格安航空券を握りしめ、緊張して空港に降り立ったことを覚えている。18 歳の私をホストファミリーの一員として迎え入れてくれたのは、ユラン半島の小さな町スピャルトに住むリンダム家だった。リンダム家の母ユッタさんは、東洋人の私を 4 人姉妹と同じように扱ってくれ、その後も家族ぐるみの親交が続いている。

　2008 年、在外研究で再びデンマークに滞在した際も、真っ先に連絡をとったのはユッタさんだった。20 年ぶりに 4 歳の息子とともにリンダム家を訪れると、家族総出で歓迎してくれた。それから一年間、誰かの誕生日や堅信礼のたびに招待状が届き、異国で孤立しがちな外国人親子の世話を焼いてくれた。リンダム家の 4 姉妹はそれぞれ看護師、人事コンサルタント、運送会社の経営者、保護司として働いている。そして配偶者とともに、地域活動をすすんで引き受けている。地元のマラソン大会を手伝い、収穫祭でソーセージを焼き、運転できる者は近所のお年寄りの送迎を請け負い、馬術大会の警備員を買って出て、町の小さなスケート場でアイスホッケーのコーチを務める。「小さな町だから誰かがやらないとね」と言いながら、互いのスケジュールを頻繁に確認し合い、予定のない週末などないくらい、年じゅう楽しそうに集まっている。実はそのようなボランティア活動が、灰色の厚い雲が垂れ込める長い冬を乗り切り、地方の狭い人間関係を円滑に進める秘訣だと教えてもらったのは、ずいぶんあとになってからのことだった。私にとって、リンダム家の温かさと誠実さは、デンマークの温かさと誠実さそのものだった。

　デンマークの暮らしでもう一つ印象的だったのは、アソシエーションについてである。2 度目の滞在時、コペンハーゲンに引っ越して数週間、仕事のある夫は日本に帰国し、母子の生活が始まった。息子の保育園がまだ決まらなかったので、毎日のように公園や博物館に出かけた。けれども、現地語が分からない 4 歳児は、母親としか話さない毎日に、強い閉塞感を覚えていた

おわりに　*291*

ようだった。何週間ものあいだアパートのチャイムが鳴らない生活に、「今日も、うちには誰も来なかった」と落胆していた。これはまずいと思った私は、大学や日本人会の電子掲示板で、日本語で遊んでくれるプレイメイトを必死に探した。そのようにして出会った親切で頼れる友人の導きで、私たち親子は、コペンハーゲン日本人補習学校に足を踏み入れることになる。その頃、就学前クラスを立ち上げようという動きがあった。集まった10名ほどの父母たちは、実にみごとに自主的な組織を作り上げていた。就学前クラスは、日本では義務教育ではないため、日本政府による正式な支援は得られない。では有志でなんとかしようと、講師を探し、当番を割り振り、月謝を決め、カリキュラムづくりやおやつの手配、当日の鍵当番まであっという間に分担し合い、新学期から就学前クラスがスタートした。「コペンハーゲンかなクラブ」と命名されたこのクラスは、日本につながる在デンマークの人々にとって、現在まで、子どもたちが日本語に触れる貴重な機会となっている。

　社会統合を論じるにあたり、本書でデンマークのアソシエーションそしてボランタリーな社会活動に着目したのは、上のような個人的な経験が反映されている。デンマークの移民政策が、移民や難民としてやってきた人たちを労働市場へ包摂することにとどまらず、社会参画を後押しする理由の一端を体験を通して学んできたという理由が大きい。もちろん、制度に守られた私のような短期滞在者と、他に行く場所がない状況で定住し働き始めなければならない人たちの境遇とを、単純に並べることは決してできない。それでも、入口があれば、その先の世界にたどり着く可能性は高まる。本書で見てきたように、デンマーク社会は、欧州連合の提言を受けながらも国内の問題として社会統合をあつかってきた。多文化化という社会課題を、社会状況に応じ、継続して議論してきた。そして、既存の制度や組織を活用する。もちろん、これがどのくらい同化主義的なのか、本当に誰かの権利を奪っていないのかは常に慎重に点検する必要がある。しかし本書は、1990年代、多文化化という社会課題に対し、多文化主義でよいという楽観的な見通しに変更が迫られたところから始まる葛藤を考察対象としている。移民として暮らし始める人たちの現地語能力、教育水準、失業率の格差が表面化し、それが社会の不安定化につながることが顕在化してくるなかで、外国籍住民の比率が相対的

に低い状況であるうちに、何から始めるべきなのか。この問いに対し、2000年代以降のデンマーク社会は、社会統合に関する議論を福祉国家の再編問題の一部として深めてきた。

　本書で取り上げることができたのは、このような大きな動きの一部にすぎない。それでも、たとえばダウホイスコーレのような「学校」が誰かにとっての入口となっている様子、それを支える団体や制度の枠組が理解できるよう構成したつもりである。なぜなら、社会統合という現代課題については、デンマーク社会でも、あるいはその他の社会でも、市民社会の——実に多様な人たちによるボランタリーな社会活動の——実践なしには不可能だからである。翻って、多文化化が進行する日本社会が、これからどのような方向を目指すのか、その際に生涯学習が何を担うのかについての考察は、今後の研究課題としたい。

　本書は、2023年3月に日本女子大学大学院人間社会研究科に提出した博士論文「社会的統合と生涯学習：多文化化する現代デンマーク社会を事例として」に加筆・修正したものである。大学院に入学するのは二度目だったが、勤務先の仕事と並行しながら、学生として指導を受けられたのは、ただひたすらありがたく、楽しい経験だった。まずは、たいへん多忙なスケジュールのなか、学内の諸規程を調べ、指導教官を引き受け、助言を惜しまず、修了まで導いてくださった田中雅文先生に、心から感謝を申し上げる。田中先生の後押しが、すべてを可能にしてくださった。博士論文の審査を通しては、教育学専攻の先生方にもお世話になった。なかでも、指導と審査を快くお引き受けくださった今井康雄先生、そして田部俊充先生に御礼を申し上げる。報告会のたびに、実に的確なご指摘を、温かな励ましとともに返していただいたことが、論文をまとめる上で道しるべとなった。博士論文の審査の過程では、デンマーク社会思想史研究の第一人者である小池直人先生にも助けていただいた。小池先生の著作や訳書を通して、デンマークの歴史および思想史の深い理解に近づこうと努めてきた筆者にとって得がたい経験だった。同様に、経済思想・社会哲学の先進的な研究を手がける橋本努先生にも、たいへんお世話になった。一度目の大学院在籍時から継続してきた、社会科学の本質的な問いをともに考えるテイラー研究会の存在に、今日まで助けられて

おわりに　293

いる。また、私に社会思想史の知識を授けてくださった、山脇直司先生の学恩にも心から感謝を申し上げたい。山脇先生には、大学時代から一度目の大学院を満期退学するまで長くご指導いただき、社会思想史を現代的課題に引きつけ実践的に考える公共哲学を教えていただいた。

本書に関連する調査では、デンマークの方々にたいへんお世話になった。数々のアソシエーション、フォルケホイスコーレ、ダウホイスコーレ、NGO、大学に属する皆様には、ご自宅で、事務所で、カフェで、食堂で、研究室で、多くの時間を割き、拙い質問に誠実に向き合い、筆者の理解を助けようと資料を提供していただいた。またこれら一連の調査は、Madogucchi の鈴木優美氏なしには不可能だった。2008 年 3 月、サマータイムに切り替わったことに気づかず、約束の時間から 1 時間も遅れてしまった最悪の初対面からすでに 15 年以上が経過した。大遅刻を寛大な心で許してくれたばかりか、それ以降も懲りずに私の調査に何度も同行し、適切な助言を寄せてくださる鈴木氏に、この場を借りてお礼を申し上げたい。

最後に、私の最大の理解者であり支援者である家族に感謝の言葉を記したい。あのとき 4 歳だった息子は、大学生となった。何度も調査につきあってくれてありがとう。そして不在がちな配偶者を支えてくれる夫、野崎武夫にも感謝を伝えたい。いつも足下を照らしてくれてありがとう。

本書は、デンマークの市民社会に関心を寄せ、日本語での学術出版に深い理解を寄せる花伝社の大澤茉実さんのご助力なしには、実現しなかった。大澤さんの編集者としての高い見識と見事な仕事に、感謝の意を伝えたい。

2024 年 9 月

坂口　緑

＊本研究は JSPS 科研費（18K02317, 19K02489, 22K02272）および 明治学院大学社会学部付属研究所一般プロジェクト（2009, 2010, 2014, 2016, 2023）の助成を受けたものです。また、本書の刊行にあたっては、明治学院大学学術振興基金補助金の助成を受けています。

参考文献一覧

注：参考文献一覧は、著者（編者、監修者）のラストネームをアルファベット順に記載している。

Abbey, Ruth, 2001, Charles Taylor, Princeton University Press.

安達智史, 2013,『リベラル・ナショナリズムと多文化主義：イギリスの社会統合とムスリム』勁草書房.

Ager, Alastair, Alison Strang, 2008, Understanding Integration: A Conceptual Framework, Journal of Regugee Studies, Vol. 21, Issue 2, pp.166-191.

Ahonen, Pertti, 2001, Soft Governance: Agile Union? Analysis of the Extensions of Open Coordination in 2000, EIPA, Maastrich, 18. April.

赤枝尚樹, 2011,「都市は人間関係をどのように変えるのか：コミュニティ喪失論・存続論・変容論の対比から」,『社会学評論』62（2）, pp.189-206.

赤尾勝己, 1998,『生涯学習社会の社会学』, 玉川大学出版部

―――, 2009,『生涯学習社会の可能性：市民参加による現代的課題の講座づくり』, ミネルヴァ書房.

―――, 2012,『新しい生涯学習概論：後期近代社会に生きる私たちの学び』, ミネルヴァ書房.

Alheit, Peter, 2002, On a Contrary way to the 'Learning Society', in: Richard Edwards, Nod Miller, Nick Small, Alan Tait (eds.,), Making Policy Work: Supporting Lifelong Learning, Routledge, pp.30-49.

網谷龍介, 2009,「ヨーロッパ型デモクラシーの特徴」網谷龍介・伊藤武・成廣孝編『ヨーロッパのデモクラシー』ナカニシヤ出版, pp.1-23.

ベント R. アナセン, 2006, 平林孝裕訳「デンマーク社会福祉の道」, 浅野仁, 牧野正憲, 平林孝裕編著『デンマークの歴史・文化・社会』創元社, pp.104-113.

Andersen,Gosta Esping, 1990, The three worlds of welfare capitalism, Basil Blackwell, 岡沢憲芙, 宮本太郎監訳, 2001,『福祉資本主義の三つの世界』ミネルヴァ書房.

―――,2009, The Imcomplete Revolution: Adapting Women's New Roles, Polity Press, 大沢真理監訳, 2022,『平等と効率の福祉革命：新しい女性の役割』岩波書店.

Andersen, Lars, 2009, De Unge Falder fra Erhvervsuddannelserne I Tusindvis, Arbejderbevaegelsens Erhvervsraad, Aug 31, p.2.

Anderson, Sally, 2008, Civil Sociality: Sport and Cultural Policy in Denmark, IAP.

青木真理・谷雅泰・三浦浩喜, 2007a,「デンマークの進路指導について」『福島大学地域創造』第 19 巻第 1 号, pp.96-106.

―――, 2007b,「デンマークの若者支援」『福島大学地域創造』第 20 巻第 2 号, pp.40-56.

——, 2009,「デンマークのガイダンスシステムについて」『福島大学総合教育研究センター紀要』第 7 号 , pp.67-74.

Apeldoorn, Bastiaan van, 2009, Contradictions and limits of neoliberal European governance, Palgrave Macmillan.

荒牧重人・榎井縁・江原裕美・小島祥美・志水宏吉・南野奈津子・宮島喬・山野良一編 , 2017,『外国人の子ども白書』明石書店 .

Arthur, James, 2000, Schools and Community, Routledge, London.

——, 2011, Personal Character and Tomorrow's Citizens: Student Expectations of their Teachers, International Journal of Educational Research, Vol.50 No.3, pp.184-189.

朝野賢司・生田京子・西英子・原田亜紀子・福島容子 , 2005,『デンマークのユーザー・デモクラシー』新評論 .

朝野賢司 , 2015,「ユーザー・デモクラシーを支える地方分権型行財政システム」, 朝野賢司・生田京子・西英子・福島容子・原田亜紀子編著,『デンマークのユーザー・デモクラシー : 福祉・環境・まちづくりからみる地方分権社会』新評論 , pp.3-33.

浅野仁・牧野正憲・平林孝裕 (編) 2006,『デンマークの歴史・文化・社会』創元社 .

Atkinson, Rob, Simin Davoudi, 2000, The Concept of Social Exclusion in the EU: Context, Development and Possibilities, Journal of Common Market Studies, Vol.38, pp.427-448.

アイザイア・バーリン , 1958=2000, 小川晃一訳『自由論』みすず書房 .

Bang, Henrik P., Eva Sørensen, 1999, The Everyday Maker: A New Challenge to Democratic Governance, Administrative Theory & Praxis, Vol.21, No.3, pp.325-341.

Bang, Henrik P., Richard C. Box, Anders Peter Hansen, Jon Jay Neufeld, 2000, The State and the Citizen: Communitarianism in the United States and Denmark, Administrative Theory & Praxis, Vol.22, No.2, pp.369-390.

Barber, Benjamin R., 1984, Strong Democracy, University of California Press, 竹井隆人訳, 2009, 『ストロング・デモクラシー』日本経済評論社.

——, 1992, An Aristocracy for Everyone, Oxford University Press

——, 1998, A Place for Us, Hill and Wang, 山口晃訳, 2007, 『〈私たち〉の場所』慶応大学出版会.

Barry, Brian, 2001, Culture and Equality: An Egalitarian Critique of Multiculturalism, Harvard University Press.

ジグムント・バウマン , 2001=2008, 澤井敦・菅野博史・鈴木智之訳『個人化社会』青弓社 .

ウルリヒ・ベック , 1986=1998, 東廉・伊藤美登里訳『危険社会』法政大学出版局 .

Bell, Daniel, 2001, Communitarianism, Stanford Encyclopedia of Philosophy, https://plato.stanford.edu/entries/communitarianism/, 2023/3/11 アクセス.

Bellamy, Richard, Dario Castiglione, 2013, The Normative Challenge of a European Polity: Cosmopolitan and Communitarian Models Compared, Criticized and Combined, in: Andreas Føllesdal & Peter Koslowski eds., Democracy and the European Union, Springer, pp.254-284.

ベネッセ教育総合研究所, 2018, 「朝日新聞社共同調査学校教育に対する保護者の意識調査 2018」, ベネッセ教育総合研究所 HP.（https://berd.benesse.jp/shotouchutou/research/detail1.php?id=5270, 2023/3/11 アクセス）.

バンジャマン・コンスタン, 2020, 堤林剣・堤林恵訳『近代人の自由と古代人の自由・征服の精神と簒奪他一編』岩波文庫.

ガート・ビースタ, 2014, 上野正道・藤井佳世・中村（新井）清二訳『民主主義を学習する：教育・生涯学習・シティズンシップ』勁草書房.

Bjerknes, Gro, Tone Bratteteig, 1995, User Participation and Democracy: A Discussion of Scandinavian Research on System Development, Scandinavian Journal of Unformation Systems, Vol.7, Issue1, pp.1-25.

Boje, Thomas P., 2008, Den Danske Frivilige Nonprofit Sector I Komparativt Perspektiv, in Det frivillige Danmark. Odense:Syddansk Universitetsforlag. SS.179-201.

Boje, Thomas P., Bjarne Ibsen (eds.), 2006, Frivillighed of nonprofit i Danmark, SFI.

Boje, Thomas P., Torben Fridberg, Bjarne Ibsen(eds.), 2006, Den Frivillige Sektor i Danmark, SFI.

Bondebjerg, Ib, Peter Madsen (eds.), 2009, Media, Democracy and European Culture, The University of Chicago Press.

C. ボルザガ, J. ドゥフルニ編, 2004, 内山哲朗・石塚秀雄・柳沢敏勝訳『社会的企業：雇用・福祉の EU サードセクター』日本経済評論社.

Christiansen, Gunvor, 2008, Frivilligt Arbejde, Etniske Minoriteter og Integration, in Det frivillige Danmark. Odense: Syddansk Universitetsforlag, SS.77-92.

Council of Europe, 2007, Report of the High Level Task Force on Social Cohesion in the 21st century.

バーナード・クリック, 2011, 関口正司・大河原伸夫・岡崎晴樹・施光恒・竹島博之・大賀哲訳『シティズンシップ教育論：政治哲学と市民』法政大学出版会.

Danish Ministry of Education, 2007, Denmark's strategy for lifelong learning: Education and lifelong skills upgrading for all, Danish Ministry of Education, Department of Adult Vocational Training, Division for lifelong learning.

Danish Immigration Service and Statistics Denmark, 2005, Statistical Overview, Statistics Denmark.

Danmarks Statistik, 2015, Indvandrere i Danmark, Danmarks Statistik.

———, 2017, Statistical Yearbook 2017.

Delors, Jacque, 1996, Learning: the treasure within: report to UNESCO of the International Commission on Education for the Twenty-first Century, UNESCO.

Drucker, Peter F., 1969, The Age of Discontinuity; Guidelines to Our Changing Society, Harper and Row.

Dumm, Thomas L., 1996, Michel Foucault and the Politics of Freedom, Thousand Oaks: Sage.

EACEA, 2014, Building Learning Societies: Promoting the Validation on Non-Formal and Informal learning, Final Report.

―――, 2018, Eurydice Brief: Citizenship Education at School in Europe 2017.

江淵一公, 1985, 「多民族社会の発展と多文化教育」小林哲也・江淵一公編『多文化教育の比較研究』九州大学出版会, pp.2-38.

Ecclestone, Kathryn, 2009, Lost and Found in Transition: Educational implications of concerns about 'identity', 'agency', and 'structure', in: Researching Transitions in Lifelong Learning, pp.9-27.

Egelund, Niels (eds.), 2012, Northern Lights on PISA 2009: focus on reading, Nordic Council of Ministers, TemaNord 2012: 501, Scanprint asp.

Ehlers, Søren, 2006, Milestones: Towards lifelong learning systems, Danmarks Paedagogiske Universitets Forlag.

エリク・H・エリクソン, 1968=2017, 中島由恵訳『アイデンティティ：青年と危機』新曜社.

Ersbøll, Eva, 2010, On Trial In Denmark, in: A Re-definition of Belonging?, pp.105-150.

―――, 2015, Report on Citienship Law: Denmark, in: EUDO Citizenship Observatory, Eruropean University Institute, Florence, pp.1-49.

Etzioni, Amitai, 1993, The Spirit of Community, Touchstone.

―――, 1996, The Community of Communities, The Washington Quarterly, pp.127-138.

―――, 1998, The Essential Communitarian Reader, Rowman & Littlefield Publishers.

―――, 2014, Communitarianism revisited, Journal of Political Ideologies, pp.241-260.

Euroguidance Denmark, 2014, Guidance in Education: the Educational Guidance System in Denmark.

European Commission, 1992, Towards a Europe of Solidarity: Intensifying the Fight against Social Exclusion, Brussels: Europe Commission.

―――, 1994, White Paper on Growth, Competitiveness, Employment: the challenges and ways forward into the 21st century, Brussels: Europe Commission.

―――, 1995, White Paper on Education and Training, Teaching and Learning: Toward a learning society, Brussels: Europe Commission.

―――, 1997, Toward a Europe of Knowledge, Brussels: Europe Commission.

―――, 1999, Commission from the Commission, Proposal for Member States Employment Policies, Brussels: Europe Commission.

―――, 2001, Making a European area of lifelong learning a reality, Brussels: European Commission.

―――, 2004, Education & Training 2010: The Success of the Lisbon Strategy Hinges on Urgent Reform, Brussels: Europe Commission.

―――, 2005, Citizenship Education at School in Europe, Eurydice, Brussels: Europe Commission.

————, 2006, Main Policy Initiatives and Outputs in Education and Training Since the year 2000, Brussels: Europe Commission.

————, 2007a, Cohesion Policy 2007-2013: Employment and social inclusion Statistics, Brussels: Europe Commission.

————, 2007b, Cohesion Policy 2007-2013: Education and training Statistics, Brussels: Europe Commission.

————, 2008, Grundtvig, Adult education, Mobility Creates Opportunities: European Success Stories, Brussels: Europe Commission.

————, 2009, Education & Training 2020, Brussels: Europe Commission.

————, 2010a, Communication from the Commission: Europe 2020, A Strategy for Smart, Sustainable and Inclusive Growth, Brussels: Europe Commission.

————, 2010b, Grundtvig Tenth Anniversary Conference: European Cooperation in Adult Leaning-Shaping Future, Final Report, Brussels: Europe Commission.

————, 2012a, Education & Training 2020 revised, Brussels: Europe Commission.

————, 2012b, European Higher Education Area in 2012: Bologna Process Implementation Report, Brussels: Europe Commission.

Eurydice, 2004, Integrating Immigrant Children into Schools in Europe, Brussels: Europe Commission.

Evance, Norman, 2003, Making sense of Lifelong Learning, Routledge Falmer.

Evers, Adalbert, J.L. Laville, 2005, The Third Sector in Europe, Edward Elgar: Cheltenham.

Fernandez, Christian, Kirsten Kriegbaum Jensen, 2017, The Civic Integrationist Turn in Danish and Swedish School Politics, Comparative Migration Studies, Vol.5, No.5, pp.1-20.

ヨハン・ゴットリープ・フィヒテ, 1808=1988, 大津康訳『ドイツ国民に告ぐ』岩波文庫.

Field, John, 2000, Lifelong Learning and the New Educational Order, Trentham Books, 矢野裕俊・埋橋孝文・赤尾勝己・伊藤知子訳, 2004,『生涯学習と新しい教育体制』, 学文社.

————, 2005, Social Capital and Lifelong Learning, Polity Press, 矢野裕俊・立田慶裕・赤尾勝己・中村浩子訳, 2011,『ソーシャルキャピタルと生涯学習』, 学文社.

Field, John, Jim Gallacher, and Robert Ingram, 2009, Researching Transitions in Lifelong Learning, Routledge, pp.1-6.

Fraser, Elizabeth, 1999, The Problems of Communitarian Politics: Unity and Conflict, Oxford University Press.

ナンシー・フレイザー, 2003,『中断された正義』仲正昌樹監訳, 御茶の水書房.

Fridberg, Torben, Andres Rosdahl, Vivika Halapuu, Aune Valk, 2015, Adult Skills in the Nordic Region: Key Information-Processing Skills Among Adults in the Nordic Region, Nordic Ministerråd.

藤村正之・浅野智彦・羽渕一代編, 2016,『現代若者の幸福』恒星社厚生閣.

福原宏幸, 2007,「社会的排除／包摂論の現在と展望」, 福原宏幸編『社会的排除／包摂と

社会政策』法律文化社, pp.11-39.

Fyfe, Nicholas R., 2005, Making Space for "Neo-Communitarianism"? The Third Sector, State and Civil Society in the UK, Antipode, Vol.37, No.3, pp.536-557.

Geiger, Tinne, Karen Lund, 2010, Integration gennem voksen- og efteruddannelse, Landerapport Danmark, TemaNord, Det Nordiske Samarbejde.

Giddens, Anthony, 1991, Modernity and Self-identity, Cambridge, Polity Press.

アンソニー・ギデンズ, 2006=2012, 松尾精文・小幡正敏・西岡八郎・立松隆介・藤井達也・内田健訳『社会学第五版』而立書房.

Gilliam, Laura, Lene Kuhle, 2014, Muslimske børn i den 'sekulære' danske folkeskole, Tidsskrift for Islamforskning, Vol.8.No.2, SS.1-16.

Gilroy, Paul, 1987, There Ain't No Black in the Union Jack…The Cultural Politics of Race and Nation, Hutchinson.

―――, 2004, After Empire: Multicultural or Postcolonial Melancholia?, Routledge.

Goodman, Sara Wallace, 2014, Immigration and Membership Politics in Western Europe, Cambridge & New York: Cambridge University Press.

Gorard, Stephen, Gareth Rees (eds.), 2002, Creating a Learning Society? : Learning careers and policies for lifelong learning, The Polity Press.

Gordon, Milton, 1964, Assimilation in American Life, Oxford University Press.

Griffin, Colin, 2009, Policy and Lifelong Learning, in: Peter Jarvis (ed.), The Routledge International Handbook of Lifelong Learning, Routledge, pp.261-270.

Grubb, Ane, Lars Skov Henriksen, 2019, On the Changing Civic Landscape in Denmark and its Consequences for Civic Action, Voluntas, Vol.30, pp.62-73.

Grubb, Ane, 2016, Vi skal bare hjaelpe og spise chokoladekiks: En kvalitativ undersøgelse af unge frivilliges deltagelse i en ikkemedlemsbaseret, digitalt koordineret organiseringsform af frivilligt socialt arbejde, Ph.D. Dissertation. Aalborg: Aalborg University Press.

Gundelach, Peter, Lars Torpe, 1997, Social reflexivity, democracy and new types of citizen involvement in Denmark, In J.W. van Deth (Ed.), Private groups and public life: Social participation and political involvement in representative democracies, pp.47-63, London: Routledge.

Gundelach, Peter, 2006, Solidaritet som socialdemokratisk vision?, Økonomi & Politik. 79:3:51-65.

―――, 2007, Etniske gruppers værdier: Baggrundsrapport fra Tænketanken om udfordringer for integrationsindsatsen i Danmark, Ministeriet for Flygtninge, Indvandrere og Integration.

Haarder, Bertel, 2005, Fremtidens pris, in : Alex Heick (ed.) Danmark på vej mod år 2020, Tidernes Skifter.

橋本伸也, 2013,「近現代世界における国家・社会・教育」, 広田照幸・橋本伸也・岩下誠

編『福祉国家と教育』昭和堂, pp.3-76.

橋本淳（編著）1999,『デンマークの歴史』創元社.

Hasselbach, Ole, 2001, Foreningsret, Jurist og Økonomforbundets Forlag.

Hedetoft, Ulf, 2006, Denmark: Integrating Immigrants into a Homogeneous Welfare State, November 1., Migration Information Source. (https://www.migrationpolicy.org/article/denmark-integrating-immigrants-homogeneous-welfare-state, 2022.10.22閲覧)

Hegland, Tore Jacob, 1994, Fra De Tusind Blomster Til En Malrettet Udvikling: En Beskrivelse Og Analyse Af Forsgs- Og Udviklingsarbejdets Rolle Inden for Dansk Social- Og Velfrdspolitik Fra 1970'erne Til 1990'erne, Aalborg:Aalborg Universitet.

―――, 1996, Pilot and Development Work as Change Strategies within Social and Welfare Politics in Denmark, Aalborg Universitetscenter.

Henson, James W., Alexander W. Astin, 1978, The Minority Pipeline: Minorities at Different Educational Transition Points, New Directions for Higher Education, No.23, pp.41-46.

クリスチャン森本ヘアマンセン, 2006, 森本典子訳「デンマークの外国人と言語政策」浅野仁・牧野正憲・平林孝裕編『デンマークの歴史・文化・社会』創元社, pp.146-151.

Herz, Marcus, 2016, Then we offer them a new project: The production of projects in social work conducted by civil society in Sweden, Journal of Civil Society, 12(4), pp.365–379.

樋口明彦, 2004,「現代社会における社会的排除のメカニズム：積極的労働市場政策の内在的ジレンマをめぐって」『社会学評論』第 55 号（1）pp.2-18.

樋口信也, 1993,「多文化主義がもたらした『新しいオーストラリア』に関する考察」『比較教育学研究』No.19, pp.67-77.

広田照幸・橋本伸也・岩下誠編, 2013,『福祉国家と教育』昭和堂

廣澤孝之, 2012,「福祉国家再編をめぐる政策原理」『福岡大学法学論叢』第 57 巻第 2 号, pp.187-210.

北欧留学センター, 2022,『Folkehøjskole に行こう』ビネバル出版.

Holford, John, Ruud van der Veen, 2003, Lifelong learning, governance and active citizenship in Europe, University of Surrey.

Holman, A.H., 1909=1913, 那須皓訳『国民高等学校と農民文明』同志社.

本田由紀, 2008,『軋む社会』双風社.

アクセル・ホネット, 2003,『承認をめぐる闘争』山本啓・直江清隆訳, 法政大学出版局.

Horst, Christian, 2016, Educational Responses to Ethnic Complexity in Education: Experiences from Denmark, in: Josepho Lo Bianco, Aydin Bal (eds.), Learning from Difference: Comparative Accounts of Multicultural Education, Multilingual Education, vol.16, Springer, Cham., pp.69-98.

Hoskins, Bryony, 2009, Measuring Active Citienship, in: Social Indicatoes Research, Vol.90, No.3, pp.459-488.

Hozjan, Dejan, 2009, Key Competences for the Development of Lifelong Learning in the European Union, in: European Journal of Vocational Training, No.46, pp.196-207.

Hutchins, Robert M., 1968, The Learning Society, Penguin Books.

Ibsen, Bjarne, Thoms P. Boje, Torben Fridberg(eds.), 2008, Det Frivillige Danmark, Syddansk Universitetsforlag.

市野川容孝・小川有美, 2009, 「北欧神話？　グローバリゼーションと福祉国家」『オルタ』7／8月号, pp.8-15.

飯田文雄, 2020, 『多文化主義の政治学』法政大学出版局.

池田賢市, 2016, 「フランス共和主義のなかの外国人教育政策の課題」園山大祐編『岐路に立つ移民教育』ナカニシヤ出版, pp.38-52.

今田高俊, 2010, 「リベラル・コミュニタリアン論争を超えて」『社会学史研究』第32号 2010年, pp.3-14.

今西幸蔵, 2010, 「生涯学習ガイドラインの可能性」『日本生涯教育学会年年報』第31号, pp.195-202.

井上達夫, 1999, 『他者への自由：公共性の哲学としてのリベラリズム』創文社

井上昌幸, 2010, 「生涯学習ガイドラインの必要性とその備えるべき性格」『日本生涯教育学会年年報』第31号, pp.187-194.

乾彰夫・本田由紀・中村高康編, 2017, 『危機の中の若者たち』東京大学出版会.

乾彰夫, 2013, 『高卒5年どう生き、これからどう生きるのか』大月書店.

石川晃弘・竹内郁郎・濱嶋朗編, 2005, 『社会学小辞典』有斐閣.

石川涼子, 2008, 「カナダにおける多文化主義のユニナショナル・モデルとマルチ・ナショナルモデル：現代政治理論からの検討」『カナダ研究年報』(28), pp.49-55.

―――, 2010, 「文化の承認と公共性」, 齋藤純一編『公共性の政治理論』ナカニシヤ出版.

石川真作, 2012, 「『移民国家』ドイツの社会空間」石川真作・渋谷努・山本須美子編『周縁から照射するEU社会』世界思想社, pp.151-173.

伊藤亜希子, 2006, 「就学前教育における異文化間教育の構想に関する一考察：ドイツ・ビーレフェルト市の構想を事例として」『国際教育文化研究』第6号, pp.69-80.

―――, 2007, 「ドイツにおける移民支援機関の設立とその社会的背景」『国際教育文化研究』第7号, pp.49-60.

―――, 2017, 『移民とドイツ社会をつなぐ教育支援』九州大学出版会.

岩﨑正吾編, 2018, 『多文化・多民族共生時代の世界の生涯学習』学文社.

岩田克彦, 2015, 「デンマークの障害者雇用就業政策」『社会政策』第6巻第2号, pp.63-76.

伊豫谷登士翁・齋藤純一・吉原直樹, 2013, 『コミュニティを再考する』平凡社新書.

Jakobsen, Vibeke, Anika Liversage, 2010, Køn og etnicitet I uddannelsessystemet, Litteraturstudier og registerdata, Det Nationale Forskningscenter for Velfærd, SFI, København.

Jarvis, Peter, 2009, The EU and Lifelong Learning Policy, in: Peter Jarvis (ed.), The Routledge International Handbook of Lifelong Learning, Routledge, pp.271-280.

Jensen, Peter Rasmussen, Astrid Würts, 2008, Immigrant and Native Children's Cognitive Outcomes and the Effect of Ethnic Concentration in Danish Schools, University Press of Southern Denmark.

Jensen, Kristian Kriegbaum, Per Mouritsen, 2015, The Politics of Citizenship Education in Denmark, Draft version presented at the workshop, The Civic Turn.

Jenson, Jane, 1998, Mapping Social Cohesion: The State of Canadian Research, Canadian Policy Research Inc.

自治体国際化協会, 1997, 『デンマークの地方行財政制度』財団法人自治体国際化協会.

Joppke, Christian, 2007a, Beyond national models: Civic integration policies for immigrants in Western Europe, West European Politice, Issue1, pp.1-22.

―――, 2007b, Transformation of Immigrant Integration: Civic Integration and Antidiscrimination in the Netherlands, France, and Germany, World Politics, Volume 59, Issue 2, pp.243-273.

―――, 2008, Comparative Citizenship: A Restrictive Turn in Europe?, Law & Ethnics of Human Right, Volume 2, Issue 1, pp.1-41.

―――, 2010, Citizenship and Immigration, Cambridge University Press, 遠藤乾・佐藤崇子・井口保宏・宮井健志訳, 2013, 『軽いシティズンシップ』岩波書店.

Jørgensen, Martin Bak, 2014, Decentralising Immigrant Integration, MPI Europe, pp.1-26.

Jug, Jurij, Franz Pöggeler eds., 1996, Democracy and adult education: Ideological changes and educational consequences, P.Lang.

梶田孝道, 2006, 「多文化主義から社会統合へ：欧州の移民政策の変容」『月刊自治フォーラム』第 561 号, pp.16-22.

Kapoor, Kawaljeer, Vishanth Weeakkody, Antonius Schroeder, 2018, Social innovation for social cohesion in Western Europe: success dimensions or lifelong learning and education, Innovation: The European Journal of Social Science Research, Vol.31, No.2, pp.189-203.

Karpov, Alexander O., 2016, Education in the Knowledge Society: Genesis of Concept and Reality, International Journal of Environmental & Science Education, Vol.11, No.16, pp.9949-9958.

加藤壮一郎, 2011, 「デンマークのフレキシキュリティと知識経済の関係性フレキシキュリティ概念とデンマーク・モデルの検討をとおして」『経済科学論究』第 8 号, pp.117-128.

Keading, Michael, Torsten J.Selck, 2005, Mapping Out Political Europe: Coalition Patterns in EU Decision-Making, International Political Science Review, Vol.26, No.3, pp.271-290.

木戸裕, 2001, 「EU 統合とヨーロッパ教育の課題」『比較教育学研究』第 27 号, pp.68-79.

―――, 2009, 「ヨーロッパの高等教育改革とラーニングアウトカム」『比較教育学研究』第 38 号, pp.159-171.

木戸芳子, 2017, 「移民のためのドイツ語教育：統合コースとドイツ語試験」『東京音楽大学研究紀要』第 40 巻, pp.29-53.

紀平英作, 2017,『ニュースクール』岩波書店.

菊池理夫, 2004,『現代のコミュニタリアニズムと「第三の道」』風行社.

Kim, Catherine Y., Daniel J. Losen, Damon T. Hewitt, 2010, The School-to Prison Pipeline: Structuring Legal Reform, New York University Press, New York.

木下江美, 2016,「移民の子どもの教育からみるドイツの統合と多文化社会」園山大祐編『岐路に立つ移民教育』ナカニシヤ出版, pp.53-71.

小林正弥・菊池理夫, 2012,『コミュニタリアニズムのフロンティア』勁草書房.

コリン・コバヤシ編, 2003,『市民のアソシエーション』太田出版.

Koch, H., 1943, Grundtvig, Nordisk Forlag, 2008, 小池直人訳『グルントヴィ』風媒社.

ハル・コック, 2004, 小池直人訳『生活形式のデモクラシー』花伝社.

小池直人, 1999,『デンマークを探る』風媒社.

———, 2005,『デンマークを探る改訂版』風媒社.

———, 2017,『デンマーク共同社会の歴史と思想』大月書店.

小池直人・西英子, 2007,『福祉国家デンマークのまちづくり』かもがわ出版.

児美川孝一郎, 2007,『権利としてのキャリア教育』明石書店.

小峰敦編, 2006,『福祉国家の経済思想：自由と統制の統合』ナカニシヤ出版.

近藤康史, 2008,『個人の連帯』勁草書房.

オヴェ・コースゴー・清水満, 1993,『「フォルケホイスコーレ」の世界』新評論.

Korsgaard, Ove, 1997, Kampen om lyset, Nordisk Forlag, 1999, 川崎一彦監訳『光を求めて』東海大学出版会.

小山晶子, 2015,「非EU市民の受け入れ方」臼井陽一郎編『EUの規範政治』ナカニシヤ出版, pp.233-249.

久野弘幸, 2004,『ヨーロッパ教育・歴史と展望』玉川大学出版部.

黒田学編, 2016,『ヨーロッパのインクルーシブ教育と福祉の課題』クリエイツかもがわ.

黒川みどり, 1999,『異化と同化の間：被差別部落認識の軌跡』, 青木書店.

Kuusipalo, Paula, Hanna Toiviainen, and Pirkko Pitkänen, 2021, Adult Education as a Means to Social Inclusion in Nordic welfare States: Denmark, Finland and Sweden; in: Natasha Kersh, Hanna Toivianen, Pirkko Pitkänen, George K. Zarifis, Eds., Young Adults and Active Citizenship: Towards Social Inclusion through Adult Education, Springer, pp.103-120.

Kwon, In Tak, Junghwan Kim, Doo Hun Lim, Becoming a Lifelong Learning City: Lessons from a provincial city in South Korea, UNESCO Institute for Lifelong Learning, 2015, The Republic of Korea National CONFINTEA VI Reports.

Kymlicka, Will, 1995, Multicultural Citizenship, Oxford, Oxford University Press, 1998, 『多文化時代の市民権』角田猛之・山崎康仕・石山文彦訳, 晃洋書房.

———, 2002, Contemporary Political Philosophy: An Introduction. Second Edition, Oxford University Press, 2005,『新版 現代政治理論』千葉真他監訳, 日本経済評論社.

———, 2003, Book Review: Liberal and Illiberal Nationalisms, Democratization, Vol.10(3), pp.199-201.

————, 2015, Solidarity in Diverse Societies: Beyond Neoliberal Multiculturalism and Welfare Chauvinism, Comparative Migration Studies, Vol.3, pp.1-17.

Lawn, Martin, Sotiria Grek, 2012, Europeanizing Education: Governing a New Policy Space, Symposium Books.

Lehmann, Christian, 2010, Skoleeftersyn sker i blinde, Information, Jan. 5.

Levinsen, Klaus, Melene Thøgersen, Bjarne Ibsen, 2011, Institutional Reform and voluntary Associations, The Voluntary Sector in Nordic Countries, The Civil Society Forum: Bergen.

Lie, Svein, Pirjo Linnakylä, Astrid Roe (eds.), 2003, Northern Lights on PISA: Unity and Diversity in the Nordic Countries in PISA 2000, Department of Teacher Education and School Development, University of Oslo.

Longworth, Norman, 2006, Learning Cities, Learning Regions, Leraning Communities, Routledge.

Lorentzen, Håkon, Lars Skov Henriksen, 2013, The invention and institutionalization of volunteer centers: A comparative analysis of Norway and Denmark, Nonprofit and Voluntary Sector Quarterly, 43(3), pp.589-608.

Ludvigsen, Sten, Guri A. Nortvedt, Anderas Pettersen, Astrid Pettersson, Samuel Sollerman, Ragnar F. Ólafsson, Matti Taajamo, Joakim Caspersen, Peter Nyström, Johan Braeken, 2016, Northern Lights on PISA and TALIS, Nordic Council of Ministers.

McCrudden, Christopher, 2008, Human Dignity and Judicial Interpretation of Human Rights, European Journal of International Law, pp.655-724.

Mactaggart, F., 2004, Strength in Diversity: Toward a Community Cohesion and Race Equality Strategy, London: Home Office.

Madsen, Per Kongshøj, 2016, Labour market integration of asylum seekers and refugees, Directorate-General for Employment, Social Affairs and Inclusion European Employment Policy Observatory, European Commission.

牧野正憲, 2006,「連合から覇権争いへ」, 浅野仁, 牧野正憲, 平林孝裕編著『デンマークの歴史・文化・社会』創元社, pp.21-44.

Maple, Sue A., Frances K.Stage, 1991, Influences on the Choice of Math/Science Major by Gender and Ethnicity, in American Educational Research Journal, Vol.28, Issue 1, pp.37-38.

Marshall, T.H., Tom Bottomore, 1950, Citizenship and Social Class, Pluto Press, 岩崎信彦・中村健吾訳, 1993, 『シティズンシップと社会的階級』法律文化社.

丸山英樹, 2016, 『トランスナショナル移民のノンフォーマル教育：女性トルコ移民による内発的な社会参画』明石書店.

松元雅和, 2007, 『リベラルな多文化主義』慶應義塾大学出版会.

松岡廣路・松橋義樹・鈴木眞理, 2015,『社会教育の基礎：転形期の社会教育を考える』学文社.

Meer, Nasar, Tariq Modood, 2009, The Multicultural State We're In: Muslims, 'Multicultural' and the 'Civic-Re-balancing'of British Multiculturalism, Political Studies, Vol.57, pp.273-297.

Mejding, Jan, Astrid Roe (eds.), 2006, Northern Lights on PISA 2003: a reflection from the Nordic countries, Nordic Council of Ministers, TemaNord 2009:547, Scanprint asp.

Mikelatou, Angeliki, Eugenia Arvantis, 2018, Social inclusion and active citizenship under the prism of neoliberalism: A critical analysis of the European Union's discourse of lifelong learning, Educational Philosophy and Theory, Vol.50, No.5, pp.499-509.

Mikkelsen, Brian, 2004, National Kulturkanon: Kulturarven er truet, Jyllands-Posten, 21 December 2004, p.8.

Milana, Marcella, Tore Bernt Sørensen, 2009, Promoting Democratic Citizenship Through Non-Formal Adult Education: The Case of Denmark, Scandinavian Journal of Educational Research, Vol.53, No.4, pp.347-362.

Milana, Marcella, Anne Larson, 2009, Becoming Adult Educators in the Nordic-Baltic Region, NORDPLUS.

デイビッド・ミラー, 1995=2007, 富沢克・施光恒・竹島博之訳『ナショナリティについて』風行社.

三浦浩喜・谷 雅泰・青木真理, 2007,「デンマークの進路指導について：ガイダンスセンターにおける聞き取り調査」『福島大学地域創造』第 19 巻第 1 号, pp.96-106.

―――, 2009,「デンマークの若者支援：若者へのインタビュー」『福島大学地域創造』第 20 巻第 2 号, pp.40-56.

宮島喬編, 2009,『移民の社会統合と排除』東京大学出版会.

宮島喬, 2017,「移民・外国人の社会統合の社会学」『学術の動向』, pp.78-83.

宮本太郎編, 2002,『福祉国家再編の政治』ミネルヴァ書房.

宮本太郎, 2013,『社会的包摂の政治学』ミネルヴァ書房.

―――, 2014,「新しい右翼と福祉ショーヴィニズム」, 齋藤純一編『福祉国家／社会的連帯の理由』ミネルヴァ書房, pp.55-85.

Modood, Tariq, 2005, Multicultural Politics: Racism, Ethnicity and Muslims in Britain, Edinburgh University Press.

―――, 2007, Multiculturalism, A Civic Idea, Polity Press.

文部科学省生涯学習政策局編, 2012,『生涯学習政策研究：生涯学習をとらえなおす ソーシャル・キャピタルの視点から』悠光堂.

文部科学省, 2017,「日本語指導が必要な児童生徒の受け入れ状況等に関する調査（平成 28年度）」（http://www.mext.go.jp/a_menu/shotou/clarinet/genjyou/1295897.htm, 2022/4/26参照）.

森孝一編, 2007,『EU とイスラームの宗教伝統は共存できるか』明石書店.

森直人, 2013,「20世紀福祉レジームの形成と教育をめぐる諸問題」, 広田照幸・橋本伸也・岩下誠編『福祉国家と教育』昭和堂, pp.259-286.

森千香子, 2016,『排除と抵抗の郊外：フランス＜移民＞集住地域の形成と変容』東京大学出版会.

Morrice, Linda, 2007, Lifelong Learning and the Social Integration of Refugees in the UK: The Significance of Social Capital, International Journal of Lifelong Education, Vol.26, No.2, pp.155-172.

元森絵里子・坂口緑, 2020,「川崎市における在日外国人施策と地域実践：多文化共生の先進地域の成り立ちと現在」明治学院大学社会学部付属研究所年報第50号, pp.159-175.

―――, 2021,「京都市における在日外国人教育と地域福祉：潮流の併存から地域・多文化交流ネットワークへ」明治学院大学社会学部付属研究所年報第51号, pp.191-212.

Mouritsen, Per, 2012, The resilience of citizenship traditions: Civic integration in Germany, Great Britain and Denmark, Ethnicities, Volume 13, Issue 1, pp.86-109.

Mouritsen, Per, Tore Vincents Olsen, 2013a, Liberalism and the Diminish Space of Tolerance, in: J. Dobbernack and T. Modood (eds.), Hard to Accept: New Perspectives on Tolerance, Intolerance and Respect. London: Palgrave, pp.127-156.

―――, 2013b, Denmark between Liberalism and nationalism, Ethnic and Racial Studies 36, no.4, pp.691-710.

Mouritsen, Per, Christine Hovmark Jensen, 2014, Integration Policies in Denmark, INTERACT Reserach Report 2014, European University Institute, pp.7-16.

Mulhall, Stephen, Adam Swift, 1996, Liberals and Communitarians 2nd Edition, Blackwell, 谷澤正嗣・飯島昇蔵訳, 2007,『リベラル・コミュニタリアン論争』勁草書房.

村上徹也, 2013,「市民社会とボランティア」田中雅文・廣瀬隆人編著『ボランティア活動をデザインする』学文社, pp.34-43.

長島啓記, 1999,「乳幼児から青年期までの学習課題」, 川野辺敏・山本慶裕編著,『生涯学習論』福村出版, pp.115-127.

内閣府, 2017,『平成29年版子供・若者白書』.

中島千恵, 1985,「イギリスにおける少数民族集団と教育」小林哲也・江淵一公編『多文化教育の比較研究』九州大学出版会, pp.29-51.

中西新太郎・高山智樹, 2009,『ノンエリート青年の社会空間』, 大月書店.

中野敏男, 2001,『大塚久雄と丸山真男』青土社.

中山あおい, 2010,「シティズンシップ教育をめぐるヨーロッパの動向：リスボン戦略とEUの取り組みについて」『大阪教育大学紀要』第IV部門第五八巻第2号, pp.119-129.

浪岡新太郎, 2004,「フランスにおける移民新世代結社と＜新しい市民権＞」日本平和学会編『グローバル時代の平和学』法律文化社.

―――, 2015,「『フランス共和国』におけるムスリムの社会教育と市民参加：リヨン大都市圏におけるムスリム青年連合のネットワーク」中野裕二・森千香子・浪岡新太郎・園山大祐・エレン・ルバイ編『排外主義を問い直す』勁草書房.

参考文献一覧　*307*

Nielsen, Inger Koch, Lars Skov Henriksen, Thorben Fridberg, David Rosdahl, 2005, Frivilligt arbejde, Den frivillige indsats i Danmark, København: Socialforskningsinstituttet.

仁平典宏, 2002,「戦後日本における『ボランティア』言説の転換過程:『人間形成』レトリックと〈主体〉の位置に着目して」『年報社会学論集』15: 69–81.

―――, 2004,「ボランティア的行為の＜転用＞可能性について―野宿者支援活動を事例として」『社会学年報』33: 1–21.

―――, 2005,「ボランティア活動とネオリベラリズムの共振問題を再考する」『社会学評論』56(2): 485-499.

―――, 2011a,『『ボランティア』の誕生と終焉』名古屋大学出版局.

―――, 2011b,「ゆらぐ『労働』の輪郭」, 仁平典宏・山下順子（編）『労働再審5』大月書店.

日本社会教育学会編, 1995,『日本の社会教育：多文化・多民族共生社会と生涯学習』第39集, 東洋館出版社.

―――, 2017,『子ども・若者支援と社会教育』東洋館出版社.

日本生涯教育学会生涯学習振興ガイドラインモデル開発検討委員会, 2012,『生涯学習振興ガイドラインモデルに関する研究』.

野村武夫, 2010,『『生活大国』デンマークの福祉政策』ミネルヴァ書房.

Nordic Welfare Centre (eds.), 2010, Nordic Projects to Combat School Dropout, Nordic Welfare Centre.

Nordin, Andreas, 2011, Making Lisbon Strategy Happen:A New Phase of Lifelong Learning Discourse in European Policy?, European Educational Research Journal, Vol.10, No.1, pp.11-20.

Nozick, Robert, 1977, Anarchy, State, and Utopia, Basic Books, 島津格訳, 1992,『アナーキー・国家・ユートピア』木鐸社.

マーサ・ヌスバウム, ジョシュア・コーエン, 1996=2000, 辰巳伸知・能川元一訳『国を愛するということ』人文書院.

OECD, 2000, PISA, http://www.oecd.org/pisa/, 2018/4/6 アクセス.

―――, 2003, PISA, http://www.oecd.org/pisa/, 2018/4/6アクセス.

―――, 2005, Society at Glance, OECD Social Indicators.

―――, 2006, PISA, http://www.oecd.org/pisa/, 2018/4/6アクセス.

―――, 2009, PISA, http://www.oecd.org/pisa/, 2018/4/6アクセス.

―――, 2009, Government At A Glance 2009, OECD.

―――, 2012, PISA, http://www.oecd.org/pisa/, 2018/4/6アクセス.

―――, 2013, PISA 2012 Result: Excellence through Equity, Giving Every Student the Chance to Succeed, Vol.II.

―――, 2015, PISA, http://www.oecd.org/pisa/, 2018/4/6アクセス.

―――, 2021, Government at a Glance 2021, OECD.

―――, 2023, International Migration Outlook 2023, OECD.

小口功, 1985,「イギリスの有色人分散教育政策」『日本比較教育学会紀要』第 12 号, pp.41-48.

尾嶋史章・荒牧草平, 2018,『高校生たちのゆくえ』世界思想社.

Økonomi- og Indernrigsministeriet, 2018, Et Danmark uden parallelsamfund: Ingen ghettoer I 2030.

大串隆吉, 2007,「ドイツ, デンマーク生産学校のデッサン：学校中退者・失業青年に職業訓練を」『人文学報教育学』第 42 号, pp.1-25.

太田美幸, 2011,『生涯学習社会のポリティクス』新評論.

Ortas, Banu Yaman,2021, Women without a backward glance; migrant women profile from the point of lifelong learning, adaptation, employment, education, and social integration, International Journal of Curriculum and Instruction,13(1), pp.183-211.

Økonomi- og Indernrigsministeriet, 2023, Et Danmark uden parallelsamfund: Ingen ghettoer I 2030.

Patten, Alan, 1999, The Autonomy argument for National Liberalism, Nations and Nationalism Vol.5, No.1, pp.1-17.

Pekkanen, Robert, Japan's Dual Civil Society, Stanford University Press, 2006, pp.27-46.

Pestoff, Victor A., 1998, Beyond the Market and State: Social enterprises and civil democracy in a welfare society, Ashgate, 藤田暁男・川口清史・石塚秀雄・北島健一・的場伸樹訳, 2000,『福祉社会と市民民主主義』日本評論社.

Portes, Alejandro, József Böröcz, 1989, Contemporary Immigration: Theoretical Perspectives on Its Determinants and Modes of Incorporation, The International Migration Review, Vol.23, No.3, pp.606-630.

ジャヌヴィエーヴ・プジョル, ジャン＝マリー・ミニヨン, 2017,『アニマトゥール：フランスの社会教育・生涯学習の担い手たち』, 岩橋恵子監訳, 明石書店.

ロバート・パトナム, 1993=2006, 河田潤一訳『哲学する民主主義』NTT 出版.

Rangvid, Beatrice Schindler, 2005, Sources of Immigrants' Underachievement: Result from PISA-Copenhagen, AFK, pp.1-25.

―――, 2007, Sources of Immigrants' Underachievement: Result from PISA-Copenhagen (revised version), Education Economics, Vol.15, No.3, pp.293-326.

Rawls, John, 1971, The Theory of Justice, Harvard University Press, 川本隆史・福間聡・神島裕子訳, 2011,『正義論改訂版』紀伊國屋書店.

―――, 1993, Political Liberalism, Columbia University Press.

Reeve, Fiona, Marion Cartwright, Richard Edwards, 2002, Supporting Lifelong Learning Vol.2, Rautledge/ Falmer.

Rizvi, Fazal, 2007, Lifelong Learning: Beyond Neo-Liberal Imaginary, in: Aspin, D.N. (eds) Philosophical Perspectives on Lifelong Learning. Lifelong Learning Book Series, vol.11. Springer, pp.114-130.

ピエール・ロサンヴァン, 1995=2006, 北垣徹訳『連帯の新たなる哲学』勁草書房.

Rose, Nikolas S., 1989, Governing the Soul: The Shaping of the Private Self, London: Routledge, 堀内進之介・神代建彦訳, 2016, 『魂を統治する』以文社.

――――, 1999, Powers of Freedom: Reframing Political Thought, Cambridge University Press.

――――, 2001, Community, Citizenship and the Third Way, in: Denise Meredyth and Jeffrey Minson eds., Citizenship and Cultural Policy, SAGE Publications, pp.1-17.

ジャン・ジャック・ルソー, 1762=1962, 今野一雄訳『エミール』岩波文庫.

Sakaguchi, Midori, 2009, Dichotomy in Education: A Tension between Skills and Morality in Europe, 『明治学院大学社会学・社会福祉学研究』第130号, pp.81-108.

――――, 2017, Education of Recognition: A Case of Daghøjskole in Denmark, NERA 2017 conference oral presentation, Network1, Session2, 23/March/2017.

坂口緑 1999,「市民教育としての生涯教育：コミュニタリアニズムの取り組み」『日本生涯教育学会論集』第20号, pp.13-20.

――――, 2003,「ボランティア活動の領域と市民社会：ボランティア型市民社会論批判の検討を中心に」『Socially』第11号, pp.51-59.

――――, 2007,「コミュニタリアニズムの政策論」有賀誠・伊藤恭彦・松井暁編『ポスト・リベラリズムの対抗軸』ナカニシヤ出版, pp.43-65.

――――, 2009,「学習社会と『個人化』」『生涯学習・社会教育研究ジャーナル』第3号, pp.81-99.

――――, 2010,「承認をめぐる教育」宇野重規編『つながる』, 風行社, pp.53-85.

――――, 2011,『デンマーク・ボランタリーセクターの現在』, 明治学院大学社会学部付属研究所年報（41）, pp.47-63.

――――, 2012,「学校、コミュニティ、ボランティア：なぜ人格形成を重視するのか」小林正弥・菊池理夫編『コミュニタリアニズムのフロンティア』勁草書房, pp.176-195.

――――, 2022,「生涯学習・社会教育事業と多文化共生施策が交差する時――大阪府大阪市の場合」『明治学院大学社会学部付属研究所年報』第52号, pp.3-15.

坂口緑・中野剛充, 2000,「現代コミュニタリアニズムの主題と展開」有賀誠・伊藤恭彦・松井暁編『ポスト・リベラリズム：社会的規範理論への招待』ナカニシヤ出版, pp.79-97.

坂口緑・佐藤裕紀・原田亜紀子・原義彦・和気尚美編著, 2022,『デンマーク式生涯学習社会の仕組み』ミツイパブリッシング.

酒井隆史, 2001,『自由論』青土社.

レスター・M・サラモン, 1999, 山内直人訳『NPO最前線』岩波書店.

Salamon, Lester M., H.K. Anheier (eds.), 1996, The Emerging Nonprofit Sector: An Overview, Manchester University Press, 今田忠監訳, 1996,『台頭する非営利セクター』ダイヤモンド社.

Salamon, Lester M., 1997, Defining the Nonprofit Sector: A Cross-National Analysis,

Manchester University Press.

Salamon, Lester M., S.W. Sokolowski, 2004, Global Civil Society, Bloomfield CT: Kumarian Press.

Sandel, Michael, 1982, Liberalism and the Limits of Justice, Cambridge University Press, 菊池理夫訳, 1992, 『自由主義と正義の限界』三嶺書房.

―――, 1996, Democracy's Discontent, Harvard University Press, 金原恭子・小林正弥監訳, 2010, 『民主政の不満』上・下, 勁草書房.

Sang-Jin, Han, 2007, Paradoxical Modernity and the Quest for a Neo-Communitarian Alternative, Development and Society, Volume 36, Number1, pp.103-128.

佐藤裕紀, 2012, 「デンマークの生涯学習戦略に関する一考察」『早稲田大学大学院教育学研究科紀要別冊』19 号 -2, pp.107-11.

佐藤成基, 2009, 「国民国家と移民の統合」『社会学評論』第 60 号第 3 巻, pp.348-363.

澤野由紀子, 2010, 「EU の生涯学習政策とガイドライン」『日本生涯教育学会年報』第 31 号, pp.167-186.

澤野由紀子・佐藤学・北村友人, 2009, 『揺れる世界の学力マップ』明石書店.

Scholten, Peter, Elizabeth Collett, Milica Petrovic, 2017, Mainstreaming migrant integration? A critical analysis of a new trend in integration governance, International Review of Administrative Sciences, Vol. 83(2), pp.283–302.

Scott, John, Gordon Marshall, 2005, A Dictionary of Sociology, Oxford University Press.

施光恒・黒宮一太編著, 2009, 『ナショナリズムの政治学：規範理論への誘い』ナカニシヤ出版.

柴田温比古, 2021, リベラルな市民権のゆくえ, 「相関社会科学」72(2), pp.135-150.

渋谷望, 2011, 『魂の労働』青土社.

島田幸典, 2017, 「現代イギリスにおける移民の＜包摂＞」新川敏光編『国民再統合の政治』ナカニシヤ書店, pp.43-68.

嶋内健, 2008, 「デンマークにおけるアクティベーション政策の現状と課題」『立命館産業社会論集』第 44 巻 2 号, pp.81-102.

―――, 2010, 「デンマーク福祉国家の歴史的変遷とシティズンシップ：救貧法からアクティベーションまで」, 『立命館産業社会論集』第 46 巻第 3 号, pp.143-168.

―――, 2011, 「デンマークの積極的雇用政策：失業保険・再就職支援」『社会政策』3(2), pp.22-36.

清水満, 1993, 『改訂新版生のための学校』新評論.

新川敏光編, 2017, 『国民再統合の政治』ナカニシヤ出版.

新津久美子, 2021, 「デンマークにおける移民難民政策の現状と EU 国境保護への新たな試み」移民政策学会 2021 年度冬季大会プログラム自由報告Ⅲ抄録

白鳥令編, 2000, 『福祉国家の再検討』新評論.

Silver, Hilary, S.M. Miller, 2003, Social Exclusion: The European Approach to Social Disadvantage, Indicators, Vol.2, pp.5-21.

Sivesind, Karl Henrik, 2017, The changing roles of for-profit and nonprofit welfare provision in Norway, Sweden, and Denmark, in K. H. Sivesind & J. Saglie (eds.), Promoting active citizenship? Markets and choice in Scandinavian Welfare. Cham: PalgraveMacmillan, Chap.2.

Socialministeriet, 2010, Civilsamfundsstrategi, Denmark: Socialministeries.

総務省, 2016,「社会生活基本調査」総務省.

鈴木優美, 2010,『デンマークの光と影』, リベルタ出版.

―――, 2023,「増加する国内の移民・難民とその政治的背景」村井誠編『デンマークを知るための 70 章第 2 版』明石書店, pp.220-223.

鈴木眞理・伊藤真木子・本庄陽子, 2015,『社会教育の連携論：社会教育の固有性と連携を考える』学文社.

鈴木眞理, 2004,『ボランティア活動と集団』学文社.

総務省, 2016,『社会生活基本調査平成 28 年』.

高橋満, 2004,『ドイツ福祉国家の変容と成人継続教育』創風社.

高谷幸編著, 2019,『移民政策とは何か』人文書院.

竹島博之, 2012,「リベラル・ナショナリズムの教育論：D. ミラー, W. キムリッカ, Y. タミールを比較して」富沢克編『リベラル・ナショナリズムの再検討』ミネルヴァ書房, pp.117-138.

竹沢尚一郎編, 2011,『移民のヨーロッパ』明石書店.

エイアル・タミール, 1993=2006, 押村高訳『リベラルなナショナリズムとは』夏目書房

田中素香・長部重康・久保広正・岩田健治, 2011,『現代ヨーロッパ経済第 3 版』有斐閣アルマ.

田中佳子, 2016,「EU 生涯学習政策の検討」『愛知県立大学教育福祉学部論集』第 65 号 pp.15-21.

田中弥生, 2006,『NPO が自立する日　行政の下請け化に未来はない』日本評論社.

田中弥生・栗田佳代子・粉川一郎, 2008,「NPO の持続性と課題」『ノンプロフィット・レビュー』第 8 巻第 1 号, pp.33-48.

谷雅泰・青木真理, 2007,「デンマークの教育改革」『福島大学地域創造』第 18 巻第 2 号, pp.28-37.

谷雅泰・青木真理編, 2017,『転換期と向き合うデンマークの教育』ひとなる書房.

Taylor, Charles, 1992, The Ethics of Authenticity, Harvard University Press; 田中智彦訳, 2004,『「ほんもの」という倫理：近代とその不安』産業図書.

チャールズ・テイラー, 1994=1996,「承認をめぐる政治」佐々木毅・辻康夫・向山恭一訳『マルチカルチュラリズム』岩波書店, pp.37-110.

Thomsen, Jens Peter, Bolette Modlenhawer, Tina Kallehave, 2010, Ethnic Difference in Education in Denmark: Survey Report, Edumigrom Survey Studies.

Thøgersen, Maja, Mette Aadahl, Peter Elsborg, Charlotte Demant Klinker, 2020, Dropout at Danish vocational schools: does the school's health promotion capacity play a role?,

BMC Public Health, pp.1-11.

戸田典子, 2007,「ドイツの滞在法：「外国人法」から EU「移民法」へ」国立国会図書館調査及び立法考査局『外国の立法』（234）, pp.4-32.

Togeby, Lise, 2004, It Depends…How Organisational Participation Affets Political Participation and Social Trust Among Second-Generation Immigrants in Denmark, Journal of Ethnic and Migration Studies, Vol.30, No.3, pp.509-528.

富沢克編, 2012,『リベラル・ナショナリズムの再検討』ミネルヴァ書房.

Torpe, Lars, 2003, Democracy and Associations in Denmark: Changing Relationships Between individuals and Associations?, Nonprofit and Voluntary Sector Quarterly, Vol.32, No.3, pp.329-343.

鶴田洋子, 2005,「グローバル化・地域化・国際化のもとでの生涯学習の意義と課題：欧州連合の教育訓練政策を中心として」日本社会教育学会編『グローバリゼーションと社会教育・生涯学習』日本の社会教育第 49 集, pp.228-247.

Tørnæs, Ulla, 2004, Ministeren: Nej til bindende læseplaner, Berlingske Tidende, 6 February 2004.

Trampoline House (ed.), 2018, Sister's Cuisine Cookbook- Recipes Without Borders, Trampoline House.

マーチン・トロウ, 1976, 天野郁夫・喜多村和之訳『高学歴社会の大学：エリートからマスへ』東京大学出版会

塚本一郎・山岸秀雄・柳澤 敏勝（編著）, 2007,『イギリス非営利セクターの挑戦』ミネルヴァ書房.

筒井美紀, 2018,「『変容する産業・労働と教育との結びつき』へのアプローチ」, 本田由紀・中村高康編『教育社会学のフロンティア 1　学問としての展開と課題』岩波書店, pp.275-294.

角替弘志, 2001,「欧米における教育改革の時代と生涯学習：イギリスを中心に」『日本生涯教育学会年報』第 22 号, pp.129-139.

Udvalget til udarbejdelse af en kulturkanon, 2006, Kulturkanon, Kulturministriet.

Udvalget til udarbejdelse af en demokratikanon, 2008, Demokratikanon, Undervisningsministriet.

Undervisnings Ministeriet, 2007, Denmark's strategy for lifelong learning: Education and lifelong skills upgrading for all, Report to the European Commission.

―――, 2014, Guidance in Education.

United Nations, 2003, Handbook on Non-Profit Institutions in the System of National Accounts, United Nations Publication.

宇野重規, 2006,「政治哲学からの考察：中間集団と社会的なものの再編」『労働関係の変化と法システムのあり方』労働政策研究報告書第 55 号.

―――, 2013,「リベラル・コミュニタリアン論争再訪」『社会科学研究』第 64 巻第 2 号, pp.89-108.

宇野豪, 1991,『近代日本における国民高等学校運動の生成過程（上）』広島修道大学総合研究所.

―――, 1992,『近代日本における国民高等学校運動の生成過程（下）』広島修道大学総合研究所.

後房雄, 2009,『NPO は公共サービスを担えるか』法律文化社.

臼井陽一郎編, 2015,『EU の規範政治』ナカニシヤ出版.

Vandenabeele, Joke, 2012, Learning in Multicultural Cities, International Journal of Lifelong Education, Jan/Feb2012, Vol.31 Issue 1, pp.1-3.

Vincent, Andrew, 1997, Liberal Nationalism: an Irresponsible Compound?, Political Studies, XLV, pp.275-295.

Vural, Ipek Eren, 2016, Converging Europe, Ashgate Publishing.

若森章孝, 2010,「フレキシキュリティとデンマーク・モデル」安孫子誠男・水島治郎編著『労働』勁草書房, pp.51-71.

―――, 2013,「欧州経済危機とフレキシキュリティ：デンマーク・モデルのストレステスト」『季刊経済理論』49(4), pp.32-42.

和気尚美, 2018,「スカンジナビアにおける難民・庇護希望者に対する公共図書館サービス」『カレントウェアネス』No.335, pp.23-26.

―――, 2022,『越境を経験する：デンマーク公共図書館と移民サービス』松籟社.

マイケル・ウォルツァー, 1999,『正義の領分』而立書房.

Wever, Wilfried De, 2003/2004, Integrating Immigrant Children into Schools in Europe - Country report on Denmark, Euryidice.

山田昌弘, 2004,『希望格差社会』, 筑摩書房.

山口二郎・宮本太郎・小川有美編, 2005,『市民社会民主主義への挑戦：ポスト「第三の道」のヨーロッパ政治』日本経済評論社.

山本直, 2018,『EU 共同体のゆくえ』ミネルヴァ書房.

山内直人, 1999,『NPO 入門』, 日本経済新聞社.

―――, 2014,「NPO に関する研究・調査の系譜と展望」『東京経済大学会誌』第 281 号, pp.71-91.

山内直人・田中敬文・奥山直子編, 2010,『NPO 白書』大阪大学大学院国際公共政策研究科 NPO 研究情報センター.

―――編, 2013,『NPO 白書』大阪大学大学院国際公共政策研究科 NPO 研究情報センター.

柳田雅明, 2009,「生涯教育から生涯学習へ：ヨーロッパにおける政策用語としての検討」『日本生涯教育学会年年報』第 30 号, pp.175-188.

矢野泉編, 2007,『多文化共生と生涯学習』明石書店.

矢野拓洋, 松浦早希, 松永圭世, 真庭伸吾, 一般社団法人 IFAS 編, 2022,『フォルケホイスコーレのすすめ』花伝社.

安田浩一, 2015,『ヘイトスピーチ』文春新書.

米澤旦, 2011,『労働統合型社会的企業の可能性』ミネルヴァ書房.

―――, 2017,『社会的企業への新しい見方』ミネルヴァ書房.

吉田正純, 2009,「EU 生涯学習政策とアクティブ・シチズンシップ:成人教育グルントヴィ計画を中心に」『京都大学生涯教育・図書館情報学研究』第 8 号, pp.47-58.

吉田重和, 2016,「オランダにおける移民の現状とその教育課題」園山大祐編『岐路に立つ移民教育』ナカニシヤ出版, pp.89-101.

吉岡洋子, 2008,「スウェーデンの非営利セクターと福祉に関する研究」, 大阪大学大学院人間科学研究科紀要 (34), pp.77-98.

Young, Iris Marion, 1990, Justice and the Politics of Difference, Princeton University Press.

Zimmermann, Klaus F., 2009, Labor Mobility and the Integration of European Labor Markets, DIW Berlin Discussion Paper No.862, pp.1-26.

坂口緑（さかぐち・みどり）

明治学院大学社会学部教授。専門は、生涯学習論、市民社会論。2000年東京大学大学院総合文化研究科国際社会科学専攻博士課程単位取得満期退学、2023年日本女子大学大学院人間社会研究科教育学専攻博士課程後期修了。博士（教育学）。著書に『生涯学習と地域づくりのハーモニー』（共著、学文社、2023）、『デンマーク式生涯学習社会のしくみ』（共著、ミツイパブリッシング、2022）、『フォルケホイスコーレのすすめ』（共著、花伝社、2022）、訳書にA.R.ホックシールド『タイムバインド』（共訳、ちくま学芸文庫、2022）、M.サンデル『民主政の不満』（共訳、勁草書房、2011）、A.ホルム『概説 グルントヴィ』（共訳、花伝社、2024）がある。

多文化化するデンマークの社会統合──生涯学習が果たす役割とその可能性

2024年11月10日　初版第1刷発行

著者─────坂口　緑
発行者───平田　勝
発行─────花伝社
発売─────共栄書房
〒101-0065　東京都千代田区西神田2-5-11 出版輸送ビル2F
電話　　　　03-3263-3813
FAX　　　　03-3239-8272
E-mail　　info@kadensha.net
URL　　　　https://www.kadensha.net
振替　　　　00140-6-59661
装幀─────北田雄一郎
印刷・製本──中央精版印刷株式会社

©2024　坂口緑
本書の内容の一部あるいは全部を無断で複写複製（コピー）することは法律で認められた場合を除き、著作者および出版社の権利の侵害となりますので、その場合にはあらかじめ小社あて許諾を求めてください
ISBN978-4-7634-2141-8 C3036

フォルケホイスコーレのすすめ

デンマークの「大人の学校」に学ぶ

矢野拓洋／松浦早希／松永圭世
真庭伸悟／一般社団法人IFAS 著

定価 1,980 円（税込）

**今、あらためて注目を浴びる
デンマークの"学び直しの場"**

「幸福の国」デンマークを根源から支えるフォルケホイスコーレ。その歴史からデンマークにおける位置づけ、日本への導入を目指した実践的取り組み。
◎試験も成績もナシ
◎いつでも誰でも入学可能
◎学生と教員、年齢と国籍を越えた全寮制の共同生活
徹底した対話重視の生活が育む、「現代社会を生き抜く力」

概説　グルントヴィ

近代デンマークの礎を築いた「国父」、
その思想と生涯

アナス・ホルム 著
小池直人／坂口緑／佐藤裕紀／原田亜紀子 訳

定価 2,420 円（税込）

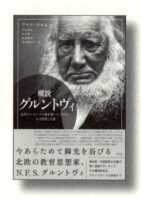

**脚光を浴びる北欧の教育思想家、
N.F.S. グルントヴィ**

19世紀、デンマークは独立国家としての危機を迎えていた。グルントヴィは国民の大多数を占める農民を、「デンマーク人」としての意識や政治参加する市民として覚醒させるための民衆教育を構想する――現代まで続く豊かな民主主義の土壌を作り上げたグルントヴィの足跡と、その現代的意味を概説。